데이트의 탄생

데이트 의 탄생

자본주의적 연애제도

베스 L. 베일리 지음 | 백준걸 옮김

앨리
Long Playing Book

◆

이 연구는 2014학년도 이화여자대학교 교내 연구비 지원에 의한 연구임.

The work was supported by the Ewha Womans University Research Grant of 2014.

사랑의 현실을 지배하는 관습

포기할 것이 갈수록 늘어가는 시대다.

연애, 결혼, 출산을 포기한 청춘, '삼포세대'는 불행의 서막을 알리는 신조어이다. 20대 근로자의 월평균 소득이 200만 원인데, 월평균데이트 비용은 무려 50만 원에 달한다. 가뜩이나 미래가 불안한데주머니가 얇은 이 시대의 청춘 남녀는 연애의 출발점부터 꼬이는 셈이다.

그런데 데이트란 도대체 무엇일까? 일상적으로 '데이트'란 말이쓰이지만, 어디에서 유래됐는지 아는 사람은 거의 없다. 데이트가무엇인지 정확히 아는 사람도 별로 없다. 표준국어대사전에는 "이성異性끼리 교제를 위하여 만나는 일. 또는 그렇게 하기로 한 약속"이라고 되어 있다. 그러면 이성 교제 또는 이를 위한 남녀 간의 만남이라고 하지, 왜 굳이 데이트라고 하는 것일까?

이 책 《데이트의 탄생》은 데이트의 유래와 의미, 변천 등을 명쾌하게 풀어낸 책이다. 서양에서도 '데이트'는 그리 오래된 관습이 아니다. 자본주의의 발달로 도시화와 산업화가 본격화한 19세기 말, 20세기 초에야 비로소 생겨난 신생 문화이다. 그전에는 주로 방문을 통해 연애가 이루어졌다. 말하자면, 남자가 여자 집에 찾아가서 이런저런 이야기를 나누며 서로의 사랑을 확인하는 식이었다. 어머니나 가족의 눈도 있었고, 방문에 따르는 엄격한 예법이 따로 있어 둘만의 연애는 지극히 제한적이었다. 중매는 아니지만 '자유연애'도 아니었던 셈이다.

◆ ◆ ◆

데이트의 시작은 초라했다. 도시 하층민의 열악한 주거 조건이 그 배경이다. 다닥다닥 붙은 게토 빈민들의 집은 비좁고 어둡고 누추한 공간이었다. 당연히 초대나 방문은 언감생심이었다. 그 대신 도시에는 놀 곳이 넘쳐났다. 댄스홀, 극장, 레스토랑, 영화관 등 오락거리가 즐비했다. 만날 데가 마땅치 않아 상업적 공공장소에 출입한 도시 하층민의 여흥문화에서 데이트가 탄생했다. 도시의 유흥 공간, 그곳이 바로 데이트의 탄생지다.

중요한 건, 집 밖으로 '나가는' 행위다. 집에서 하는 건 데이트가 아니다. 즉, 남녀가 집 밖으로 나가 구경하고 즐겨야만 비로소 데이트가 성립한다는 말이다. 그래서 우리는 데이트 하러 "(나)간다". 데이트를 해 본 사람은 다 안다. 어디 갈까, 좋은 장소를 물색하는 것이 데이트의 출발점이다. '나가다'는 데이트의 첫 번째 키워드이다.

나간다는 건 해방이다. 데이트를 통해 청춘 남녀는 드디어 부모의 간섭에서 벗어난다. 그런 뜻에서 데이트는 '자유'의 동의어다. 여성에게는 특히나 그렇다. 집에만 있어야 했던 건 조선시대 양가집 규수만이 아니었다. 서양도 마찬가지였다. 정숙한 숙녀의 집은 평생을 짊어져야 할 달팽이 집이었다. 데이트의 탄생은 신여성의 탄생과 맥을 같이한다. 여성이 집 밖으로 나가 공적 영역에 발을 디디는 순간, 데이트가 탄생했다.

그런데 문제가 생겼다. 나가긴 나갔는데, 나가고 보니 자유에는 반드시 따라붙는 것이 있었다. 바로 돈이다. 먹고 마시고 영화 보는 데에는 돈이 들었다. 돈이 궁하면 데이트 자체가 불가능했다. 그래서 데이트의 두 번째 키워드는 '돈'이다. 이는 남녀에게 똑같이 해당되는 이야기지만, 특히 여성에게 치명적으로 작용했다.

유감스럽게도, 데이트의 탄생에는 매매춘이 자리한다. 성 구매자와 판매자의 만남이 '데이트'의 어원이다. 물론 나중엔 의미가 달라졌지만, 교환 대상이 성에서 교제로 바뀐 것뿐이다. 결국 돈은 그대로이다. 데이트 비용의 지불은 남성적 권위, 즉 남성성을 '사는' 행위가 되었고, 여성은 그 남성에게 (성적) 호의를 '파는' 처지가 되었다. 돈을 매개로 한 이성 교제, 이것이 데이트다.

데이트는 자본주의 교환경제의 산물이다. 애당초 돈을 써야만 가능한 데이트는 돈에서 시작해서 돈으로 끝난다. 사랑은 감정의 문제지만, 데이트는 돈의 문제다. 그래서 가장 좋은 데이트는 교감과 소통이 넘치는 데이트가 아니라 돈이 많이 드는, 사치스러운 데이트다. 값비싼 옷을 차려입고 우아한 레스토랑에서 저녁을 먹고 극장에 가는 것이 가장 '이상적인' 데이트인 것은 예나 지금이나 다름이 없다. 사치와 과시는 데이트의 존재 이유이다.

그럼 데이트 비용은 누가 지불할까? 이미 답은 나와 있다. 2015년

기준, 대한민국 젊은 남녀의 평균 데이트 비용은 5만 5,900원. 번갈아 가면서 낸다는 커플이 거의 절반이지만, 남자가 주로 낸다는 응답도 3분의 1이 넘었다. 사실 시기와 나라를 불문하고 데이트 비용은 남성의 몫이었다. 미국이라고 다를까. 미국에서도 더치페이(더치데이트)는 대세가 아니었고, 지금도 아니다. 2013년 조사에 따르면, 미국 남성의 84퍼센트, 여성의 58퍼센트는 남성이 주로 데이트 비용을 댄다고 응답했다. 44퍼센트의 여성은 남성이 비용 분담을 요구할 때 기분이 상한다고 했고, 76퍼센트의 미국 남성은 여성이 돈을 내겠다고 했을 때 부담감을 느낀다고 응답했다.

그런데 돈을 낸다고 남자가 손해 보는 게임일까? 남자들은 남자가 밥값 내고 여자가 커피 값 내는데, 그게 무슨 번갈아 내는 거냐며 울분을 토한다. 맞다. 데이트제도에서 여자는 남자가 낸 돈으로 영화도 보고 밥도 먹는다. 그렇지만 절대 공짜가 아니다. 여자는 그 대신 남자에게 권력을 넘겨준 것이다. 사실상 남자가 돈으로 구매하는 건 권력인 셈이다. 그래서 "데이트 관습은 여성의 불평등을 코드화하고 남성의 권력을 승인했다"(62)는 이 책의 저자 베일리의 말은 의미심장하다. 데이트의 세 번째 키워드는 남녀 간의 불평등한 '권력 관계'이다.

노골적으로 말해서, 데이트제도에서 여성은 남성이 구매하는 상품이 된다. 인기 많은 여성은 값비싼 물건이고, 인기 없는 여자는 값싼 물건이다. 그럼 남성은 어떤가? 돈과 권력을 쥐었다고 상품화를 피할 수 있을까? 그렇지 않다. "남자는 또 다른 두둑한 지갑과 언제든지 교환 가능"(130)하기 때문이다. 남자는 여자에게 상품을 사다

주는 또 다른 '상품'이다. 여성 또한 남성을 구매하는 셈이다. 결국 데이트는 서로를 사고파는 상호적 소비 행위다. 데이트는 상품경제의 법칙이 지배하는 자본주의적 연애제도인 것이다.

《데이트의 탄생》은 이 밖에도 키스·애무·데이트 성폭력과 같은 첨예한 성 문제, 연애 지침서·연애 상담 칼럼·데이트 조언서처럼 연애를 뒷받침하는 거대 문화산업, 연애와 데이트 담론의 형성과 파급 및 통제에 관여하는 사회과학의 역할 등 우리가 미처 몰랐던 혹은 알지만 외면하고 싶은 다채로운 데이트 변천사를 간결하고 흥미진진한 문체로 펼쳐낸다.

끝으로, 이 책은 미국의 연애사를 다루지만 지금 이 땅에 사는 우리에게도 많은 생각거리를 던져 준다. 사랑과 연애는 언제나 젊은이들의 최우선 관심사이다. 그렇지만 우리의 연애는 순수하지도 고결하지도 않다. 심지어 자발적이지도 않다. 내가 나의 의지로 그 혹은 그녀를 선택하고 사랑한다고 여기지만, 사실은 그렇지 않다.《데이트의 탄생》은 사랑하는 것이 그렇게 아름답지도 자유롭지도 않음을 보여 준다. 사랑은 감정이지만, 사랑의 현실은 관습이다. 사랑은 교감이지만, 사랑의 현실은 교환이다.

◆ ◆ ◆

오늘날 우리는 '자유연애'를 즐긴다. 아니, 그렇다고 믿는다. 근대 지식인들은 서양에서는 남녀가 아무런 제약이나 간섭 없이 자유인으로 서로 만나 사랑하는 줄 알았다. 오늘의 우리도 그렇게 해야 한다

고, 사랑은 자유로운 것이어야 한다고 믿는다. 그러나 이 책은 자유
연애가 그리 단순한 문제가 아님을 말한다. 동서고금을 막론하고 제
도와 관습, 담론과 규제는 어디에나 있다. 우리의 연애와 데이트를
규정짓고 조종하는 것은 무엇인가? 《데이트의 탄생》은 그 답을 찾아
가는 좋은 출발점이 될 것이다.

번역 과정에서 여러 분의 도움을 받았다. 이화여대 연구처와 남종
국, 김미현 선생님께 감사의 말씀을 드린다. 짧은 시간에 좋은 책을
만들어 주신 앨피에도 감사를 전한다

2015년 8월
백준걸

|차례|

3장 데이트의 가치

4장 데이트와 섹스

5장 데이트와 에티켓

6장 과학적 진실, 그리고 사랑

에필로그 우리 시대의 연애

0장

✦✦✦

데이트라는
관습

대학교 4학년 때 〈필 도나휴 쇼〉(1967~1996년 미국에서 최장기 방송된 유명 토크쇼—옮긴이)에 출연한 적이 있다. 그때가 벌써 1978년이다. 선발된 다른 학교 학생들과 함께, 보수적으로 알려진 미국의 중부 지역 주민들 앞에서 남녀공동 기숙사를 변호하는 것이 내 역할이었다.

청년문화에 갇혀 살아서인지 나는 그때 왜 남녀공동 기숙사를 굳이 옹호할 필요가 있는지 깨닫지 못했다. 물론 내가 다니던 보수적인 대학 캠퍼스에서도 남녀공동 생활은 논란거리였다. 우리 엄마로 말하자면 내 기숙사 생활에 별다른 불만이 없으셨다. 2년 전 즈음에 딱 한 번 찾아오셔서 "아주 좋다"고 하신 후로는. 당시 기숙사에 들어서자마자 마주친 남학생은 수건 한 장만 걸친 채 화장실로 가는 중이었다. 그 친구는 엄마와 악수를 하려고 손을 내밀다가 수건을 놓칠 뻔했다. 그때 이후로 엄마는 옳건 그르건 간에 남녀공동 기숙사라는 게 그리 신경 안 써도 되는 곳이라고 확신하셨다.

방송을 본 사람이면 필 도나휴가 어떻게 쇼를 진행하는지 알 것이다. 우선, 도발적인 멘트로 논란이 되는 문제를 제시하고 관련 정보를 약간 준다. 그리고 논점을 정리해 주는 데, 이때 세대 간 갈등 지점을 부각시킨다. 옛날이 좋았다는 게스트의 말에 힘을 실어 주는 듯하다가 요즘이 부럽다는 제스트를 띄워 주고는, 화해의 논평으로 이야기를 일단락짓고 어쨌거나 "미국 사회가 더 나아지는 게 아니겠냐"는 식으로 마무리. 방청객 중 한 사람이 마지막 멘트를 하고 방송이 끝난다.

내가 출연한 날, 도나휴는 남녀를 같은 장소에 모아 놓는다는 발상 자체는 싫지만 밝고 건강한 대학생들을 만나 보니 생각이 바뀌었다고 했다. 방송국을 나오면서 우리는 대학생다운 패기로 한마디 던졌다. "우리가 매독 말기라도 되는 줄 알았나 봐." 학교로 돌아갔더니 뭐 하러 기숙사 화장실 배치를 설명하느라 15분이라는 황금 같은 방송 시간을 허비했느냐는 박한 평가도 있었다.

낭만적인
데이트 시스템의 붕괴

곰곰이 생각해 보니, 〈필 도나휴 쇼〉에서 벌인 토론이 남녀공동 기숙사의 문제라기보다는 결국에는 연애 풍속의 변화에 대한 문제라는 생각이 들었다. 방청객들은 데이트 시스템이 붕괴되고 낭만이 사라졌다고 아쉬워했다. 많은 이들이 자신들의 대학 시절을 회고했다. 집 앞에서 상대를 기다리고 전화하고 초조한 마음에 옷깃만 만지작거리고, 둘만 있을 땐 짜릿하고 흥분된 마음이 들고, 약속 시간에 늦을까 봐 황급히 서두르고……. 이 모든 기억이 다 스러져 버린 느낌이랄까. 그들의 추억 속 데이트는 그야말로 신비와 낭만의 집약체였다.

지금은 모든 게 너무나 쉬워졌다고 말하는 사람도 있었다. 젊은 사람들이 하고 싶은 대로 해도 누구 하나 막는 사람도 없지만, 그래도 별 재미는 없어 보인다고도 했다. 아침에 일어나 이도 안 닦았는데 그 사람하고 어떻게 사랑하는 사이가 되겠느냐고 하는 사람도 있었다. 큰 박수가 터져 나왔다.

우리는 같이 기숙사에서 생활하는 친구들을 데이트 상대가 아닌 그냥 같이 사는 사람으로 생각한다고 반박했다. 관계는 우정과 상호이해에서 생겨나는 거라고 했다. 데이트가 너무 인위적이라는 주장도 나왔다. 어떻게 그런 식으로 한 사람을 자세히 알 수가 있겠느냐는 말이었다. 사랑은 신비가 아닐뿐더러, 서로를 속속들이 안다고 로맨스가 사라지는 건 아니라고 우리는 응수했다.

결국 청춘의 멋진 신세계가 승리했다. 부모 세대는 새롭고도 낯선 세계를 받아들이지 않을 도리가 없었다. 새로운 연애의 관습들, 젊은 사람들의 사랑 방식을 뒷받침하는 규칙과 절차와 의미 체계들이 안전하고 이해 가능하며 위험하지 않다는 것을 알게 된 셈이다.

하지만 갈등이 본질적으로 해소된 것은 아니었다. 신세대와 구세대의 연애 방식은 겹치는 부분도 없지 않지만, 근본적으로는 서로 다른 것이었다. 겉으로 드러나는 구애 방식도 달랐지만, 근본적인 가치들이 달라져 있었고 세상을 바라보는 방식도, 남녀관계에 대한 인식도 이미 너무나 달라져 있었다.

〈필 도나휴 쇼〉에서뿐만 아니라 실제 삶에서도 새로운 방식의 연애는 승리를 거두었다. 물론 완벽한 승리는 아니다. 그에 대한 비판 내용도 가지각색이었고, 비판의 목소리도 적지 않았다. 자유와 솔직

함과 사랑과 평등을 찾아 헤맨 끝에 얻은 것이라고는 무의미한 섹스와 고독과 무책임뿐이라고 힐난하는 사람들이 많았다. 결국 유행병 돌 듯 혼전 임신과 성병만이 횡행할 거라는 악담 섞인 전망도 나왔다. 낭만은커녕, 미래의 안정을 위해 필요한 것들도 못 배우고 나이만 먹게 되는 셈이라고 꼬집는 사람도 있었다.

그와 같은 불만과 문제의 소용돌이 속에서, 우리가 맞닥뜨리게 되는 것은 과거를 이상화하는 태도이다. 보수주의자를 자처하는 사람들은 전통적 가치로의 복귀를 부르짖는다. 그런데 그것은 1950년대에나 먹혀들었을 법한 성적 규범과 통념들이다. 나라의 높으신 분은 마약뿐만 아니라 섹스에도 "노라고 말하라Just Say No"고 말씀하신다. 진보주의자 그리고 한때 좌파였던 사람들도 자신들이 이룩한 것들을 배신한 채 '전통적인' 남녀관계의 회복을 요청한다.[1]

데이트제도는
어떻게 생겨났는가

요새 미국의 대중문화에는 옛날에 대한 향수鄕愁가 넘쳐난다. 잡지들도 그런 향수를 조명하고 부추긴다. '전통적인 가치와 관습으로의 복귀'를 분석하는 기사들이 쏟아지고, '좋았던 옛날'에 비추어 요즘 연애의 나쁜 면들을 부당하게 문제 삼는 기사들도 적지 않다.[2] 지난 25년 동안 지배적이었던 문화 관습들이 문제시되고, 이상화된 과거에 의거하여 변화를 부르짖는 목소리가 정당화되었다. 연애의 미래를 두고 왈가왈

부하는 이 상황은, 우리로 하여금 연애의 과거사를 돌아보게 한다. 우리가 복귀해야 한다는 과거란 도대체 어떤 모습인가?

이 책은 미국의 '전통적인' 연애제도, 특히 1920년부터 1965년 사이에 확산된 데이트제도에 관한 연구서이다. 이를 통해 데이트의 기원, 즉 어떤 맥락에서 데이트가 생겨났고 이전과는 무엇이 달라졌는지를 다루는 한편, 여러 세대에 걸쳐 미국 청년의 연애 방식에 영향을 미친 의례와 관습들을 자세히 들여다보려고 한다. 이 책은 또한 데이트의 형성에 기여하는 사회적 이해와 통념들을 분석하고, 지극히 사적인 연애가 사회 변화와 어떻게 연결되는지를 살핀다.

마지막으로, 이 책은 나름의 평가를 제시한다. 미국에서 일어난 성혁명의 과실이 그다지 달콤하지 않았다고 해서 무작정 전통 방식의 연애를 그 해결책으로 내세울 수는 없는 노릇이다. 현재가 만족스럽지 않다고 해서 과거가 모두 낫다고 말할 수는 없다. 과거에서 가져다 쓸 게 있으면 찾는 것이 마땅하지만, 현재의 연애에 문제가 있다면 그 해결책은 과거로 돌아가는 것이 아니라 미래로 향하는 것이리라.

사적인 연애를 구조지은
사회적 맥락

20세기 미국에서 연애는 점차 공적 세계로 진출한 사적 행위가 되었다. 나중에 '데이트dating'로 발전하게 되는 이 친밀한 사적 행위는, 그 발생 거리나 익명성 면에서 가정과 지역사회의 보호적·통제적 맥락에서 벗어나 점점 더 멀리 점점 더 공개적인 장소로 영역을 넓혀 나갔다. 남녀 간의 만남이 이루어지는 장소는 가정집 거실에서 외식, 춤, 코카콜라 데이트, 영화, '주차장parking' 등으로 바뀌었다. 20세기에 들어서면서 미국의 젊은이들은 사적 공간에서 공적 공간으로 연애의 장소를 이동해 나갔다.

이 같은 데이트 장소의 변화는, 사적 행위와 결정을 이해하는 새로운 설명틀을 제공했다. 연애 고민을 들어 주고 조언해 주는 잡지와 책들이 폭발적인 증가세를 보였고, 그에 따라 관련 출판시장의 규모도 비대해졌다.

이처럼 연애를 공적 세계로 옮기는 데 중요한 역할을 한 연애 지침서 판매대는 심리학자·사회학자·통계학자 등 연애를 학술적으로 연구하고, '사적인' 행위를 사회적 규범과 연관 지어 해석하는 새로운 전문가들의 책들로 가득 찼다. 1930년대 후반부터 젊은 사람들은 같은 또래 젊은이들이 무슨 생각을 하고 무슨 행동을 하는지 그 통계 숫자까지 정통하게 되었다. 그들은 무엇이 '정상적'인 것인지 꿰뚫고 있었다.

이 통계는 전국적 단위에서 문화적 관습의 실체를 정확하게 인식하는 데 크게 기여했지만, 그와 동시에 사적 행위 및 결정의 의미와 경험을 바꾸는 데 한몫을 담당했다. 사람들은 자신의 경험을 공적 규범에 비추어 이해하고, 그 규범에 근거하여 관련 어휘를 개발하고 개념들을 구성하게 되었다. 그러면서 점차 사적 결정들이 그 전 시대에는 존재하지 않은 공적 맥락 속에서 이루어졌다.

연애 지침서는 연애를 공적 영역으로 옮기는 데 기여했지만, 연애에 대한 공적 담론 전체가 그렇듯이 그 안을 들여다보면 공과 사의 적절한 관계에 대한 모순된 메시지들이 담겨 있다. 사회 관습 전문가 및 권위자들은 공과 사를 19세기적 방식으로 이해하며, 그에 따라 남녀관계를 가정이나 가족과 마찬가지로 공적 세계를 지배하는 시장경제적 가치로부터 보호해야 할 영역으로 간주하게 되었다. 연애는 사적 영역이므로, 그것은 노동 등 공적 영역에서 발생하는 사회문화적 급변을 피할 수 있는 일종의 안전지대여야 한다고 말이다.

근대 산업자본주의와 데이트

그럼에도 불구하고, 여성이 공적 세계에서 새로운 역할을 맡게 되고 남성과 여성에게 각각 적절하다고 여겨지는 행동 규범이 점차 또는 급작스러운 방식으로 변모하면서, 미국의 연애는 사회 전체 차원에서 이루어지는 의식 변화의 영향을 피할 수 없게 되었다. 데이트 그리고 결혼의 규칙과 의례들은 돈은 남자가 내고 여자는 돈을 내지 않는다는, 경제적 부양자로서의 남성이라는 관념에 의존해 왔다.(그 속에는 당연한 말이지만 남자는 일을 하고 여자는 일을 하지 않는다는 전제가 깔려 있다.) 그러나 노동시장에 진출한 젊은 여성들이 스스로 돈을 벌어 경제적 독립을 쟁취하고 제한적이나마 자율성을 확보하면서, 경제적 부양자로서의 남성이라는 관습적 틀은 실제 여성과 남성의 경험적 현실과 상충하는 일이 빈번해졌다. 이러한 불협화음으로 갈등이 빚어지고, 그 갈등은 주로 연애제도상의 주도권 쟁탈전으로 표출되었다. 다수의 연애 관행들은 이 권력투쟁을 통제하는 것 혹은 변화를 거부하는 것과 관련이 있다. 20세기 미국의 연애 관습에서 향수 또는 상상된 과거의 매혹만큼 강력한 것은 없을 듯하다.

비록 사회 관습의 권위자들이 연애를 사적인 것으로 규정함으로써 연애를 안전하게 만들려고 하고는 있지만, 그들은 동시에 시장경제의 언어에 의존하여 연애를 분석하는 모순된 행보를 보인다. 그에 따라 연애 관습을 이해하는 주된 맥락은 점차 가정이 아니라 시장경제로 바뀌었다. 20세기의 연애는 대체로 근대 산업자본주의의 틀 속에서 이해되고 해석되었다.

새롭게 탄생한 연애제도는 경쟁을 우선시하고(또한, 경쟁을 어떻게 통제해야 할지 걱정하고) 소비를 중시하며, 결핍과 풍요의 경제언어로 개인사를 설명한다. 그러면서 시장경제의 규칙들이 의식적으로 적용되고, 연애 행위를 설명하는 데 경제 교환의 언어가 쓰이기 시작했다.

연애를 규정하는 새로운 언어

그렇다고 해서 연애가 20세기에 와서야 처음으로 시장경제의 틀 속에서 이해되었다는 뜻은 아니다. 서양의 역사를 살펴보면 연애라는 것은 철저하게 경제 현실에 근거하고 있으며, 교환제도로서의 연애는 많은 사회에서 공통적으로 발견되는 관념이다. 낭만적 사랑의 시대를 살았던 제인 오스틴 같은 작가들도 연애의 시장경제를 생생하게 그려 낸 바 있다. 다만, 19세기 미국 사회에서는 통상 가정과 가족의 언어를 가져다 연애에 관한 공적 토론을 벌였을 뿐이다.

그렇지만 내가 이 책에서 제시하려 한 것은 경제적 결정모델이 아니다. 연애에 대한 시장경제적 분석은 지난 세기 연애의 장場에서 일어난 변화를 보여 주기 때문에 의미가 있는 것이다. 이를 통해 연애의 공간이 가정 및 지역사회에서 벗어나 '시장경제'라고 칭하는 공적 세계로 이동했음을 알 수 있다. 여기서 경제모델이 설득력을 얻어 가는 현실은 일관성에 대한 욕망, 경험을 일반화하려는 우리의 의지 때문일 것이다.

어쨌거나 연애를 이야기하는 언어의 변화는 상징적인 중요성을 갖는다. 새로운 언어와 제도는 개인이 연애를 이해하고 묘사하는 비유와 은유 방식을 바꿈으로써 연애가 이해되는 방식을 변화시켰고, 실제로 개인적 행위와 결정의 의미에 영향을 주었다.

나는 이 책에서 20세기 미국의 다채로운 연애 방식을 관통하는 일원적 분석틀을 제시하지 않는다. 그보다는 직접적인 인과관계의 측면에서 벗어나, 근대 미국 사회의 탄생과 관련하여 중요하게 여겨지는 몇 가지 주제를 탐구하고자 한다. 개인과 집단의 사회 경험을 형성하는 역사적·문화적 구성물로 연애 문제를 파악하는 것이다. 그리하여 연애제도의 내적 논리를 펼쳐 보이고, 그것이 개인의 경험에 어떤 방식으로 의미를 부여하는지를 살펴볼 것이다.

이 책에 등장하는 연애 통념들은 전에 없다가 갑자기 생겨난 것이 아니라, 과거의 여러 시점에 발생·축적되었거나 다른 문화에서 전래된 다양한 문화적 관습에 뿌리박고 있다. 그중 몇몇은 오늘날에도 여전히 이어지고 있다. 비록 그 어휘가 낯설고 때로 진술이 직설적이고 거칠어 지금은 잘 쓰이지 않지만, 내가 서술하는 제도의 유산은 아직도 우리에게 남아 있다. 남자가 무엇이고 여자가 무엇인지, 또 남녀관계가 무엇인지를 밝히는 것은 우리 사회가 풀어야 할 숙제이다.

새로운 데이트 시스템, 연애의 단계

이 책을 시작하기 전에 몇 가지 개념을 정리해 둘 필요가 있다. 이 책에서 주로 다루는 개념은 연애courtship이다. '연애'라는 말은 다소 낡은 표현이다. 이 단어는 남자가 작은 애정의 증표를 바치며 여자에게 사랑을 호소하거나, 무릎을 꿇고 프로포즈하는 장면을 떠올리게 한다. 연애 관습에 관한 연구는 통상 배우자 선택 과정에 중점을 둔다. 이때 남녀 사이에 일어나는 크고 작은 행동들을 연애 행위로 보게 만드는 것은 최종적으로 프로포즈라고 할 수 있다. 그렇지만 이 책은 결혼 프로포즈로 끝나거나 그렇지 않거나 상관없이 사랑을 좇는 모든 행위에 초점을 맞춘다. 나는 연애를 넓게 이해하고자 한다. 내가 이야기하는 연애는 결혼과 상관없이 남녀 사이의 애정 관계에 연관되는 다양한 조건·의도·행동을 모두 포괄한다.

　20세기 미국에서는 새로운 데이트 시스템의 등장으로 연애의 새로운 단계들이 생겨났고, 심각한 관계에서 가벼운 관계에 이르기까지 한 개인이 결혼하기 전 만나는 연애 상대의 숫자도 증가하게 되었다. 이 모든 혼전 연애 경험은 필연적으로 배우자 선택의 최종 단계에 영향을 끼친다. 이와 같은 광범위한 개념 정의에 따라 서로 가볍게 만나는 사이, 결혼을 전제로 진지하게 사귀는 대학 졸업반 학생, '오래 사귀는' 8학년 학생(우리나라로 치면 중학교 2학년—옮긴이), 소개팅에서 잘못 만난 커플 등이 모두 연애의 범주에 속한다고 할 수 있다.

두 번째, 내가 주목하는 것은 경험이 아니라 관습이다.◆ 다시 말해서, 사람들이 실제로 무엇을 했는지보다는 그러한 구체적 행위와 경험에 맥락을 제공하는 규칙과 통념의 공적 체계를 주로 다룬다. 여기서 '관습'이란 문화적으로 구성되고 역사적으로 구체화된 공적 행동규범 및 의미 체계를 말한다. 관습은 행위들을 '결정'하거나 개인적 경험과 일대일의 대응 관계로 존재하지는 않지만 경험을 '구조'한다. 관습은 참조의 틀을 제공한다. 그것은 사적인 행위들에 의미를 부여하는 공적 체계이다.

단적인 예로, 1950년대 중반 미국 중부의 젊은 중산층 여성이 어떤 남성에게 데이트를 신청했다면, 그녀의 행동은 두 가지 차원에서 존재한다. 즉, 그녀의 행동은 개인적·사적 행위로 볼 수 있지만, 동

◆ "마땅히 있어야 하는 것과 실제로 있었던 것"이 다르다는 주장은 충분히 이해할 만하다. 역사학자들이 규범적 문서를 증거로 사용하는 데에 조심스러운 태도를 취하는 것은 당연한 일이다. 하지만 나는 비록 그 관계가 직접적이거나 단순하지 않더라도, 규범과 관습이 실제 개인의 경험에 밀접하게 연관되어 있다고 생각한다.

시에 공적 개념의 체계를 통해 의미를 획득한다. 이 두 차원 모두에서 우리는 여자가 규칙을 깨뜨리고 관습을 위반했음을 인식한다. 이때 그녀의 행동과 남자의 반응은 특정한 문화적 의미 체계와 연관되면서 이루어지고 이해되었다고 할 수 있다. 규칙을 따르건 어기건 간에, 우리는 그러한 규칙들과의 관련 속에서 존재하는 셈이다. 우리가 사회에서 작동하는 관습을 전혀 모르는 무지의 상태에 있다 하더라도, 다른 사람들이 여전히 그러한 관습에 의거하여 우리의 행동을 판단할 것이다.

연애를 지배한
'국민문화'

이와 관련하여 이 책의 지리적 범위를 분명히 할 필요가 있다. 관습은 문화적으로 구성되고 역사적으로 구체화되기 때문에 보편적이지 않다. 이 책은 1900년대부터 1960년대 중반까지 미국의 연애를 지배한 '국민적' 관습 체계를 다룬다.

　이 연구의 시작점과 종착점은 다소 임의적으로 보일지도 모른다. 역사적 변화의 시점을 특정하거나 그러한 변화에 대한 인과적 설명을 시도하는 대신에, 이미 존재하는 시스템을 탐사하면서 그 논리를 밝히고 그 역사적 의미와 함축들을 분석하고자 하기 때문이다. 그러나 이 책의 범위를 한정짓는 두 지점은 장기적 변화가 시작되는 시점들이다. 20세기 초는 미국의 데이트제도에서 '집 밖으로 나가는'

관습이 '방문' 관습을 밀어내기 시작한 시점이다. 또, 1960년대 말은 새로운 청년문화와 페미니즘운동이 발흥하면서 기존 데이트제도 관습에 도전하고, 그러한 관습에서 비롯된 사회적 규제들을 무너뜨리기 시작한 시점이다.

연애 관습이 언제부터 변하기 시작하고, 그 변화가 언제 끝났는지를 포착하기란 매우 어렵다. 내가 선택한 시점들도 명확하게 한 시대의 시작과 끝을 나타낸다고 볼 수 없다. 새로운 관습이 구시대의 가치와 관습을 안고 가든지 아니면 그 반대이든지 간에, 변화는 언제나 구시대의 지속을 동반하게 마련이다. 또한, 관습을 다룰 때에는 언제나 상상된 과거에 대한 향수적 태도, 다른 영역에서의 개인적 경험과 상충하는 구시대적 가치들을 접하게 된다.

그러나 이 책의 기본 태도는, 데이트의 탄생이 미국 사회 및 문화에 일어난 대격변과 맥을 같이한다는 것이다. 이 책의 논점과 관련하여 중요한 것은 미국 전역을 아우르는 통신·운송·경제 시스템의 구축, 교육의 확대, 도시화 및 산업화 등이 가져온 국민문화 체제의 발전이다. 비록 이 문화가 미국 시민 전체를 다 망라할 수는 없겠지만, 교육의 민주화(1900년 14~17세 인구의 약 7퍼센트가 고등학교에 다녔다면, 1960년에 이르러 이 숫자는 90퍼센트에 육박한다.)와 여가 및 가처분소득의 증가는 점점 더 많은 미국인들을 국민문화 안으로 끌어들였다.[3]

국민문화의 확대에 결정적인 영향을 미친 것은, 아마도 대규모 발행부수를 자랑하는 잡지(1959년 미국 가정의 80.8퍼센트가 대중잡지를 구독했다.) 및 라디오, 영화, 텔레비전 등 대다수 미국인에게 공통의 경험을 제공한 문화 매체의 비약적인 발전일 것이다.[4] 1900년보다

1950년의 매체 확산 비율이 당연히 더 높겠지만, 20세기 초반 무렵에 이미 발행부수가 많은 대중잡지가 등장함으로써 비교적 일관된 관습군이 전국의 '중산층' 독자에게 보급 및 확대되기 시작했다. 다른 종류의 문화가 그때도 존재했고 지금도 존재하지만, 가장 강하게 영향을 끼친 것은 매체를 통해 형성된 국민문화였다. 이와 같은 규범적 문화와 밀접한 계층, 즉 미국의 중산층은 1960년대 후반까지 점차 그 범위가 확장되며 더 포괄적인 성격을 띠게 되었다. 20세기 전반에 걸쳐서 이 국민문화에 동참할 수 없거나 이를 원하지 않는 사람들도 그 영향력을 더욱 실감하게 되었다.

과학이 된 연애

연애 관습의 무게감은 반복으로 만들어진다. 규칙은 끊임없이 반복되며 강화된다. 메시지의 반복성은 그야말로 압도적이다. 대중잡지, 행동 및 예절 지침서, 고등학교와 대학교의 결혼 관련 과목 교과서, 이 과목을 가르치는 교육자들의 교육 관련 학술지 등 이 모든 것은 놀라울 만큼 일관된 하나의 우주를 이룬다.◆ 더욱이 이러한 관습의

◆ 이 책을 쓰면서 발행부수가 높은 29개 대중잡지에 실린 규범적·서술적 기사와 칼럼을 검토했다. 또한 80권 가량의 행동·예절 지침서를 읽었을 뿐만 아니라, 대중문화에 영향을 끼친 학술서들도 찾아 읽었다. 고등학교·대학교의 결혼 관련 과목에 사용된 교과서는 물론이고, 그 과목들을 가르치는 교육자와 학자들이 읽는 전문 학술지까지 모두 살펴보았다. 마지막으로, 좁게는 대학신문·잡지·학생편람을 통해, 넓게는 전국 규모 잡지를 통해 대학문화를 연구했다. 하지만 소설은 사료로 활용하

우주는 미국 전역의 대학 캠퍼스에 널리 퍼진 관습 체제와 무리 없이 조화를 이룬다.◆◆

표면적으로 볼 때 래드클리프대학(현재는 하버드대학 부속 단과대학이 된 여자대학―옮긴이) 학생의 습속은 대중지인 《굿 하우스키핑Good Housekeeping》에 실린 10대 고민 상담 칼럼과 아무런 관련이 없어 보이고, 학술지 《결혼과 가정생활 저널Journal of Marriage and Family Living》은 남편 잘 고르는 법을 알려 주는 자기계발서와 아무런 관련이 없어 보인다. 그러나 이 모든 것은 거의 동일한 관습을 제시할 뿐만 아니라, 서로 긴밀하게 상호 연결되어 있다.

연애 조언자의 역할을 맡은 새로운 공인 전문가 집단은 연애를 체계적인 과학으로 만들고자 했다. 이 학자들과 사회과학자들은 결혼 관련 교과서를 집필하고, 대학에서 결혼 과목을 가르치고, 잡지에 단골로 등장하는 연애 상담 칼럼과 기사를 쓴다. 이렇게 1940,50년대 여성잡지를 읽는 미시시피 주의 10대 청소년들은 캘리포니아대

지 않았다. 소설에 등장하는 연애는 환상의 요소가 너무 강해서 내가 사용한 사실적 사료들과는 거리가 멀었기 때문이다. 환상과 허구가 관습을 결정하는 중요한 요소이고, 개인의 경험에 또 다른 맥락을 제공한다는 점에는 이론의 여지가 없다. 또, 소설은 내가 사용한 자료에서는 찾아볼 수 없는 낭만적 측면을 충족시켜 줄 것이다. 하지만 픽션과 논픽션의 다양한 의미와 역할을 증거로 활용하는 것은 너무나 힘든 작업이며, 그렇기 때문에 연구의 타당성이 크게 훼손될 가능성이 있다.

◆◆ 대학에서는 여러 지역의 다양한 문화를 쉽게 접할 수 있고 서로 비교도 가능하며, 또 각 지역의 문화를 나라 전체의 공통 문화에 견주어 파악할 수 있다. 이러한 장점 때문에 대학문화는 미국인 모두가 공유하는 문화적 관습이 실제로 그러한지를 확인할 수 있는 기회를 제공한다. 또한, 대학문화는 대학생들이 상상하는 것 이상의 강력한 영향을 나라 전체에 끼치고 있으며, 그 상징적 중요성도 상상 이상으로 크다. 20세기 초반에도 대학문화는 대중잡지들을 통해 전 국민에게 속속들이 알려졌다. 대학의 문화가 미국의 문화 전반에 상당한 영향을 끼쳤을 것으로 짐작된다.

학 학생들과 거의 엇비슷한 정보를 얻고 기본적 이해를 공유하게 되었다.

더욱이 잡지의 종류는 다양해도 그 내용은 거의 유사하다. 어느 한 잡지에서 특집으로 다루어 인기를 끈 내용은 다른 잡지에서도 다루어지는 경우가 많다. 제2차 세계대전 이후 '오래 사귀기' 관습과 같은 문제는 거의 모든 주요 대중잡지에서 특집으로 다루었다. 연애 조언서들도 이와 똑같은 주제들을 계속 우려먹었을 뿐만 아니라, 에스콰이어 사의《에티켓Etiquette》, 세븐틴의《영 리빙Book of Young Living》 같은 대중잡지와 제휴하기도 했다. 교과서와 학술 논문을 쓰는 전문가들이 연애 조언서를 쓰는 경우도 있었다. 그리하여 1940년대에 들어서자 연애 관련 기사를 쓰는 저자들 대부분이 자신의 주장을 입증하기 위해 전문가의 연구서를 인용하게 되었다.

물론 그 톤과 목소리, 뉘앙스는 제각각이다. 시간적인 격차도 발견된다. 그렇지만 1920년부터 1965년까지 20세기 전반을 통틀어 관련 자료의 내용은 놀라울 정도로 유사하다.《굿 하우스키핑》에서 좋다고 하는 관습은《래드클리프 뉴스Radcliffe News》에서 좋다고 하는 관습과 아주 흡사하다. 견해차가 있다고는 하지만, 대체로 동일한 쟁점과 문제를 다룬다. 기존 관습에 대한 도전이 있다고 하더라도, 그것은 관습을 고정불변의 규칙이 아니라 변화 가능한 습속으로 규정하는 담론에 흡수·통합된다. 어떤 잡지가 애무 혹은 오래 사귀기를 부정적으로 묘사하는 기사를 실으면, 그 잡지는 그것을 진지하게 다룸으로써 어느 정도는 그 행위의 관습성을 승인하는 셈이다.

이와 같은 동질성은 국민적 관습의 존재를 입증하는 신뢰할 만한 증거이지만, 이 '국민적'이라는 단어는 아주 민감한 말이다. 여기서 '국민'이라 함은 백인 중산층 젊은 이성애자로 번역된다. 우선 '젊음'과 '중산층'이라는 개념을 설명할 필요가 있겠다.

'청년' 개념의 재분류

새로운 연애 시스템은, 젊음에 대한 새로운 이해 그리고 청년문화의 발전과 긴밀하게 연관되어 있다. 20세기 초 경제구조가 급변하고 개혁의 요구가 거세지는 와중에, 청년을 규정하는 새로운 자연과학적·사회과학적 개념이 정립되면서 "젊은이를 청소년으로 재분류하는 대규모 작업이 벌어지고, 그들을 성인에서 분리시켜 관리하려는 단체들이 설립되었다".[5]

18~19세기에는 '청년'이 다양한 연령대와 극히 광범위한 인생 경험을 포괄적으로 총칭하는 다소 느슨한 개념이었다. 각 연령 집단은 엄밀하게 구분되지 않았고, 유년기 – 청년기 – 성인기의 구분은 나이보다는 신체 크기와 사회적 역할에 따라 정해졌다. 그런데 19세기 후반기에 미국의 산업화가 무르익으면서 전문가와 기술자에 대한 수요가 늘어나고, '평생직장'과 '장래성 없는 직장'의 격차가 커지면서 정규교육을 받는 기간이 더 길어졌다. 이러한 사회 변화는 사회성적sociosexual 공포심, 즉 사회가 공인하는 성인의 연령이 낮아지고 있다는 공포와 맞물려 미국의 중산층으로 하여금 청년기를 특별한 보호를 필요로 하는 시기로 재규정하도록 만들었다. 물론 이는 신체

적 성숙이 빨라지면서 아동기가 축소되고 있다는 낭만적 견해의 유산이다.

이런 흐름에 따라 1900~1920년 청년 관련 사회활동가와 교육자, 이론가들은 계급과 상관없이 청년들을 보호하려 했고, 청년기를 하나의 보편적 경험으로 재설정하고자 했다. 그 결과, 20세기 전반기에 이 같은 '청년' 개념과 경험이 아예 별개의 보호받는 범주로 자리하기에 이르렀다. 청년을 대하고 규정하는 방식과 관련된 혁명은 1950년에 이르러 대략 완성되었다.

이제 젊은이들은 청년단체를 꾸려 자신들만의 문화를 발전시켰다. 이 문화가 전국적 매체를 타고 미국 전역에 소개된 것은 이미 1920년대 이전부터였다. 그러나 그들이 따로 고립되어 폐쇄적 문화를 형성한 것은 아니다. 젊은이들은 공통의 습속과 경험, 소비재에 근거한 큰 테두리의 청년문화를 공유했다. 음악, 의복, 춤, 연애 관습 등 이 모든 것이 청년문화의 개념 설정에 크게 기여했다.

청년문화의 규모와 세력이 커지면서 그들만의 문화단체와 매체가 만들어졌다. 1930년대에는 20대 초반 여성을 주 독자층으로 삼은 잡지 《마드모아젤Mademoiselle》이 창간되었다. 종이 보급이 제한되었던 제2차 세계대전 기간에 트라이앵글 출판그룹 회장은 한 해 추산 광고 수입이 100만 달러에 이르는 미국 잡지 순위 3위의 사진잡지 《클릭Click》을 사들인 다음 '묻어' 버리고, 이 잡지에 할당된 종이를 가지고 10대 여성이라는 "전인미답의 시장"을 타깃으로 한 《세븐틴Seventeen》을 창간했다. 독자들의 반응은 그야말로 폭발적이었고, 다수의 모방 잡지가 잇따라 창간되었다.[6] 한 통계에 따르면, 1960년 무렵, 1800만에 달하는 미국의 10대 남녀가 "관습, 의례, 행동 규범, 성 관습, 올바른 사고를 습득하고자" 잡지를 비롯한 청소년 문화 매체 구매에 한 해 100억 달러를 소비했다.[7]

이와 같이 청년을 분리시키고 보호하게 되면서 연애 관습도 획기 적으로 바뀌었다. 성인이 짊어져야 할 책임과 결정 부담에서 상당 부분 벗어나면서, 이제 젊은이들에게 평생의 배우자를 구하는 일은 더 이상 시급한 과제가 아니게 되었다. 청년문화 내에서 연애의 강 조점은, 이전 시대에 연애의 마지막 단계를 특징짓던 낭만적·성적 탐험을 포기하지 않으면서도 데이트라는 사회적·여가적 과정으로 이동하게 되었다.

중산층 문화, 문화적 중산층

계층이 나이보다 더 모호하기 때문에, '중산층'은 '청년'보다 정의하 기가 훨씬 더 어려운 개념이다. 이 책에서는 20세기 중반의 미국을 설명하는 데 적합하다고 여겨지는 '문화적 중산층' 개념을 주로 사 용한다.◆ 문화적 중산층 개념은 경제에 바탕을 둔 계급이 아니라, 중

◆ '중산층middle-class'이라는 용어는 특히 19세기 미국의 '떠오르는 중산층'과 관련 하여 최근에 상당한 논쟁거리가 되었다. 경제적으로 중간계층이 두터워지고, 스 스로를 의식적으로 '중산층의 나라'로 여기는 20세기 미국 사회에서 중산층 개념 은 특별히 문제될 것이 없다. 이 책에서는 스튜어트 M. 블루민의 주장을 주로 사

산층 문화에 대한 참여를 계층 결정의 주된 요인으로 삼기 때문에 다수의 미국인에게 중산층의 지위를 부여하는 이점이 있다.

1952년 퍼듀대학이 미국의 고등학생을 대상으로 실시한 여론조사는 응답자들에게 상류층 / 중산층 / 중하위층 / 하층 등 네 가지 사회계층 중 자신이 속한 계층을 선택하게 했다. 다른 문항을 통해 교차검사를 마친 이 조사에서 흥미로운 통계가 도출되었다. 아버지가 비숙련 노동자인 학생의 47퍼센트가 자신이 중산층에 속한다고 답했고, 아버지가 "도구를 가지고 작업하는 중간 수준 직업"에 종사하는 학생의 57퍼센트가 자신을 중산층으로 보았다.(이때 사용한 직업 분류표는 학생들이 선택 가능한 구체적인 사례를 담은 열두 개의 범주를 재정리하여 만들었다.) 더욱이 '하위' 소득층 학생의 48퍼센트가 중산층이라고 답했고, 어머니가 초등학교 교육만 받은 학생의 52퍼센트도 자신이 중산층에 속한다고 응답했다.◆

이 같은 청소년들의 응답으로 미루어 볼 때 계급 구분은 소득이나

용한다.(Stuart M. Blumin, "Hypothesis of Middle-Class Formation in Nineteenth-Century America: A Critique and Some Proposals," *American Historical Review*(*AHR*) 90 (April 1985): 299-338).

◆ H. H. Remmers, R. E. Horton, and Sverre Lysgaard, "Teenage Personality in Our Culture," *Purdue Opinion Panel* (Lafayette, IN. : Purdue University, May 1952), pp. 10a-11a. 버튼 블레드스틴Burton Bledstein의 《전문가문화*The Culture of Professionalism*》는 《포춘》지의 여론조사를 인용하여 79.2퍼센트의 미국인이 스스로를 중산층으로 생각한다고 지적했다.(p. 3) 계급 재정립의 문제 혹은 계급귀속 거부의식 classnessness에 대한 더 자세한 논의는 Roland Marchand, "Visions of Classlessness, Quests for Dominion : American Popular Culture, 1940-60," in Robert H. Bremner and Gary W. Reichard, eds. *Reshaping America* (Columbus : Ohio State Univ. Press, 1982) 참조.

직업으로는 확정하기 어려운, 유동적인 것임을 알 수 있다. 내 생각으로는 이처럼 모호한 계층 관념은 문화적 계층 개념에서 비롯되었을 것이다. 학생들의 관점에서 그들의 가정은 일반 문화, 즉 중산층에 속하는 문화에 참여하고 있었던 것이다.

그러나 내가 말하려는 바는, 중산층 문화에 대한 충성도 또는 중산층 구성원이 19세기 후반부터 꾸준히 증가했다는 것이 아니다. 예를 들어, 1930년대에는 노동자의 계급의식이 다시 강해졌다. 그러나 그 시기에도 중산층 문화는 사회 전반에 걸쳐 막강한 공적 지위를 점하였고, 제2차 세계대전 이후 미국의 문화는 중산층의 동의가 필요했다.

어쨌든 나는 엄격하게 구분되는 계층집단의 '경험'이 아니라 느슨하게 정의된 중산층 대중의 '관습'에 주목하기 때문에, 어떤 관점에서는 계급을 거꾸로 읽는 셈이다. 내가 사용하는 자료는 광범위하게 정의된 중산층을 명시적 대상으로 삼고 있고, 그 자료의 독자도 문화적으로는 중산층이다. 자료에 담겨 있는 수많은 연구와 조사들은 이 같은 추정이 옳음을 입증하고 있다. 그렇다고 이 관습을 접하는 모든 개인이 중산층이라는 것이 아니라, 중요한 것은 그러한 관습이 전 국민의 관습으로 대중들에게 제시되고, 직간접적으로 대다수 미국인에게 영향을 미친다는 점이다.

연애와 관련된 '국민적' 관습을 연구하기로 함으로써 극빈자층과 갑부층, 다수의 중산층 문화에서 배제되거나 이를 거부하는 문화적·인종적·종교적 소수자, 게이·레즈비언 등의 성소수자, 노인층, 두세 번의 연애 경험이 있는 이혼자, 중산층 문화와 거리를 두려는 개인 등 셀 수 없이 다양한 미국인의 관습과 경험을 소홀히 다룰 수밖에 없다는 사실을 깊이 인식하고 있다. 그들의 관습과 경험은 미래의 연구 과제로 남아 있다.

국민적 연애 관습에 관한 연구는 다수의 연애를 구조하는 관습을 보여 줄 뿐만 아니라 다른 미국인들의 생활 방식을 조명한다. 이 책에서 주로 다루는 문화는, 말하자면 지배적인 또는 헤게모니를 쥔 문화라고 할 수 있다. 그것은 공공 정책의 바탕이 되기도 하고, 법제화되기도 하고, 공립학교 교과과정에 수록되기도 한다. 이 문화는 그것을 거부하거나 그로부터 배제된 사람들을 그 나름의 규칙에 따라 판단하는 문화이다. 거의 모든 사람들이 어떤 식으로든 중산층 문화의 강력한 영향력을 의식하고 있다. 그러한 지배적인 문화 관습을 거부하는 사람들 또한 그것에 대항하여 스스로를 규정하고, 그 거대한 문화적 테두리 안에서 자신들의 관습을 유지하거나 만들기 위해 투쟁한다. 이 연구서는 그러한 지배적인 중산층 문화의 맥락과 풍경을 보여 줌으로써 이 투쟁의 어려움과 의미를 밝히고자 한다.

그리고 사랑...

마지막으로, 이 책에서는 '사랑'이라는 단어를 거의 사용하지 않는다. 사랑에 대해 냉소적이어서가 아니라 사랑이라는 것은 관습의 소관이 아니기 때문이다. 관습은 사랑 그 자체를 향하는 게 아니라 다중의 욕망을 향한다. 관습은 성·안전·지위·사회 역할에 대한 다양한 욕망, 심지어 사랑에 대한 욕망까지도 구조하고 통제한다. 사랑과 욕망은 서로 얽혀 있다. 사랑은 사랑하는 사람들에게 맡겨 두고 나는 욕망의 공적 관습을 연구하도록 하겠다.

1장

✦✦✦

데이트의
탄생

20세기 초,
새로운 스타일

1920년대에 있었던 일이다. 어느 날, 젊은 남자가 도시에 사는 여자 한테 집에 찾아가도 되느냐고 물었다. 그 남자와 여자에 관한 다른 정보는 없고, 다만 여자는 모자를 쓰고 있었다고 한다.

지금의 관점으로는 특별한 이야기가 아니지만, 1910년 이전에 태 어난 미국인들은 이 말이 무슨 뜻인지 금방 알아들었을 것이다. 여 자가 모자를 쓰고 있다는 것은 20세기 초 미국인들에게 많은 함의 를 전달한다. 모자를 썼다는 것은 여자가 집 밖으로 나갈 채비를 했 다는 말이다. 여자 집을 방문한 남자는 거실에서 이야기를 나누고, 어머니를 만나 다과를 같이하고, 여자가 치는 피아노 소리를 기대했 을 것이다. 반면에 여자는 같이 바깥으로 나가 즐거운 시간을 보내 는 데이트를 기대했을 것이다. 결국, 남자는 여자의 기대를 충족시 키느라 한 달 동안 저금한 돈을 몽땅 써 버려야 했다.◆

◆ Alexander Black, "Is the Young Person Coming Back?" *Harper's*, August 1924, p. 340. 《레이디스 홈 저널Ladies' Home Journal(*LHJ*)》의 칼럼 〈올바른 매너와 예법〉은 극 장에서 데이트하는 젊은 여성은 장갑이나 숄은 없어도 되지만 모자는 꼭 쓰고 가야 한다고 조언하고 있다. Mrs. Burton Kingsland, *LHJ*, August 1909, p. 39.

20세기 초, '데이트'라는 새로운 스타일의 연애가 생겨나서 옛날 방식의 연애를 밀어내기 시작했다. 도시 생활의 한계와 각종 기회로부터 처음 생겨난 데이트는, 1920년대 중반이 되자 방문 중심의 과거 연애 시스템을 완전히 대체했다. 이는 미국의 연애 시스템에 혁명적인 변화를 가져왔다. 데이트는 연애를 공적 세계로 이동시켰다. 연애의 공간은 가정집 거실과 공동체 모임에서 레스토랑, 극장, 댄스홀로 재배치되었다. 이 데이트 시스템의 등장으로, 이제 남녀 연인들은 사적 영역의 암시적 검열과 가족 및 지역사회의 눈초리에서 벗어나 공적 영역의 익명성을 얻게 되었다. 낯선 사람들 속에서 연애를 하게 되면서 연인들은 전에 없던 자유를 만끽했다.

하지만 도시의 공적 세계에 진입하려면 돈이 필요했다. 오락을 구매하는 것은 물론이고, 자리에 앉아 얘기를 나누는 데에도 돈이 들었다. 데이트 시스템의 근간은 돈, 다시 말해 남자의 돈이었다. 연애가 사적 영역에서 공적 영역으로 자리를 옮기고 돈을 중심으로 연애가 이루어지면서, 새로운 데이트 시스템은 연애의 남녀 권력 균형에 근본적인 변화를 가져왔다.

방문에서 데이트로의 이행은 근본적이고 완벽했다. 미국의 연애를 연구한 1950,60년대 사회과학자들은 데이트가 "전통적인 혹은 보편적인 관습이 아니라, 최근 들어 미국에서 처음으로 형성된 문화적 현상"[1]이라는 점을 독자들에게 납득시켜야 했다. 데이트가 남녀 사이에서 일어난 가장 좋은 일이라고 주장하는 학자들도 있었지만, 반대로 데이트가 미국의 청년문화와 결혼제도에 많은 문제를 일으켰다고 지적하는 학자들도 있었다.[2]

그러나 데이트가 과거의 연애 방식보다 훨씬 더 단순하고 달콤하고 순수하고 우아한 제도라는 점에는 별다른 이견이 없었다. 고리타분한 일부 사회과학자들은 젊은 남자가 교회에서 집으로 마차를 태워 주겠다는 말이 프로포즈나 다름없는 것으로 여겨지고, 남자가 저녁에 여자 집을 방문하여 가정의 따뜻한 품안에서 안전하게 연애가 이루어지던 "마차 끌던 옛 시절"을 그리워하며 감상에 빠지곤 했다. "19세기 미국 사회에 기반을 둔 연애는 남자와 여자의 역할이 분명하고, 모든 사람이 어떤 음악이 들려올지 어떤 스텝을 밟을지 다 아는 우아한 의례의 모습으로 각인되었다."고 하는 사람도 있었다.[3]

이렇게까지 이상화된 방식은 아니어도 이와 같은 연애 모델이 분명 있기는 했다. 그러나 데이트가 바꾼 것은 이 모델이 아니었다. 1910년경 도시지역에 거주하는 미국인은 전체 인구의 45퍼센트에 불과했지만, 19세기 후반에 일어난 대격변의 영향을 받지 않은 미국인은 많지 않았다. 소박한 농촌 생활에 대한 환상을 가진 미국인이 별로 없었다는 뜻이다. 당시 연애 풍속을 주도한 것은 농촌지역의 자영농이 아니라, 상류층의 풍속을 모방하려 한 중산계급이었다.

상류층을 모방한 중산층 문화

19세기 후반, 비교적 균질한 새로운 중산층이 출현하여 미국의 국민문화 생활에서 중요한 역할을 담당하게 되었다.[4] 경제·운송·통신 분야에서 전국적 시스템이 확립되면서 등장한 중산층은, 국민문화 체제를 활발하게 형성하고 통제하고 소비하고 있었다. 폭발적인 성장세를 보인 전국 규모 잡지는 백인 식자층에 중산층 문화를 전파했다. 특히 여성잡지들이 문화 전도사 역할을 담당했다.◆

　이 잡지들은 분명한 교훈적 메시지를 담고 있었다. 다양한 쟁점과 사건을 조명하는 종합지 성격을 띤 남성지와 달리, 영적·일상적 문제들에 대한 조언을 주로 담은 여성지는 규범적인 측면이 매우 강했다. 그런데 영적 문제에 대한 조언은 다소 모호한 수사에 그친 반면, 옷차림과 매너 문제에서는 명쾌한 어조를 띠었다.

　이와 같은 잡지들 그리고 대중적인 에티켓 관련 책들에 소개되는 연애 풍속은 중산층 매너 코드의 중요한 부분이었다. 이전 시대의 연애 풍속은 방문(물론 이 용어는 방문 그 자체만이 아니라 그와 관련된 다양한 행위들을 함께 지칭하는 말이다.)을 중심으로 이루어졌다. 이웃 마을 농장의 젊은이가 찾아와 집 앞마당에서 그 집 딸과 저녁 시간을 함께 보내는 것도 방문이고, 어떤 여성의 집에 찾아간 '사교계' 젊은이가 그 여성이 "집에 있다"(또는 없다)는 대답을 듣고 연애의 성패를 가늠하는 것도 방문이었다. 그러나 중산층 문화를 주도한 사람들이 주로 모방하고 참조한 것은 사교계의 방문 예법이었다. 1900년

◆ 19세기 말엽에 '대중잡지'라는 새로운 범주가 생겨났다. 대중잡지는 아직 독자층이 넓지 않았지만, 가격이 저렴하고 중간 취향을 대상층으로 삼았기 때문에 많은 미국인들이 즐겨 읽은 잡지였다. 《레이디스 홈 저널》의 고민상담 칼럼 〈젊은 여성과의 수다〉는 20세기 초를 전후로 약 16년 동안 15만 8천 통의 편지를 받았다고 한다. Peterson, *Magazines*, pp. 13, 14, 59.

경 발행부수가 1백만 부에 달했던 《레이디스 홈 저널》과 같은 잡지에 잘 드러나듯, 당시 사교계 예법을 가미한 방문 풍속은 미국의 많은 젊은이들에게 하나의 모범으로 자리 잡았다.

대개 가정생활의 주도권은 여성의 몫이었으므로, 이와 같은 종류의 방문은 여성의 독자적 영역이라 칭할 수 있다. 여성들은 하루 또는 며칠을 방문 기간으로 정한 다음 집에서 방문하는 남자들을 맞이했다. 이 기간이 지난 후에는 답례 방문을 가기도 했다. 가정부가 문을 열어 주면 찾아간 남성은 초대 카드를 제시하는데, 들어가는 경우도 있지만 오늘은 어렵겠다는 얘기를 듣기도 했다. 거절의 횟수가 잦아지면, 방문자는 곧 자신의 사회적 신분의 한계를 인지했다. 그럼으로써 집에 있는 여성은 19세기 후반 미국 사회의 계급 변동과 확장 때문에 발생하는 사회적 압력과 계급적 혼란을 어느 정도 막을 수 있었다. 당시에는 통상 남편의 지위가 한 집안의 사회적 지위를 결정하는 주된 요인이었지만, 사회적 관습과 관련한 의례에 한해서는 부인이 남편을 대신하고 남편은 뒤로 물러서는 것이 일반적이었다. 특히 미혼 남성의 경우에는 이와 같은 여성 주도적 체제를 따라야 했다.

방문 중심의 구애 시스템은 지역마다 다르고 그 지위에 따라서도 차이가 있었지만, 전반적으로는 비슷했다. 미혼 여성은 적령기에 도달하거나 가족의 사회적 지위에 따라 첫 번째 '방문 시즌'을 시작할 때에야 비로소 남성 방문자를 받을 자격을 얻었다. 처음에는 어머니 또는 보호자가 젊은 남성을 초대하는 경우가 많았다. 그러나 시즌을 몇 번 거치고 미혼 여성이 나름의 자율성을 확보하게 되면, 댄

스나 저녁 식사 또는 가벼운 여흥 모임에서 적절한 방식으로 안면을
튼 미혼 남성에게 방문 초대를 할 수 있었다. 여흥 모임에 초대받은
미혼 남성은 누구든 감사의 표시로 초대한 어머니와 딸의 집에 방문
할 자격을 획득했다. 그런 영광을 누리지 못한 젊은이들은 여성 측
의 사전 허락을 받았다는 전제 하에 친구 또는 여성 쪽 친척들과 함
께 방문할 수 있었다. 반면, 여자 쪽이 원치 않거나 수준이 안 맞는다
고 생각되는 방문객은 이런저런 핑계를 대며 돌려보냈다.[5]

방문은 그 자체로 아주 복잡한 이벤트였다. 수없이 많은 규칙들
이 알게 모르게 작동했다. 초대와 방문 사이의 시간적 간격은 며칠
이 좋은지(대략 2주 이내가 좋다), 다과를 준비해야 하는지(상류층 사교
계 또는 준사교계에 속한다면 안 해도 된다. 그러나 뉴욕이나 보스턴 같은 도
시의 '엘리트' 집단에 속하지 않는 여성들은 작은 케이크와 얼음 음료 또는 커
피 아니면 뜨거운 초콜릿과 샌드위치를 준비할 수도 있다), 보호인을 동반
해야 하는지(첫 방문에는 어머니와 딸이 모두 나와 손님을 맞이하지만, 지나
친 보호는 남자에게 환영받지 못한다는 느낌을 줄 수도 있다), 대화에는 어
떤 주제가 적절한지(방문한 남자의 관심사에 초점을 맞추지만 지나치게 사
적인 주제는 피한다), 언제 집을 나와야 하는지(해당 여성은 어떠한 경우에
도 "방문객을 따라 문 앞까지 가지 않아야 하고, 남자가 코트를 입고 있을 때에
는 말을 걸지 말아야 한다"[6]) 등등 지켜야 할 규칙이 제법 많았다.

지난날을 그리워한 어느 20세기 중반 작가가 말한 대로, 이 모든
'적절한' 절차들은 그 사람의 올바른 예법, 가정교육, 사회적 배경을
알아보는 단계였다. 조언 칼럼과 예절 교육서들에 따르면, 가정교육
을 잘 받은 사람들의 매너는 바로 그러한 절차들을 얼마나 충실히

따르는지로 평가받았다. 그에 어긋나는 행동은 가정교육을 제대로 받지 못했음을 뜻했다.

그러나 세기가 바뀔 즈음, 가정교육이 부족한 사람들도 어떻게 해서든 예절 교육을 받고 싶어 했다. 여성잡지의 조언 칼럼들은 미묘한 방문 에티켓의 문제들을 물어보는 시골 소녀와 무식쟁이의 편지를 정기적으로 게재했다.[7] 젊은 남성들도 같은 조언자에게 방문에 대한 질문을 한 것으로 미루어 볼 때, 여성들의 기대가 남성들에게 적지 않은 압박으로 느껴졌음을 짐작할 수 있다. 가령, 1907년 《하퍼스 바자Harper's Bazaar》는 방문과 관련된 세세한 항목들을 설명한 '남자를 위한 에티켓'이라는 기사를 비중 있게 다룬다.[8] 20세기 첫 10년 간까지도 방문이라는 엄격한 규칙 시스템은 사회적 지위가 있는 계층뿐만 아니라 그러한 사회적 지위에 오르고자 하는 사람들에게도 똑같이 적용되는 관습이었던 것이다.

그와 동시에 새로운 데이트 시스템이 부상하고 있었다. 1910년 중반에 중산층 대중이 '데이트'라는 단어를 처음으로 사용하기 시작했다. 1914년, 점잖은 중산층 관습의 보루라고 할 수 있던 《레이디스 홈 저널》마저 이 용어를 (그 뜻은 설명하지 않고 인용 부호만 붙인 채로) 여러 차례 언급했다. 데이트는 당시 이국적 존재였던(실상은 중산층 출신인) 여대생 사교클럽 회원들이 즐겨 사용하는 단어였다. 어느 여대생의 이야기를 담은 다음의 기사를 보자.

"내가 열여덟 대학생이던 어느 화창한 봄날 저녁, 인기가 많아서 내가 그와의 데이트를 독점한다는 것이 자랑스럽게 여겨지기까지 한 남학생이 갑자기 나를 자기 쪽으로 끌어당겼다. 그가 정신없이 키스를 하는 동안, 남자들이 친한 척하면 거리를 두라는 엄마의 가르침이 생각나서 마음속 깊이 고마운 마음이 들었다."⁹

순결과 엄마 생각으로 포장된 데이트(그리고 키스) 이야기는 확실히 중산층 독자를 대상으로 쓰인 티가 난다. 그로부터 10년이 지나 불쌍한 남자가 도시에 사는 여자 집에 방문했다가 데이트 비용을 덤터기 쓰는 1924년 무렵이 되면, 데이트는 확실히 방문 시스템을 대신하는 중산층 문화의 일부로 자리를 잡게 된다. 독자들은 '방문'이라는 단어만 보고도 그게 무슨 말인지 다 안다는 듯 미소를 지었을 테지만, 그 남자의 불쌍한 처지에 대해서는 그다지 공감하지 않았을 것이다. 1924년이라면 당연히 방문 관습을 기대하지 말았어야 했던 것이다.

도시 하층민의
불가피한 선택

그러나 20세기 초엽 미국 중산층의 제도로 자리 잡은 데이트가 처음부터 중산층의 문화는 아니었다. 데이트는 상류층을 통해서, 다른 한편에선 하층계급에서 중산층으로 유입된 문화 관습이었다. 기록을 보면, 근대적인 의미의 데이트는 하층계급의 속어에서 유래했을 가능성이 크다.

《시카고 레코드Chicago Record》지에 〈거리와 도시 이야기〉를 연재하며, 노동자계층의 속어 대화체를 풍부하게 사용한 시카고 출신 작가

조지 에이드George Ade가 1896년에 이 용어를 처음 문학에 도입한 것으로 보인다. 에이드의 소설《아티 : 거리와 도시 이야기Artie : A Story of the Streets and Town》(1896)에서 똑똑한 주인공 아티가 바람피우는 여자친구에게 "다른 놈이 내 데이트를 다 가져갔겠지?"라고 묻는 대목, 치명적인 매력의 어떤 여성을 묘사하면서 "그녀의 데이트는 복식부기로 기록해야 했다"고 적은 짧막한 에피소드(1899) 등이 그 증거이다. 20세기 초에 데이트라는 용어를 사용한 다른 작가로는 도시와 도시민의 다채로운 삶을 다룬 프랭크 노리스, 업튼 싱클레어, 오 헨리 등을 들 수 있다.[10]

방문이 상류층 관습에 대한 반응이듯이, 데이트는 하층민들이 도시화·산업화의 충격과 기회에 반응하며 형성된 관습이다. 중산층과 상류층은 엄격한 방문 예법을 통해 도시적 생활양식의 침범을 예방하고, 19세기 후반 미국 사회의 사회적·지리적 이동이 초래한 일련의 사회 변화를 차단했다. 반면, 도시 생활이 가하는 압력으로부터 스스로를 보호하고, 도시가 제공하는 엄청난 기회들을 적절하게 통제할 경제력과 안전장치가 없던 하층민들은 새로운 환경이 주는 충격에 직접적으로 적응해야 했다.

보호받는 특권층의 시각에서 보면 자유와 가능성의 확대로 비쳐졌겠지만, 실상 데이트는 기회의 결핍에서 비롯되었다. 가족 전체가 비좁은 공간에 모여 사는 열악한 도시환경에서 남의 집에 잠깐 들르는 일조차 쉽지 않은 사람들에게 방문은 그야말로 비실용적인 관습일 수밖에 없었다. 여성 노동자가 아무리 안정된 직장에 다니고 경제적 독립을 이루었다 할지라도, 응접실이나 피아노는 언감생심이었다.[11] 물론 방문자를 접대할 방법을 마련하느라 공을 들이는 '여공'들도 있었다. 《레이디스 홈 저널》은 월급 중 일정액을 공동 적립하는 방식으로 일종의 친목계를 만들고, 그 돈으로 일주일에 두 번씩 월세 관리인의 거실을 사용한 여섯 명의 박스 공장 여공들의 이야기를 전한다. 중요한 건, 그 거실에 피아노가 있었다는 것이다. "남자들에게 편한 저녁 시간에 오라고 했어요. 집에는 남자를 만날 공간이 없고, 길거리에서 만나는 건 싫었거든요."[12]

그러나 대다수의 여성 노동자들은 그렇게 하고 싶어도 그러기가 어려웠다. 돈을 모을 여력도 없었고, 중산층의 점잖은 예법이 무엇인지에 대한 개념도 없었다. 특히 소수 인종 여성들은 본국의 관습에 따라 집에 은둔하다시피 살기도 했다.[13] 하지만 많은 젊은이들은 냄새나고 우중충하고 비좁은 가정 공간을 탈출하여 오락과 친밀감을 즐길 장소를 찾았다. 그러면서 '즐거운 시간'은 점차 공적 장소 또는 상업적 오락과 동일시되었고, 생활비를 충당하기도 빠듯한 젊은 여성들은 남자가 제공하는 '대접'에 의존하게 되었다.[14]

어쨌든 가난한 남녀 노동자들에게 집 밖으로의 탈출은 자발적이라기보다는 불가피한 선택이었다. 그들의 주된 연애 공간은 길거리, 댄스홀, 나중에는 영화관이었다. 이런 장소들은 당시에는 결코 점잖은 곳이라 할 수 없었고, 특히 여성은 스스로를 하층계급이라고 여기는 경우에나 출입할 수 있는 그런 장소였다.[15]

물론 점잖은 여성들도 공적 세계에 진출하긴 했지만, 그들에게는 완충장치가 있었다. 당시까지도 중산층·상류층의 공적 구애에는 적어도 보호인을 동반해야 한다는 인식이 지배적이었다. 경제력과 사회적 지위를 갖춘 사람들은 소수의 손님만을 초대한 사교 무도회에 가거나, 극장에서 열리는 대중적인 파티에 참가할 때에도 자기들끼리 무리를 짓는 등 일반 대중과 섞이지 않았다. 관습을 싫어하는 사람들은 사교계의 감시가 그렇게 심하다면 차라리 집안 거실이 더 자유롭겠다고 불평했다. 그에 비하면 하층계급 여성들은 분명 행동의 자유를 누렸다고 할 수 있지만, 그로 인해 잃은 것도 없지 않아서 반드시 좋아할 일만은 아니었다.[16]

데이트의 발생 배경에서는 도시의 부정적인 요인도 중요하지만, 도시가 제공하는 다양한 가능성들도 무시할 수 없다. 뉴욕의 밤문화를 연구한 루이스 에렌버그Lewis Erenberg에 의하면, 당시 상류층 젊은이들은 익명의 대중 속에서, 그리고 도시의 흥분과 자유 속에서 도리어 사적인 자유를 만끽할 수 있는 가능성을 보았다. 말하자면 하층계급이 누리는 자유, 계급적 품위의 제한을 넘어서는 자유를 모델로 삼은 것이다.[17]

1914년 어느 상류층 여성이 《레이디스 홈 저널》에 증언한 바에 따르면, "요새 뭘 좀 아는 사람은 격이 좀 떨어져도 댄스홀에 갑니다. 구경도 하고요. 모르는 남자 여자들이 많은 데서 춤을 출 수 있으니까 좋더라고요. 요즘은 레스토랑이나 댄스홀 같은 데 가면 누가 누군지 알 수가 없어요."[18] 《레이디스 홈 저널》은 1907년까지만 해도 미혼 여성이라면 아무리 친척이라도 남자와 단 둘이서 대중음식점에 가지 않는 것이 좋다고 했다. 혼자 가는 것 자체도 부적절하거니와, 어쨌거나 "여성은 오해를 살 수 있고, 다른 사람들 눈에 행실이 좋지 못한 여자와 동급으로 여겨질 수 있기 때문이다."[19] 반항적이고 모험심 강한 젊은이들이 그 같은 혼란을 일부러 자청함으로써 예의 규범의 완화에 기여했고, 그럼으로써 궁극적으로 연애 관습에 변화를 가져왔다. 젊은 남녀는 함께 세상으로 나가 새로운 동반자 관계를 향유하고, 어른들의 감시를 피해 새로운 친밀성을 만끽했다.♦

여성의 영역에서 남성의 영역으로

데이트라는 새로운 풍속을 빚어 낸 새로운 자유는 다른 경로를 통해서도 찾아왔다. 진지한 중산층 젊은 여성들은 대학에 가거나 직장을 구하거나 새로운 직업을 스스로 만드는 등 다양한 방법으로 공적 세계에 진출했다. 공적 세계에서 활발하게 활동하는 여성들은 점점 더 많은 사회 활동을 하고 싶어 했다.[20] 이에 따라 도시의 공공장소에 모습을 드러내는 여성의 수가 증가했다. 미혼 여성이 남자와 단 둘이 저녁을 같이하거나 보호인 없이 극장에 출입하는 것은, 물론 이를 여전히 충격적으로 보는 시선이 없지 않았지만 20세기 초에 들어서면 더 이상 크게 문제될 일은 아니었다.

물론 제한이 있었고, 이는 꽤 오랫동안 지속되었다. 1904~1907년 《레이디스 홈 저널》에는 남자가 집에 데리러 오기 전까지 여자는 밖

♦ 19세기 젊은이들도 보호인 없이 지내는 시간이 의외로 많았지만, 탈출의 느낌과 성적 함의가 충만한 도시의 밤문화를 경험하는 것은 전혀 다른 이야기다.

에 나가지 말아야 한다고 조언하는 칼럼이 많았다.[21] 1920년대 초반 래드클리프 여대에는 여대생들이 젊은 남자와 출입할 수 있는 공인된 레스토랑 목록이 있었다.[22] 저녁 7시 반 전에 입장이 가능한 레스토랑이 있었고, 출입하면 추문거리가 되는 레스토랑도 있었다. 이와 같은 제한 조건들이 말해 주는 바는, 역설적이게도 적정 연령의 남녀라면 밖에 나가서 데이트하는 것이 바람직하다는 것이다. 제한 조건의 목적은 데이트를 금지하는 것이 아니라 통제하는 것이었다.

1890년부터 1925년에 이르는 30여 년 동안 서서히 부지불식간에, 데이트는 명실상부한 미국의 보편적 관습으로 정착했다. 1930년대에 이르면 그 유래에 상관없이 미국 어디에서나 행해지는 보편적 관습이 되었다. 보수적인 미국의 중부 지역에서도 데이트를 상류층의 반항이나 도시의 하층계급과 연관 지어 생각하지 않았다.

통상 데이트의 발생은 자동차의 발명과 연관 지어 설명된다. 물론 자동차가 젊은이들에게 이동성과 사적 공간을 마련해 준 것이 사실이고, 그 점에서 데이트의 발생에 기여한 공이 없지 않다.[23] 하지만 이와 같은 설명(일부러 의도한 것은 아니지만 우연이라고 하기도 어려운)이 딱히 역사적 사실에 부합된다고 하기는 어렵다. 자동차로 인해 데이트가 농촌과 교외 지역에서도 전 국민적 문화 관습으로 인정받게 된 측면이 있지만, 자동차는 이미 진행 중인 과정을 더욱 가속화하고 확대했을 뿐이다. 도시의 하층·상층 양극단 계층을 벗어나 중부 지역에 굳건히 뿌리를 내리게 되면서, 데이트는 명실상부한 미국의 제도로 거듭났다.

데이트는 연애의 외적 양식과 관습을 변화시켰을 뿐만 아니라, 연애 권력과 통제권의 배분에도 변화를 가져왔다. 우선 데이트제도는 부모의 통제를 약화시키고 젊은 남녀에게 더 많은 자유를 가져다주었다. 또한 데이트제도를 기점으로 연애 권력이 여성에게서 남성으로 이동하게 되었다.

단순한 방문 또는 정교한 19세기식 의례에서 방문이라는 제도의 주도권을 쥔 쪽은 여성이었다. 우선, 연애의 주된 장소는 여성의 집, 19세기로 따지자면 여성의 영역 혹은 여성이 주도적으로 마련하고 주관한 연회 모임이었다. 그런데 데이트는 연애를 집 바깥의 세계, 남성의 영역으로 이동시켰다. 제 영역을 벗어나자 여성은 연애의 주도권을 상당 부분 잃게 되었다. 과거 여성이 지켜야 할 예의 규범들은 규제적이고 억압적이었지만, 다른 한편으로 여성(미혼 여성과 그 어머니)이 연애의 직접적 통제권을 확보할 수 있게 했다. 데이트의 영역 이동은 그와 같은 통제권을 약화시켰다고 볼 수 있다.

방문제도에서 여성이 주도권을 행사했음을 보여 주는 증거는 많다. 각종 에티켓 서적과 칼럼들은 방문 요청이 '여성의 특권'이라는 점을 되풀이하여 강조했다. 여기서 남성이 주도권을 갖는 것은 매우 부적절한 일이었다. 1909년 《레이디스 홈 저널》 조언 칼럼에 어느 젊은 남자가 고민상담 편지를 보낸다. "초대를 받지 않았지만 제가 정말 좋아하는 여자의 집을 방문해도 될까요? 제가 관습을 어기면서까지 관심을 보인다면 좋아할까요? 무례하다고 여길까요?" 조언자인 킹스랜드 부인은 "여자가 아주 불쾌하게 여길 것이고 호감을 사려는 원래의 취지가 훼손될 수 있다"고 일축한다. 그리고 좀 심했다고 생각했는지, 공동의 친구를 통해서 초대장을 확보하는 것이 좋

겠다는 조언을 덧붙인다.[24]

그런데 그 2년 전만 해도 킹스랜드 부인의 입장은 훨씬 더 엄격했다. "아주 약간이라도 여성사회에 불쾌감을 일으킬 만한 언행은 삼가는 것이 좋다!"[25] "해당 여성을 만나는 것이 즐겁다는 인상을 줌으로써 초대를 이끌어 낼 수 있다면 그렇게 하는 것이 좋겠다"는 〈필라델피아에서 온 부인〉의 충고는 좀 더 긍정적인 어조였지만, 조언 내용은 킹스랜드와 엇비슷하다.[26]

이 충고들을 1940~50년대의 데이트 에티켓과 비교해 보자. "데이트 약속을 정할 권리를 빼앗는 여자는 데이트의 미래가 암울할 뿐이다. 좋든 싫든 인생이 원래 그렇다. 남자가 여자를 포획하던 석기시대부터 남자의 사냥 욕구는 불변이다. 그러니까 조바심이 나더라도 꾹 참고 남자가 먼저 말을 걸도록 놔둬야 한다. 그건 고릿적부터 있던 관습이다."[27]

1950년대에 출간된 10대들을 위한 조언서를 보면, 가령 숙제를 구실로 은근히 접근하는 경우까지 포함해서, 여자는 절대로 주도권을 행사해선 안 된다는 얘기가 나온다. "남자들은 주도권 행사를 남성만의 특권으로 생각한다."[28] 어떤 조언자는 "먼저 뭘 하자고 말하지 말라"고 단호하게 말한다. 어떤 여자가 토요일 저녁에 춤추러 가자고 데이트 신청을 했다가, 상대 남자가 말을 중간에 자르고 가 버린 경우를 언급하는 조언자도 있다.[29]

그러나 조언자들이 강조하듯 여자들에게 방법이 전혀 없는 것은 아니었다. 먼저 나서지는 못해도 속임수나 책략을 쓰거나 친근한 태도를 보여 데이트 신청을 해도 좋다는 암시를 주는 것도 괜찮은 방법이다.

이처럼 남녀의 역할이 완전히 뒤바뀐 것은, 연애가 여성의 영역에서 남성의 영역으로 위치 이동하면서 필연적으로 발생할 수밖에 없는 현상이었다. 유행을 선도하는 사람들이 간혹 희소가치를 근거로 여성 주도권 관습을 적극 추천하기도 했는데("대화 상대로 싫거나 부적합한 남자라도 여자가 방문 허락을 안 해 주기는 어렵다"), 이는 큰 테두리 안에서 기존의 에티켓 원칙에 바탕을 둔 것이라고 할 수 있다.[30] 초대장을 발급하는 것은 어디까지나 주인이지 손님이 아니다. 그리고 방문 초대는 여자의 세계에 들어오라는 초대였다.

반면, 데이트하러 나가자는 초대는 남자의 세계에 들어오라는 초대이다. 데이트가 공적 영역에서 주로 이루어지고, 공적 영역이 주로 남자들의 세계이기 때문만은 아니다. 그보다는 데이트로 이루어지는 연애의 주 무대가 경제의 영역이기 때문이다. 데이트제도의 핵심은 돈, 즉 남자의 경제력이다. 이와 같은 이유로 데이트의 주인은 남자였고, 남자가 주인으로서 통제권을 행사했다.

연애 권력의 이동

데이트와 방문이 제도로서 공존한 약 20년간은 연애 주도권의 역전현상이 가져온 혼란의 시기였다.(예를 들어 이 장 도입부에 언급한 불쌍한 젊은이가 도시 여자에게 집에 찾아가도 되느냐고 물었을 때, 이 남자가 데이트를 나가자고 하겠거니 여자가 기대했다면 이는 관습적으로 크게 잘못된 것이 아닌 셈이다.) 이 혼란이 수습된 결정적 계기는 돈 문제였다.

한 젊은 여성이 《레이디스 홈 저널》에 편지를 보내 "남자가 비용을 부담할 건데 여자가 먼저 오락 또는 유흥장에 놀러 가자고 제안"해도 되는지 물었을 때, 조언자는 "어떠한 상황에서도 절대로 안 된다"고 답변했다. 어떤 조언자의 설명에 따르면, 비용을 책임지는 사람이 남자이기 때문에 데이트 나가자는 초대 역시 반드시 남자가 해야 하는 것이다.[31] 흥미롭게도, 방문 초대를 하는 사람은 언제나 여자여야 한다고 주장한 사람도 같은 조언자였다. 이 조언자는 돈이 가장 핵심적인 문제라는 점을 간파한 것이다.

데이트에서 돈이 핵심이라는 점은 연애 관계에서 매우 중대한 함의를 가진다. 돈의 문제는 남자를 '주인'으로 만들고 연애의 통제권과 주도권을 남자에게 넘겨주었을 뿐만 아니라, 데이트를 경제적 비유를 통해서 가장 잘 이해되는 교환제도 또는 경제적 시스템 그 자체로 보게끔 만들었다. 아내가 가정 내에서 다양한 역할을 수행하고 남편은 그 대가로 아내를 경제적으로 부양한다는 점에서 결혼도 경제적인 차원에서 이해 가능하지만, 결혼은 영속적인 관계라는 점에서 데이트와는 다르다. 데이트는 장기적인 구속과 책임의 관계를 내포하지 않으며, 상황적 측면이 강하다. 남자가 여봐란듯이 공공장소에서 여성에게 돈을 쓴다면, 이는 분명 경제적인 행위로 보일 것이다.

사실 '데이트'라는 단어가 처음 사용될 무렵에는 매매춘의 직접적·경제적 교환을 의미했다. 19세기 후반 메이미라는 이름의 매춘부는 중산층 남성 후원자에게 보내는 편지에서, 남자들과의 '데이트'

약속을 어떻게 잡는지를 설명했다.[32]

매춘부가 된 전직 웨이트리스는 일리노이 주 사회문제 상원분과 위원회에서 다음과 같이 증언했다. "테이블에서 서빙하고 있으면 나를 보면서 웃는 남자들이 생깁니다. 그럴 땐 팁을 줄지 모르니까 저도 웃어 줘요. 다음 날 다시 오면 더 잘해 주려고 하죠. 그러면 곧 남자는 데이트 약속을 잡자고 말하고요. 좋은 사람이면 돈도 주고 선물도 줘요. 그럼 같이 나갑니다."[◆] 남자는 분명 성을 구매하는 행위를 하고 있지만, 이 경제적 교환의 이름이 바로 데이트였던 것이다.

미국의 연애는 언제나 돈 또는 사회적 배경을 중심으로 이루어져 왔다고 해도 과언이 아니다. 가난한 점원 또는 부두 노동자가 부유한 여성의 집을 방문하기는 어려웠을 것이고, 남자라면 당연히 결혼하기 전에 경제적 안정을 이뤄야 한다는 점에서 돈은 중요했다. 그러나 데이트제도에서는 돈이 단지 가벼운 만남이라도 하나의 상징적 교환 양식으로서 남녀관계에 직접 개입한다는 점에서 그 의미가 남다르다.

매춘과 마찬가지로, 데이트는 돈을 매개로 여성과의 교제를 추구한다. 실제로 과거에도 돈과 교제의 교환이 불공정하다고 불평하는 남성들이 적지 않았다. 1925년 《콜리어Collier》지의 기사 '왜 남자는

◆ Ruth Rosen, *The Lost Sisterhood : Prostitution in America, 1900-1918* (Baltimore : Johns Hopkins University Press, 1982), p. 151. 〈'자선여성'과 도시의 쾌락〉(pp. 81-82)에서 케이스 페이스는 19세기 후반에서 20세기 초반의 '자선여성'의 성적 교환을 다루고 있다. '자선여성'은 섹스의 대가로 돈이 아니라 선물과 오락을 교환한다는 점에서 매춘부와 구별된다.

결혼하지 않나'에서, 스물네 살의 남자 대학 졸업생은 "좋아하는 유형의 여자하고 데이트할 돈이 없다"고 토로한다. 그의 현실은 이랬다. "대학 다닐 때에는 집에서 용돈을 받았고, 괜찮은 여자애들도 많이 만났어요. 근데 혼자 나와 독립한 다음에는 만날 엄두가 안 납니다. 극장에 가도 좋은 자리는 못 잡고, 저녁을 먹어도 값싼 식당만 찾게 되고, 집에 갈 때는 대중교통을 이용해야 하는 실정입니다."[33]

이 남학생이 푸념하듯, 이 문제는 순전히 돈 때문이다. 남자가 돈이 있으면 기꺼이 데이트에 응할 여자들이 남자가 돈이 없으면 만나주지 않는다. '괜찮은' 여자는 돈이 많이 든다.

그러나 데이트의 교환은 매춘의 교환에 비해 간접적이고 불명료한 편이다. 1924년 어떤 필자는 이를 다음과 같이 설명한다. 데이트의 경우, 남자가 모든 비용을 대야 한다. 여자는 돈을 낼 필요가 없고, 같이 있어 주기만 하면 된다. 물론 남자도 똑같이 교제의 당사자이지만, 거래의 균형을 맞추기 위해 돈을 보태야 할 의무가 더해지므로 남자의 가치는 여자의 가치보다 훨씬 낮을 수밖에 없다. 경제의 관점에서 볼 때, 여자는 말하자면 남자에게 교제를 파는 셈이다. 남자의 시각에서는 데이트가 교환이 아닌, 직접적 구매에 가깝다고 할 수 있다. "젊은 남성은 여자를 구매해야 한다는 것을 깨닫고, 돈이 있을 때 여자를 구매하고자 한다"는 사실로 인해 데이트에서 여성의 도덕적 입지는 더욱 미묘해진다.[34]

같은 해, 또 다른 젊은이는 공개적으로 무차별적 '구매'를 중단하겠다고 밝힌다. 《아메리칸 매거진American Magazine》에 익명으로 기고한 글에서, 이 사람은 "1인 구매자 파업"을 선언한다. 이 남자의 계산법에 따르면, 그는 지난 5년간 이성 교제의 구매자로서 주당 20달러, 총 5천 달러를 '투자'했다. 결국 이 남자는 "어떤 상품이든지, 이성 교제라는 즐거운 상품까지도 실제 값어치보다 가격이 더 높아지는 현상이 일어난다"는 점을 깨닫는다.[35] 5천 달러로 구입한 상품은 실제 가치보다 가격이 더 높았고, 그의 인내심은 한계에 도달했다. 이 남자의 구애 중단 선언은 연애가 싫다는 말이 아니다. 남자는 연애의 경제 관계 자체를 거부한 것이 아니라, 지불한 돈만큼 되돌려 받지 못했다는 느낌에 분노한 것이다.

요약하면, 인용한 세 남자들은 새로운 데이트제도에 불만을 표하고, "주머니에 동전 한 푼 없어도 부끄럼 없이 여자의 집을 방문할 수 있었던" 좋았던 옛 시절, 여성이 구매될 필요가 없던 시절이 가버렸음을 슬퍼한다.[36] 그들은 데이트제도에 작동하는 경제 원리를 너무나 철저하게 이해하고, 또 경제적 관점에서 데이트가 심하게 밑지는 장사라는 점을 분명하게 깨달은 셈이다. 교환은 공평하지 않았고, 상품의 가격은 높았다. 남자들은 손해만 보고 있었다.

그렇지만 다른 한편으로, 이 남자들은 데이트 모델을 제대로 이해하지 못했다고 할 수 있다. 여자는 남자 더하기 돈이라는 등식은 불균형이다. 맞는 말이다. 그러나 남자가 데이트제도에서 실제로 구매하는 것은, 이성 교제도 즐거움도 아닌 바로 권력이다. 돈으로 의무를 사고, 돈으로 불평등을 사고, 돈으로 권력을 산다.

데이트 관습은 여성의 불평등을 코드화하고 남성의 권력을 승인했다. 남자가 먼저 여자에게 데이트를 신청해야지, 거꾸로 여자가 남자에게 적극적인 관심을 표명하면 공격적이라는 낙인이 찍히게 되었다. 남자는 모든 경우에 돈을 내지만, 여자는 그 대신 자신이 성적 호의의 '빚'을 지고 있음을 안다. 데이트제도에서 통제권을 소유한 것은 남자이고, 여자는 남자에게 종속된 존재이다.

그러나 데이트제도에서 여성에게 전혀 권력이 없다고 말하기는 어렵다. 여성적 권력으로 남자에게 도전하려는 여성도 없지 않다. 20세기 미국의 연애에 관한 공적 담론은 바로 이 도전을 이야기한다. 수많은 문서에 기록된 내용 역시, 바로 이 남녀 사이의 권력 균형을 맞추려는 투쟁, 데이트제도 통제권을 쟁취 또는 유지하려는 남녀 간의 투쟁(이른바 전문가들과 관습의 권위자들이 매개된 투쟁)이다. 성, 과학, 에티켓 등 다양한 분야에서 벌어지는 이 투쟁은 변화하는 사회의 복잡한 남녀관계를 더욱 부각시키고 있다.

2장

***

데이트의
경제학

남자의 인기,
여자의 인기

데이트가 하층계급의 속어에서 상류층의 반항으로, 또 중산층의 관습으로 이동하는 과정은 비교적 순탄했다. 방문에서 데이트로의 변화는 많은 사람들에게 20세기의 새로운 사회 현실에 자연스럽게 적응하는 과정으로 여겨졌다. 젊은 여성이 집 안에 응접실을 갖지 못하고 동네 친구들이 커서 남편과 아내가 되는 경우도 드문 도시환경에서, 데이트는 꼭 필요한 제도였다. 데이트는 단기간에 지배적인 연애 양식으로 발돋움했다.

20세기 초 가장 비관적인 논자들은 데이트라는 새로운 제도 때문에 젊은이들이 연애의 진정한 목적이라 할 수 있는 결혼에 도달하기가 점점 더 어려워졌다고 걱정했다. 가난하지만 포부가 큰 훌륭한 젊은 남성들이 오락과 여흥에 돈을 낭비하지 않고 적절한 상대를 구하기는 매우 힘든 일이 되었다. 영화표를 사고 레스토랑에서 저녁식사를 같이한다는 것은 결혼하고 가정을 꾸리는 데 필요한 최소한의 저축도 힘들어졌음을 의미했다.

비판자들의 말이 틀린 것은 아니지만, 사실 이는 데이트와 별 상관없는 비판이다. 데이트는 결혼이나 가족의 문제가 아니다. 사랑의 문제도 아니다. 결혼 상대자를 구하기 어려워졌다는 말이, 젊은이들이 사랑도 안 하고 결혼도 안 하고 가족도 만들지 않았다는 뜻은 아니다. 제2차 세계대전 이전까지만 해도 장기적인 관계는 젊은이들에게 먼 미래의 일이었고, 이런 변화는 데이트제도와 별 상관이 없었다. 공적 영역에서, 데이트 관습을 규정하고 개인의 경험에 의미와 일관성을 부여한 공통의 문화제도에서, 데이트는 결혼의 문제가 아니었다. 데이트는 경쟁이었다.

적어도 20세기 중반까지 미국인들은 연애를 결핍과 풍요의 법칙이 지배하는 제도로 생각했고, 이러한 인식에 따라 행동했다. 더욱이 미국의 연애제도는 국민문화의 다른 영역과 마찬가지로 경제적·사회적 기회와 요구의 변화들을 반영했다. 1920년대의 데이트는 소비를 통한 공적 경쟁의 새로운 싸움터였고, 1930년대의 데이트는 배출구가 없던 경쟁적 에너지를 발산하는 통로였다. 그러나 전쟁 이후의 데이트는 경쟁사회의 압박에서 벗어날 수 있는 젊은이들의 도피처로 기능했다.

제2차 세계대전 전후로 연애문화에서 경쟁이 차지하는 역할에 대한 다양한 견해가 제기되었다. 이를 두 가지로 나누어 볼 수 있다. 전쟁 전에 미국의 젊은이들은 무차별적인 인기를 중시했다. 그들은 누가 더 많은, 더 다양한 데이트 상대자를 만났느냐를 따져 승부를 결정했다. 전쟁이 끝난 다음에는 '오랫동안 사귀는' 연애 방식이 대세였다. 이를 통해 젊은이들은 전후 세계의 압력을 피하고 심리적 안정을 도모했다.

이처럼 전후 세대의 연애 경험과 이상은 전쟁 이전 세대와는 확연히 달랐고, 그 차이가 세대 갈등을 불러일으켰다. 그러나 의견 차이에도 불구하고, 두 세대 모두 경쟁·결핍·풍요의 언어로 데이트를 이해했다. 젊은 세대나 기성세대가 현대사회의 변화에 적응하면서 결국은 같은 결론에 도달한 것이다.

제2차 세계대전 직후 인류학자 마거릿 미드Margaret Mead는 미국의 연애 관습에 대한 강의를 했다. 미드가 논한 연애의 의례들은 이미 사라지는 추세였지만, 그럼에도 불구하고 그녀는 전쟁 이전에 데이트가 어떤 의미였는지를 정확하게 꿰뚫고 있었다. 데이트는 섹스나 성인 의식, 결혼과는 아무 관련이 없다. 데이트는 단지 남녀가 자신의 인기를 증명하고자 벌이는 일종의 '경쟁 게임'이었다. 이는 미국인들에게 전혀 놀라운 발견이 아니었다. 미국인들은 경쟁과 인기가 데이트의 핵심이라는 점을 이미 간파하고 있었다. '경쟁'과 '인기'는 데이트를 이야기할 때 가장 빈번하게 등장하는 용어였던 것이다.[1]

1937년 사회학자 윌러드 월러Willard Waller는 미국의 데이트제도에 관한 고전적인 연구서에서 이 경쟁 시스템에 "캠퍼스 순위평가 시스템"이라는 이름을 붙였다. 펜실베이니아 주립대학을 분석한 그의 연구서는, 인기라는 확실한 기준에 기반한 '데이트 순위평가' 시스템을 구체적으로 소개했다. 여기서 남자가 인기를 얻으려면 자동차, 옷, 사교클럽 멤버십, 돈 등 외적·물질적 표상이 필요했다. 여자의 인기는 인기 있는 여자라는 명성을 쌓고 유지하는 것으로 결정되었다. 인기 있는 여자는 적절한 장소에서 인기 있는 남자들과 같이 있는 모습을 많은 사람들에게 보여 줘야 하고, "임박해서"(대략 2주 전) 데이트 신청이 들어오면 화를 내며 거절해야 하고, 수요가 엄청 많다

는 인상을 심어 주어야 한다.[◆]

월러의 작업은 1920년대 초반부터 흔하게 사용되던 관습과 용어에 학문적 정당성을 부여하는 것이었다.[2] 데이트 순위평가라는 경쟁적 시스템(일명 '월러 시스템'—옮긴이)은 월러의 연구가 이루어지기 훨씬 전부터 대학 캠퍼스에서 널리 확산된 풍속이다. 사실 그전부터 청년기를 별개의 독립된 경험의 시기로 보아야 한다는 인식이 사회적으로 꾸준히 확산되었고, 그와 더불어 국민적 청년문화가 서서히 형성되어 왔다. 데이트 순위평가 시스템은 그러한 장기적 사회 조류의 산물이라고 할 수 있다.

1920년대 젊은이들은 대학 캠퍼스에서 자신들만의 문화를 격정적으로 만끽했고, 이는 전국의 신문과 잡지 매체를 통해 미국 전역에 알려졌다. 비록 그 숫자는 많다고 할 수 없었지만, 젊은 대학생의 모습은 청년문화의 진풍경을 때로는 의심의 눈초리로 때로는 부러움 가득한 시선으로 바라보던 어른과 또래 젊은이들에게 매우 중요한 상징성을 가졌다고 할 수 있다.

1920년대 대학문화를 연구한 폴라 패스Paula Fass에 따르면, "순응 속의 경쟁과 경쟁 속의 순응은 20세기 대학문화를 지탱한 가장 핵심적인 구조적 근간이다". 경쟁과 순응, 개인과 집단은 서로 미묘한

◆ Willard Waller, "The Rating and Dating Complex," *American Sociological Review 2* (1937) : pp. 727-34. 월러는 여성의 인기를 '관계적associational'인 것으로 규정한다. 여성은 남성의 선택 대상으로서 사회적 위치를 갖기 때문이다. 올바른 의복, 올바른 연줄, 올바른 집안 배경에서 오는 모든 무형적 요소들이 최우선적으로 남성의 관심을 끄는 것이라고 할 수 있지만, 학계 내외의 연구는 이 점을 간과하고 있다.

균형 관계를 이루고 있었다. 동년배 집단의 기준은 곧 경쟁의 기준이었고, 경쟁의 에너지는 동년배 문화의 테두리 안에서 발산되었다. 스포츠, 학교정신, 조직 경쟁, 사회생활, 소비 등을 통해 경쟁의 욕구가 마음껏 표출되었다. 젊음은 단지 몇 년이라는 짧은 기간에만 누릴 수 있는 시한부 문화였기 때문에, 경쟁이 가져올 장기적 위험은 그리 크지 않았다. 이 같은 온실 속의 경쟁은 젊은이들이 바깥세상에서 곧 겪게 될 치열한 투쟁의 예비 훈련장인 셈이었다. 더욱이 경쟁은 역설적으로 순응을 통해 표현되었다. 말하자면, 순응은 경쟁의 궁극적 한계였다. 경쟁은 자족적, 자기규제적, 자기제한적 시스템이었다.[3]

패스는 이와 같은 문제들을 주로 조직 및 제도상의 경쟁에 초점을 맞춰 탐구했지만, 청년들의 연애제도 또한 경쟁과 순응의 시스템을 통해 진화했다. 데이트 순위평가 시스템은 순응 속에서 표현된 경쟁이었다. 경쟁은 순전히 개인적이었지만, 1920년대에 연애의 성공은 동년배 집단에 의해 규정되었다. 성공은 곧 인기였고, 인기는 다른 친구들에 의해서만 규정되고 부여될 수 있었다.

인기녀-인기남
경쟁

연애 경쟁 시스템은 1930년대에 들어서면서 완전히 정착되었고, 어떤 면에서는 이전 시대와 크게 달라진 바가 없었지만 대공황이라는 사회적 분위기는 몇 가지 새로운 변화를 가져왔다. 이제 경쟁적 청년문화는 성공을 갈망하는 청년들의 훈련장이 아니었다. 경쟁에서의 성공은 다른 경쟁 무대들이 사라져 버렸다는 두려움을 상쇄하는 수단이었다. 다른 한편, 풍요와 소비, 그리고 성인들이 겪는 사회 현실로부터 벗어나 있다는 보호의 느낌에 바탕을 둔 시스템이 국가적 불행에도 불구하고 지속되고 강화되었다는 사실은 이 시스템이 얼마나 완벽하게 이전 시대의 연애제도를 대체했는지를 보여 준다.

개인의 사적인 삶이 어떠했든지 간에, 1920년대 중반부터 제2차 세계대전까지 미국 연애의 공적 담론을 주도한 것은 데이트 순위평가 시스템이었다.[4] 월러의 모델은 대중매체를 통해 알려진 다양한 사례들을 통해 그 타당성이 입증되었다. 데이트 순위평가 시스템이 발원한 대학 캠퍼스의 또래문화는 일반 사람들에게 연애의 모범을 보여 주었다.

1938년에 발행된 《마드모아젤》대학특집호를 보자. 스미스여자대학교 4학년 선배들은 신입생에게 데이트를 원한다면 인기인의 이미지를 만들어야 한다고 조언한다. "첫 학기에 편지나 전보, 초대 등을 많이 받을 수 있도록 자기 능력을 잘 계발해야 한다." 남학생들은 관심을 많이 받는 여자가 그만큼 매력 있다고 생각하기 때문이다.[5] 1920년대 노스웨스턴대학교에서는 경쟁의 압력이 지나치게 강해서 여학생들이 일주일 중 며칠은 데이트 없는 날로 정하자는 협약을 맺기도 했다. 이 협약 덕분에 여학생들은 공부할 시간을 낼 수 있었고, 집에 있어도 인기 경쟁에서 뒤처진다는 스트레스를 받지 않을 수 있었다.[6]

그런데 월러가 보지 못한 것이 있으니, 바로 이미지를 가꾸는 일이 여자에게만 국한된 현상이 아니었다는 점이다. 남자들에게도 성공만큼 성공에 도움이 되는 것은 없었다. 《도시에 관해 젊은 남성이 알아야 할 것들A Guide Book for Young Men about Town》에서 저자는 말한다. "데이트 달력과 목록에 올릴 여자들을 가져다주는 건 은행의 돈이다. 돈이야말로 인기를 의미한다." 저자는 그 증거로 자신의 대학 시절을 떠올리며 작은 남녀공학 대학에 다니던 어떤 남학생이 학생 명부에서 남자친구 없는 여학생을 골라 그들과 빠짐없이 다 데이트함으로써 '가장 인기 있는 남자'라는 타이틀을 획득한 이야기를 전한다.[7]

몇몇 대학의 순위평가 시스템은 특히나 노골적이었다. 1936년 미시간대학교 여학생들은 BMOC(Big Men on Campus), 즉 '캠퍼스 인기남 순위'라는 순위평가 시스템을 만들어 남자들의 '데이트 가치'를 평가했다. 이 순위에 이름만 올리려면 데이트한 여학생이 최소 몇 명은 되어야 했다. 순위에 오른 남학생들은 A-훌륭하다, B-괜찮다, C-무난하다, D-약간 바보 같다, E-왕따로 분류되었다. 순위를 매긴 담다 파이 다타Damda Phi Data 여학생 사교클럽 회원들은 이 목록을 복사해서 캠퍼스 곳곳에 뿌렸다. 미시간《데일리》신문에 따르면, 이 목록은 소개팅할 만한 남학생 순위를 확인하려는 여학생들에게 널리 애용되었다.[8] 이 같은 데이트의 코드화는 여학생들이 또래들의 데이트 가치 판단에 순응하게 하는 중요한 기제로 작용했다.(이를 통해 여학생들은 가장 능력 있는 남자들을 확보하는 일종의 권력을 얻기도 했다.)

당시 데이트 가치 개념은 실제 데이트에서 이루어지는 대인 경험과는 아무런 관련이 없었다. 데이트 당사자가 실제로 재미있는지 매력적인지 똑똑한지는 고려 항목이 아니었다. 순위는 당사자가 아닌 사람들을 겨냥했다. "무난하다"는 평가는 데이트 커플의 관계가 아닌, 인기 경쟁에서 성공 여부를 가리는 일반의 인식을 가리켰다. '왕따'와의 데이트는 인기 격감의 지름길이었고, C급 정도는 인기 유지에 큰 타격을 주지 않았다.

데이트 순위평가를 둘러싸고 벌어진 일들을 보면, 당시 대학생들이 얼마나 데이트 경쟁에 치중했는지를 알 수 있다. 1935년《매사추세츠 칼리지언Massachusetts Collegian》(매사추세츠 주 대학신문)은 사설을 통해 '데이트 만들기'를 위해서 도서관을 이용하는 세태를 비판했다. "도서관은 지성의 계발을 위한 곳이지 사회적 평판을 얻는 장소가 아니다."[9] 여기서 이야기하는 것은, 사회적 생활이 아니라 평판이다. 이 단어 하나가 데이트 시스템의 의미를 분명히 드러내 보인다. 이를 통해 당시 사람들이 데이트를 지위, 경쟁, 인기 등과 연관지어 생각했음을 알 수 있다. 데이트는 이처럼 연애 교환 시스템의 성립과 작동을 보여 주는 중요한 표식이었다. 이 시스템에서 구조적으로 가능한 유일한 목표는 '성공'이었고, 이 성공이란 경쟁을 지속할 만큼 인기를 쌓는 것이었다.

분명 인기가 가장 중요한 열쇠였다. 문제는, 이 인기가 우리가 생각하는 방식으로 정의되지 않았다는 것이다. 인기는 재능이나 외모, 개성 또는 조직 내 중요성을 통해서 얻어지는 것이 아니라, 이와 같은 요소들이 데이트에서 해석되는 방식을 통해 결정되었다. 무엇보다 데이트는 많은 사람들에게 보여 주는 방식으로 이루어져야 했다. 그렇지 않다면 아무 의미가 없었다.

1930년대 중반에 출간된 여대생을 위한 에티켓 책은 노스웨스턴 대학교 캠퍼스 '과부' 모임(목에 노란 리본을 둘러서 떨어져 있는 남자친구에게 충실하다는 것을 보여 주고, 가끔 모여서 남자친구의 편지를 읽고 사랑의 징표를 나누는 모임) 여학생들을 한 남자에게 '붙박인' 여자들에 비유했다. 저자에 따르면, 과부들은 "항상 집 안에 틀어박혀 있고, 적어도 꾸준히 데이트를 한다"는 점에서 남자친구가 아예 없는 것보다는 낫지만, 남자친구가 한 명밖에 없다는 것은 아예 없는 경우보다 아주 약간만 나을 뿐이다.[10]

그런데 데이트 순위평가 시스템과 인기라는 척도는 대학 캠퍼스에만 국한된 것이 아니었다. 대중잡지와 조언서는 이를 대학의 풍속으로 규정했지만, 1930년대에 이르러 대학 캠퍼스는 더 이상 결정적 요인이 아니었다. 1940년 《여성의 친구Woman's Home Companion》지에 실린 기사는 대학 캠퍼스를 전혀 언급하지 않은 채 현대의 데이트 시스템을 독자에게 소개한다.

"데이트가 많으면 여기저기서 데이트 신청이 들어올 것이다. 데이트는 인기와 개성을 보여 주는 증표라고 할 수 있다. 아무리 얼굴이 예쁘고 옷을 잘 입고 말을 잘해도 데이트를 못하면 순위는 낮을 수밖에 없다. 현대 여성은 한 명의 구혼자가 아니라 많은 데이트 상대자가 필요하다. 그녀의 목적은 로맨스가 아니라 인기다."[11]

기사의 어조는 무조건적인 찬동이다. 인기라는 이상적 목적이 대학의 청년문화에서 일반대중의 보편문화로 이동하면서 차이의 아우라, 그리고 미심쩍은 요소들이 모두 제거되었다. 데이트 순위평가의 시대를 살았던 젊은이들은 1930년대 후반에 이르러 젊은이들을 위한 조언 칼럼을 쓰는 세대가 되었다. 그들은 대중잡지라는 창구를 통해서 경쟁적 데이트 시스템을 표준화하고 영속화했다.

1930년대 후반과 40년대의 고등학생은 데이트 순위평가와 함께 성장했다고 해도 과언이 아니다. 그들은 자발적으로 대학생들의 연애 풍속을 모방했을 뿐만 아니라, 부모 세대와는 전혀 다른 어조로 이 풍속을 옹호하는 젊은 칼럼니스트의 조언을 열심히 따랐다. 미국의 거의 모든 고등학교에서 널리 읽힌 잡지인《시니어 스콜래스틱Senior Scholastic》은 1936년부터 조언 칼럼을 연재했다. '게이 헤드Gay Head'라는 필명의 저자가 쓰는 칼럼〈남자, 여자와 데이트하다〉는 이 잡지의 가장 인기 있는 칼럼이었다.◆

게이 헤드의 칼럼은 데이트 순위평가 시스템을 당연한 것으로 간주했다. 그날 저녁 데이트 일정이 없는 경우 여학생은 단도직입적인 데이트 신청을 곧바로 받아들일 것이고, 남학생은 무리를 해서라도 가장 인기 있는 여학생에게 데이트를 신청할 것이다. 그러니 다소 매력 없는 남자라도 데이트가 없을 날을 고려해 매정하게 거절하지 말라.[12]

《레이디스 홈 저널》의〈예비 숙녀〉칼럼도 비슷한 논조를 띠었다. 칼럼니스트는 소개팅을 연애 활동이 잘 안 되고 있다는 공개적 증거

◆ 사용이 변화를 가져온다. '게이 헤드'라는 이름은 마사스 비니어드Martha's Vineyard 지역의 절벽 이름에서 따온 것이다.《시니어 스콜래스틱》(SS)의 교사용 보유판(20 February 1937)에 따르면, 이 절벽 근처에서 잡지 편집자가 라즈베리 소다를 가지고 게이 헤드에게 명명식을 했다고 한다. 1937년《시니어 스콜래스틱》은 6,200명의 고등학교 교사들이 즐겨 보는 잡지였고, 교사들의 증언에 따르면 게이 헤드의 꼭지는 학생들에게 가장 인기 있는 칼럼이었다.(Teacher's Supplement, 29 May 1937, p. A-3)

로 여겨 이를 피하는 것은 좋은 방법이 아니라고 조언했다. 소개팅은 "완벽하진 않아도 인기를 잃지 않는 수단이 될 수 있다. 홍보 효과가 나쁘지 않다. 게다가 데이트 컬렉션에 훌륭한 보탬이 될 수 있다."[13]

10대들은 이러한 조언에 전적인 동감을 표했다.《시니어 스콜래스틱》에서 '오래 사귀기'에 대한 토론이 벌어졌을 때, 물론 한 명의 남자친구를 선호한 여학생도 일부 있었지만, 반대 의견이 압도적으로 많았다. 반대자들의 어조는 거리낌이 없었다. "여자가 한 남자하고만 데이트를 하는 것은 재능을 낭비하는 셈이다. 다른 여자하고 경쟁할 필요가 없어진다", "한 명하고만 사귀는 것은 첫 번째로 본 차를 사는 것과 같다. 근데 차는 팔면 돈이 남지만 사람은 뭐가 남을까?", "한 명은 재미없고 다다익선!"…….

한 명하고만 오래 사귀는 거 나쁘지 않아-
평가하고 싶은 남자가 그 사람뿐이라면.[14]

파트너를
갈아 치우는 여자

평가, 데이트, 인기, 경쟁……. 이런 유행어들은 사람들의 입에 오르내리다가 자연스럽게 일상어로 정착되었다. 데이트하기 위해 평가하고, 평가하기 위해 데이트해야 했다. 이 순환 과정을 성공적으로 유지하려면 인기가 필요했고, 인기를 유지하려면 경쟁해야 했다. 인기는 잡힐 듯 잡히지 않는 요원한 이상과도 같았고, 모든 것은 끝이 없는 쳇바퀴 같았다. 인기는 일시적인 상태일 뿐, 획득하고 소유할 수 있는 트로피가 아니었다. 인기를 얻으려면 경쟁하고, 인기는 경쟁을 지속시킨다. 경쟁을 제거하면 평가, 데이트, 인기 등 이 모든 것이 물거품처럼 사라질 것 같았다.

1930~40년대 경쟁의 주 무대는 댄스홀이었다. 많은 남자들과 돌아가면서 춤을 출 만큼 아찔한 인기, 그것이 곧 성공이었다. 1936년에 출간된 여대생을 위한 에티켓 책은 댄스홀에서 춤이 바뀔 때마다 다른 남자와 춤추는 "파트너 바꾸는 여자"가 되라고 충고한다. 저자는 같은 남자와 계속 춤을 추는 것은 그 남자와 약혼한 게 아니라면 보기 좋지 않다고 경고한다.◆

1937년 《마드모아젤》에 따르면, "남녀 비율이 7대 1이고, 여자는 끊임없이 남자들 사이를 돌아다녀야 하는 파티를 성공적인 파티로 평가하는 연애 풍속"이 심각한 문제라고 지적하는 목소리가 있었다. 여자들은 끔찍한 인기 경쟁을 좋아하지 않는다는 것이다. 그러나 《마드모아젤》은 이런 의견에 대해 정작 여학생들은 "미친 소리"라고 일축했다고 전한다.[15] 인기라는 꿈, 그리고 인기가 가져다주는 현실적 권력은 젊은이들의 마음속 깊이 자리하고 있었고, 이는 다양한 방식으로 표출되었다. 1940년 《데일리 노스웨스턴Daily Northwestern》지에 실린 카슨 피리 스콧 사社의 광고는 이 꿈을 다음과 같이 표현한

◆ Eldgridge, *Co-ediquette*, pp. 203, 211. 약혼한 사람은 당연히 데이트 시스템에서 제거되고, 따라서 경쟁에서도 제거된다. 그러나 연애에서 약혼은 시급한 목표가 아니었다.

다. "수컷들이 줄을 지어 기다린다. 블랙 벨벳에 실크를 두른 당신을 보기 위해."[16]

하지만 꿈은 언제나 너무 쉽게 악몽으로 돌변한다. 댄스홀에 따라 나온 보호인이 파트너 없는 여자의 처지를 걱정하여, 젊은 남자들에게 넌지시 그쪽으로 눈길을 보내도록 하는 경우도 있었다.[17] 그러나 파트너 없는 여자보다 더

파트너 바꾸는 여자

비참한 여자는 못 빠져나온 여자였다. 파트너 없는 여자는 화장실에 숨거나 보호인과 대화에 몰두하는 척이라도 할 수 있지만, 못 빠져나온 여자는 그야말로 재앙이었다.

댄스홀에서 이루어지는 춤추기와 끼어들기에는 나름 엄격한 규칙이 적용되었다. 남자는 춤을 요청하고, 다음 파트너에게 넘길 때까지 그 여자를 책임졌다. 어떤 경우에도 여자를 혼자 남겨 두거나 춤 대열에서 벗어나게 해서는 안 되었다. 춤을 그만 추겠다고 말할 수 있는 자격은 오직 여자에게만 있었고, 그것도 근처에 얘기할 친구들이 있을 때만 그렇게 할 수 있었다. 그렇지 않으면 남자는 여자 옆에 있어야 했다.

'못 빠져나왔다'는 것은 쉽게 말해서 그 다음 남자가 나타나지 않을 때를 말한다. 시간이 지날수록 여자의 미소는 부서질 듯 절망으

로 변하고, 남자는 그를 구원해 줄 사람을 찾느라 그 표정이 자못 간절해진다. 주변 사람들은 모두 이를 눈치챌 수 있다. 젊은 여자는 이러한 재앙의 순간이 오지 않기를 바라고, 젊은 남자는 인기를 증명하지 못한 여자에게 춤을 청하지 않게 된다.

이는 데이트의 실패를 알리는 심각한 징후로 여겨졌다. 같이 온 남자하고만 춤을 추는 것도 수치였다. 이 점에 대해서 길게 논한 보그의 《에티켓》은 못 빠져나올 기미가 보인다면 주저 없이 떠나라고 조언했다. 상황이 걷잡을 수 없는 상태가 되었는데, 친구들도 주변에 없고 사람들이 모두 즐겁게 춤을 추고 있다면, 집에 가는 게 상책이라는 것이다.[18]

1933년에 나온 조언서는 몰래 1달러 지폐를 건네며 다른 여자한테 가려는 파트너에게, "나한테 5달러를 주면 집에 가겠다"고 역제안한 여자의 이야기를 전했다. 춤을 추는 자리에서 인기를 얻는 것은 "스파르타인의 인내심과 남부인의 훈련"을 요하는 일이라고 덧붙이며.[19] 《마드모아젤》에 기고한 어떤 대학생은 "죽을 만큼 힘들더라도 미소를 지어라"고 충고했다. 딸에 대한 기대가 충만한 어떤 엄마는 《하퍼》지에 보낸 글에서 화학·프랑스어·라틴어 대학시험도 잘 보고 타이어 가는 법도 배워야 할 뿐만 아니라, "파티에서 남자들 틈에서 잘 버티는 것도 배우라"고 딸의 등을 떠민다.[20]

이러한 종류의 '잔인함'은 시대가 바뀌면서 사라졌다. 1950년대 초반이 되자, 남부 최남단 지역을 제외하고는 이런 풍습은 거의 완전히 사라졌다. 1955년 텍사스 크리스천대학교의 학생이 전하는 바에 따르면, 자기 여자 파트너를 다른 남자에게 넘기는 "끼어들기는 거의 모욕을 주는 것과 마찬가지"가 되었다. 위스콘신 출신의 어떤 여학생은 공식적인 파티에서 같이 간 남자하고만 춤을 추었다고 얘기하자, 부모님이 아주 "놀라셨다"고 말한다. 다른 남자들하고도 춤을 춰야 하는 것을 몰랐다고 한다.[21]

이는 제2차 세계대전이라는 극히 짧은 시간 동안 이루어진 변화였다. 1950년대 초반 무렵이 되자, 풍속이 완전히 바뀌어서 당시 18세 이하 젊은 세대는 이전 시대를 풍미한 연애 풍속에 대한 정보도 관심도 없어졌다. 춤 에티켓만 변한 것이 아니라 데이트 시스템도 전혀 딴판으로 바뀌었다. 무한경쟁을 통한 잡식성 인기로 사회적 성공을 가늠하던 세태는, 믿음직한 남자친구와의 안정적 이성 교제를 성공의 지표로 여기는 경향으로 대체되었다.

《여성의 친구》지에 실린 기사는 변화의 다면적 양상을 적나라하게 드러낸다. 다음은 기사의 필자가 16세의 여자 조카와 나눈 대화이다.

"학교 무도회는 재미있었니? 남자애들하고 춤 많이 췄어?"

"참 좋았어요. 그런데 많은 남자들은 아니고요. 짐하고만 춤을 췄어요."

"모든 춤을 다?"

"당연하죠."

"못 빠져나온 거는 아니고?"

"못 빠져나온 게 아니고요. 원래 같이 온 남자친구하고 춤을 추는 거예요. 데이트하는 사람하고만요. 다른 방법도 있나요?"

"그게 말이다. 무도회는 자랑하려고 여자를 데려가는 거야. 그러니까 하루 종일 데리고 같이 춤을 추면 안 돼. 여자는 딴 사람이랑 춤추게 그냥 놔두고, 남자는 같이 춤을 추고 싶은 섹시한 여자들을 쳐다보는 거지. 자기 여자가 다른 남자들하고 춤을 추도록 하는데, 먼저 여자친구한테 남자들을 소개시켜 주면서 시작하는 거야. 여자가 인기를 느낄 수 있게 끼어들기가 잘 되고 있는지 확인도 하고 말이야. 이런 식으로 여자는 아는 사람이 하나도 없는 무도회에 가지만, 끝날 때에는 무도회 최고의 미인이 되는 거야."

……

"요즘엔 그렇게 즐거운 경험을 하기가 쉽지 않지. 열여섯 살 숙녀라면 인생에서 한번쯤 그런 경험을 하는 것도 나쁘지 않아. 남자들이 구름같이 몰려들 때 우쭐한 기분을 느끼는 거지. 나중에 할머니가 됐을 때 웃으면서 떠올릴 수 있는 소중한 추억이 되겠지. 남자도 자기 여자가 많은 남자들의 경쟁 대상이 되는 걸 경험하는 게 나쁘지 않고 말이야."

"괜찮은 남자들이 별로 없어요. 괜찮은 애들이 몇 명 있기는 하지만. 어쨌거나 여자애 같은 남자들하고 돌아다닐 순 없잖아요. 그리고 여드름 범벅인 얼굴이면 데이트 생각이 나겠어요?"[22]

사실 끼어들기 풍속은 불가피한 현실적 조건에서 비롯된 사회학적 현상이었다. 남자가 여자보다 더 많은 상황에서, 모든 남자들이 질서정연하고 세련된 방식으로 골고루 여자를 만나는 방법이었던 것이다. 공식 무도회를 개최하는 사교계에서는 여자들이 부족한 경우가 별로 없었다. 그러나 개인이 주최하는 파티의 경우에는 사정이 달랐다. 개최자들은 무도회의 성공을 위해 일부러 남자들을 차고 넘치도록 공급하느라 무진 애를 썼다.

끼어들기 풍속은 인구구조와 생활 관습의 변화에 따라 역사의 뒤안길로 사라졌다. '파트너를 갈아 치우는 여자'로 등극하여 인기를 과시하는 것은 점점 어려운 일이 되어 갔다. 경쟁과 인기를 좇던 젊음은 이제 새로운 현실에 대한 두려움에 굴복했다.

남자 품귀 현상

제2차 세계대전 이후 미국 역사상 처음으로 여성 인구가 남성 인구를 앞질렀다. 통계로 보아도, 여자들에게 골고루 돌아갈 남자들이 ("괜찮고" "안 괜찮고" 간에) 수적으로 부족해졌다. 인기를 중심으로 한 데이트 시스템은 남성의 공급 부족이라는 새로운 현상에 대한 여성들의 두려움으로 붕괴 상황에 처했다.

물론 많은 미국 여자들이 남자 부족으로 '의도치 않은 처녀'가 될지도 모른다는 우려는 제2차 세계대전 이전부터 사회과학자들에 의해 이미 예견된 것이었다.[23] 《미국의 결혼과 가족관계American Marriage and Family Relationships》(1928)에서 어니스트 그로브스와 윌리엄 오그번은 성비와 결혼율의 상관관계를 비중 있게 다루었다. 전문적인 통계분석에 따르면, 성비가 균등할 때보다 남녀 비율이 대략 120대 100으로 남성의 수가 많을 때 결혼 인구가 많다고 한다. 따라서 결혼 적령기에 속하는 청년층에서 '공급' 문제에 더 민감한 쪽은 여성이었다

고 할 수 있다. 연애에서 주도권을 쥔 쪽이 남성이었기 때문이다.[24]

여성들이 남성 공급 부족 문제를 처음으로 인식한 것은 전쟁 전인 1930년대였다. 당시에는 남자의 수가 부족한 것도, 데이트할 남자가 모자란 것도 아니었다. 부족한 것은 결혼 가능한 남자였다.[25] 실제로 1930년대의 대공황기에 접어들면서, 부인을 얻어 가정을 꾸릴 만큼 재정적으로 안정된 남자들의 수가 현저하게 감소했다. 그러다 1940년대 전쟁 중에는 전혀 다른 종류의 결핍, 뼛속 깊이 각인되는 결핍을 실감하게 된다. 《타임Time》지 기사에 의하면, 세인트폴의 한 여성은 "남자한테 말을 걸고 싶어서 소리를 지르고 싶은 지경"이라고 토로한다.◆ 갤럽 조사에 응한 어떤 여성은 전쟁 때문에 잃은 게 많다면서 "남자친구들이 모두 다 해외로 떠났다"며 울상을 지었다.[26]

이에 대해 영국 여성들은 일말의 동정심도 보이지 않았다. "양키들은 잃은 게 없지만, 우리는 여기서 몇 년 동안 배급으로 연명하고 있습니다." 사실 미국 여성들 중에서 그처럼 개념 없는 발언을 하는 경우는 별로 없었다.[27] 하여튼 모두 어려움을 겪었다. 젊은 여자들은 어서 빨리 남자들과 함께 와인을 곁들인 저녁 식사를 하며 인기와 낭만을 만끽하게 되기를, 애가 타는 남자들과 쉴 새 없이 춤을 추며 무대를 누비게 되기를 간절히 고대하고 고대했다. 그러나 1943년

◆ "U.S. at War : Women," *Time*, 26 February 1945, p. 18. 물론 군사기지가 있는 지역의 여성들은 그 반대의 경험, 즉 너무나 많은 남자들을 너무나 짧은 시간에 보는 경험을 했다. 애국심으로 군인과 사귀는 '빅토리 걸victory girl'에 관해서는 Studs Terkel, *The Good War* (New York : Pantheon Books, 1984), pp. 242–46. 그러나 대부분의 여자들은 전쟁으로 인해 남자 없이 지내야 했다.

전쟁이 막바지에 이르러, 18~26세의 신체 건강한 성인 남자 1,635만 4천 명이 전쟁터로 떠나면서 이 꿈은 산산조각이 났다.[28]

국민 전체의 사활이 걸린 전쟁을 하는 판국에, 일시적으로 남자가 부족하다는 것은 지극히 사소한 문제였다. 예전의 댄스 파트너가 외국 땅에서 싸우고 죽어 나가는데 댄스 파트너가 부족하다고 불평하는 것은 어느 모로 보나 이기적이고 비애국적인 행태로 보였다. 그러나 전쟁 세대 여성들은 과거에 그랬듯이 인기를 과시하며 남자들의 주목을 한 몸에 받는 그런 날이 오기를 학수고대했다. 경쟁적 데이트제도는 당시의 젊은 여성이 상상할 수 있는 유일한 준거틀이었다. 무차별적인 인기가 점점 더 희귀하고 부적절한 상품으로 바뀌어 가는 상황에서, 여성들이 눈을 돌릴 대안 모델이 별로 없었다.◆◆

이 난국을 어떻게 이겨 나가야 할까. 조언은 제각각이었다. 어떤 이는 문제의 원인을 지나친 경쟁 탓으로 돌렸다. 1943년 잡지 《굿하우스키핑》의 기사 제목은 '누군가 당신의 남자를 노리고 있다'이다. 글쓴이에 따르면, 남자가 전쟁 물자 부족 목록 상위에 올랐을 때 여자는 사냥꾼 내지 납치범이 되기 마련이다. 이 같은 '남자도둑' 유형에는 흡혈귀, 절친, 크고 슬픈 눈, 숙맥 등이 있으니, 이들과 싸우

◆◆ 이런 사교 모임들을 제공한 여자대학들은 이미 오래전에 여성 공동체로서의 정체성을 잃었다. 《하퍼스》의 한 여성 기고자는 1915년 졸업생(본인의 졸업 연도)과 1930년 졸업생을 비교했다. 1915년 졸업생들이 서로 간에 친밀한 관계를 유지하면서 남자를 공동체의 외부 존재로 간주했다면, 1930년 졸업생들은 항상 남자들 이야기를 하고, 한 학기에 6주씩 주말마다 외출했으며, 남자가 동반하는 외출만을 중시했다.(Agnes Rogers Hyde, "Men in Women's Colleges," *Harper's*, December 1930, pp. 11-12). Helen Lefkowitz Horowitz, *Alma Mater* (New York : Alfred A. Knopf, 1984), p. 287.

려면 이러저러한 기술이 필요하다.[29] 《굿 하우스키핑》의 또 다른 기사는 경쟁으로 인한 스트레스를 줄이는 방법으로, 일단 자의식을 던져 버리고 "요즘은 누구나 다 남자들이 없는 걸 아니까" 친구들 사이에서 짝 없는 여자가 되더라도 낙담하지 말라고 충고한다.[30]

가장 심한 타격을 입은 층은 결혼 적령기 여성들, 특히 예전만 못한 환경에서 고립돼 버린 여대생들이었다. 당시 남녀공학의 등록생 중 약 75~90퍼센트가 여학생이었다.◆ 남자를 빼앗긴 캠퍼스의 여대생들은 불평을 늘어놓았고, 사태를 반전시키려는 노력을 아끼지 않았다.

남녀 비율이 1대 8(1930년대 '황금기'에는 5대 1)이었던 매사추세츠 주립대학의 경우, "남학생의 값은 하늘로 치솟았고, 여학생의 사기는 땅에 떨어졌다."[31] 여학생들은 서로를 친구 삼아 의지했고, 그 때문인지 1941~1945년 사이에 여섯 개의 여학생 사교클럽(학교 역사상 최초)이 새로 생겼다. 그러나 이는 과거처럼 대학 내 11개 남학생 사교클럽에 남아 있는 남자들을 독점하려는 미끼가 아니었다. 전쟁 중에 남학생 사교클럽은 영업 중지 상태나 다름없었기 때문이다.[32] 《매사추세츠 칼리지언》은 어려운 시기에 "넉넉한 마음으로 부富(남자)를 함께 나눈" 학생들을 칭찬했다.[33] 당시 매사추세츠 주립대학의 여학생들은 끔찍한 연애 경쟁을 경험한 적이 없는 세대였으니, 경쟁

◆ "Lo, the Poor Coed," *Newsweek*, 29 April 1946, p. 86. 《마드모아젤》 대학판版의 〈신입생을 위한 핸드북〉은 "남성 인구 부족으로 데이트 없는 밤이 오면 서로 자주 보게 될 것이기 때문에" 룸메이트가 아주 중요하다고 말한다.(Joan Epperson and Marilyn Mayer, "Handbook for Freshmen, *Mademoiselle*, August 1944, p. 189).

보다 협동을 강조하는 것이 더 용이했을 것이다.

　그러나 모든 대학이 문제를 원만히 처리하지는 못했다. 부유층 자제가 많았고 연애 경쟁도 치열했던 노스웨스턴대학교는 경쟁에 익숙한 편이었다. 남녀 비율이 1대 10에 이른 1945년 초반, 데이트 없는 3학년 무도회를 예상한 노스웨스턴 여학생들은 데이트 관리팀을 설치하기에 이르렀다. 여학생들은 차량도 제공하고 무도회 티켓도 구입하는 등 온갖 노력을 기울였지만 반응은 미적지근했다. 데이트 관리팀의 공동팀장을 맡은 여학생은 화가 나서 말했다. "캠퍼스 남학생들한테 정말 화가 나요. 아무리 그래도 무도회 데이트를 원하는 남학생들이 좀 있어야 하는 거 아닌가요?"[34] 얼마 후《데일리 노스웨스턴》편집자는 병원에서 자원봉사를 하겠다, 붕대를 감겠다는 둥 전시 노동을 맹세해 놓고 이제 와서 약속은 안중에도 없고 남자니 데이트니 그런 생각만 하는 "철없는" 학생들을 준엄하게 꾸짖는다.[35]

　전시의 노스웨스턴대학은 매사추세츠대학과는 중요한 차이점이 있었다.《데일리 노스웨스턴》은 대학 소개 페이지에, 수화기를 떨군 채 기절해 쓰러진 여학생의 모습과 그 아래쪽에 "남자가 데이트를 신청했다"는 설명이 붙은《에스콰이어Esquire》지의 만화를 게재했지만, 상황이 그렇게 절망적인 것은 아니었다.[36] 노스웨스턴에는 남자들이 없지 않았다. 노스웨스턴대학은 다른 미국 대학들과 마찬가지로 캠퍼스 내에 군사훈련 캠프를 운영하고 있었다. 전쟁 중에 약 6천 명의 훈련병이 노스웨스턴 캠프를 거쳐 갔다. 구내 도서관은 여학생들과 해군 장병을 위한 비공식 데이트 관리본부가 되었다.《데일리 노스웨스턴》은 "공부는 지식을 추구하는 것이고, 도서관은 데이트를 추구하는 곳"이라며 비꼬았다. 1944년 11월 초 학기가 아직 몇 주 더 남은 상태에서 해군 훈련 기간이 종료되자, 여학생들은 이제 "신체 부실한 민간인"만 남았다고 불평했다.[37]

그러나 해군 장병들은 예쁘고 인기 있는 여학생을 쟁취하려고 기를 쓰고 경쟁하는 풋내기 대학생들이 아니었다. 주도권은 장병들에게 넘어간 상황이었고, 장병들도 이 사실을 알았다. 한 해군 장병이 《데일리 노스웨스턴》에 보낸 글을 보자. "별로 흥분하지 않았어요. 글쎄, 나이 많은 여자들이잖아요. 그런 여자들이 '노스웨스턴의 예쁜 여자들'이라고 들었습니다."[38]

데이트 관리팀 팀장이 화를 낼 만한 상황이었던 것이다. 해군 장병들은 데이트 자격이 있었지만 신청하러 나서지 않았다. 대학에서 벌어지는 게임에 관심이 없었다. 여학생들은 자신들을 실패한 경쟁자로 평가했다. 구인 광고도 내고 데이트 비용도 대겠다고 나섰는데 파트너를 구하지 못했으니 그럴 만했다. 설상가상으로 이들의 이야기는 대학신문 첫 면에 실려 사방에 퍼졌다. 이 총체적 실패는 남자 부족 현상보다 훨씬 더 큰 충격을 사람들에게 안겼다.

남자 부족 현상에 대한 가장 신랄한 비판은, 학생과 교수가 태부족이어서 임시방편으로 합반 수업을 운영했던 하버드와 래드클리프(여자)대학에서 제기되었다.♦ 이제 귀하신 몸이 된 하버드 남학생들이 래드클리프 여학생들(과거의 귀하신 몸)에게 복수할 차례였다.

♦ 1943년 하버드의 문리대가 래드클리프의 교육정책을 담당했다. 하버드의 모든 수업이 래드클리프 여학생들에게 개방되었다. 사실상의 공동 운영이 그때부터 진행되었지만, 공식화된 것은 1947년이었다.(*The Radcliffe Guide*, 1978-79, p. 10).

파트너를 찾는 여자의 간절한 모습이 너무도 처량해서 마음 약한 남자는 가슴이 찢어질 듯 아프겠다. 소년티를 갓 벗은 신입생은 한때 "귀엽다"고 알려졌지만, 이젠 의젓한 대학생 대접을 받는다. 옛날에는 코플리, 리츠, 아니면 스태틀러 같은 값비싼 레스토랑이 아니면 안 됐지만, 지금은 리게츠에서 간단하게 먹든지, 중요한 데이트의 경우 헤이즈빅에서 저녁을 먹는 정도만 해도 여학생들의 처지에서는 감지덕지였다. 여자는 주도권을 빼앗겼다. 이제 강하고 조용한 하버드 남자가 지배하는 세상이 왔다.[39]

그러자 《래드클리프 뉴스》는 "전쟁터에 나간 '진짜 사나이들'에게 편지 쓸 시간을 쪼개어" 하버드 캠퍼스에 남은 남학생들의 남성성에 근본적인 의문을 제기했다. 그리고 래드클리프 여학생들이 데이트에 목말라 있지 않다면서 내놓은 증거는 참으로 놀라운 것이었다.

어느 졸업반 여학생은 졸업논문에 각주 작업을 하는 중간중간 결혼식 초대에 응하는 답장을 보내면서 말했다. "주도권 상실이라……" 3학년 학생은 결혼반지를 닦으며 말했다. "주도권 상실?" 2학년 학생은 몇 개의 데이트를 마치고 전화를 받으러 급하게 들어오면서 웃었다. "주도권 상실?" 항구에서 보내 온 남편의 전보를 기다리던 신입생이 말했다. "주도권 상실!"[40]

그랬다. 이제 여대생 네 명 중 세 명이 저녁 식사는 물론이고 데이트에 아무런 관심이 없다. 기근의 시대에 래드클리프 여학생들의 성공 개념은 달라졌다. 《래드클리프 뉴스》는 아직도 래드클리프가 경쟁력이 있다고 자랑했다. 일곱 명 중 하나가 결혼하지 못하고 있다는 기사를 인용하면서, 신문은 래드클리프 여학생들의 전망이 그리 어둡지만은 않다고 결론지으며 최근 결혼한 학생들(학부생 33명, 대학원생 50명, 약혼자 다수) 목록을 실었다.[41] 이와 같은 자랑은 한 남자에게 '붙박인' 여성들을 우습게 보았던 1938년 에티켓 서적의 어조와는 사뭇 다르다.

변해 버린 남자들 vs 철없는 여자들

그러나 인기 중심에서 결혼 중심으로 바뀐 연애 풍속의 변화가 그렇게 빠르거나 일률적으로 진행된 것은 아니다. 남자들이 캠퍼스에 돌아오자, 여자들 입장에서는 비록 예전의 영광은 사라졌지만 어쨌거나 다시 데이트가 활발해졌다. 그러나 앞서 언급한 세 가지 모델(매사추세츠, 노스웨스턴, 래드클리프) 중 래드클리프의 적응 방식, 곧 '성공'을 재정의하는 방식이 점차 미국 전체의 관습이 되고 있었다.[42]

무엇보다 전쟁이 끝나서 군인들이 돌아와도 남자 부족 현상이 해소되지 않았다. 남자 없는 캠퍼스에 갑자기 지 아이 빌G. I. Bill(제대군인에게 대학 교육 자금을 지원하는 법률)을 손에 든 남자들이 홍수처럼 몰려들었고, 대중의 인식과는 달리 결혼율도 상당히 높았다. 그러나 대중 서적과 잡지들은 남자 부족 현상을 철저하게 이용했다. 실제로 통계대로라면 장래 미국 여성의 행복은 심각한 위기를 맞고 있었다. 1945년 초반에 《뉴욕 타임즈 매거진New York Times Magazine》은 "전쟁이 승리로 끝나고 남자들이 귀국하고 있지만 아직 충분하지 않다"고 분석한다. 이 추세대로라면 결혼을 원하는 약 75만 명의 여성이 혼자 살아야 하며, 심리학자들의 분석에 따르면 생물학적 법칙을 무시하면 반드시 상처를 입기 때문에 이 여성들은 "신경쇠약에 걸리고 절망에 빠질 것"이다.[43]

《굿 하우스키핑》은 교회 계단을 내려가는 신랑 신부의 사진 아래에 다음과 같은 설명을 단다. "신부가 신랑을 구했습니다. 하지만 아직도 6백만~8백만 여성들이 남자 구경도 못 했습니다. 여전히 백만 명의 총각이 부족합니다." 이 사진이 실린 기사의 제목은 '최악의 남자 부족 현상'이다. 기사는 "일곱 명당 한 명은 좋든 싫든 혼자 살아야 한다"는 익숙한 통계자료를 인용하며, "조심하지 않으면 이젠 당신 차례"라고 경고한다.[44] 젊은 여성을 위한 조언서 《남자를 얻는 법, 지키는 법Win Your Man and Keep Him》은 아예 "노골적으로 말해서 우리 세대의 젊은 여성들은 절대 결혼하기 힘들다"고 선언한다.[45]

남성들을 대상으로 한 《에스콰이어》 잡지는 고정 기고자인 의학박사 J. B. 라이스를 통해 이 '사실'을 알린다. 라이스 박사는 농담 반 진담 반으로 미국에 일부다처제 도입을 고려해야 할지도 모른다고 말한다. 남편을 공유하든지 아예 남편 없이 지내든지 양자택일에 직면했을 때, 첫 번째 부인은 경제적 안정과 동반자 관계, "기댈 사람이 있다는 소속감"을 가질 수 있다. 많은 여성들이 "2류급 남성에 대한 독점적 소유권보다는 진짜 남자에 대한 절반의 소유권을 더욱 선호할 것"이다.[46] 심지어 10대 잡지들까지 이 문제를 다루었다. 《시니어 스콜래스틱》은 미국이 역사상 처음으로 여성 인구 과잉의 문제에 직면해 있다고 전했다.[47]

남성 부족 또는 여성 과잉의 원인은 다양했다. 남아 임신 및 출산율이 저조했고, 남아의 영아 사망률도 여아보다 높았다. 성인 남자는 스트레스가 많거나 위험한 직업에 종사하는 비율이 높았고, 치명적 질병 발병률과 사고 가능성 또한 여성보다 높았다. 미국의 남녀 비율은 이민자(대다수가 남성)의 유입을 통해 인위적으로 조절되고 있었다. 물론 전쟁의 영향이 컸지만, 미국민들은 강화된 이민법의 효과를 체감하고 있었다.

대부분의 기사들은 이민자 인구 증가에만 주목하고 전쟁 사망률은 건드리지 않았다. 전쟁에서 25만 명의 남자들이 사망했고, 그래서 같은 수의 여성들이 평생의 동반자를 얻을 기회를 박탈당했다고 불평하는 사람은 아무도 없었다. 전문가들은 그 대신에 경쟁적 연애 관습에 잘 맞아떨어지는 그럴듯한 이유를 꼽았다. 외국 여자들이 미국 남자들을 훔쳐 갔다는 식이었다. 실제로 복잡한 행정 절차에도 불구하고 1946년 약 5만 명의 미국 군인들이 영국 여성과 결혼했고, 호주 여성과 결혼한 미국인의 숫자도 1만 명에 달했다. 그 밖에 3만 명의 미국 남성이 프랑스와 벨기에를 비롯한 외국 여성들과 결혼했다.[48]

영국이나 프랑스 여성과의 경쟁도 치열하고 거칠었으나, 독일 여성과의 결혼이 결정타였다.[49] 여자친구는 물론이고 부인과 가족까지 버리고 독일 처녀들과 결혼을 감행하는 남자들을 보고, 미국 여성들은 합당한 조처를 촉구했다. 1945년 중반, 30세 이상 미국 여성의 70퍼센트가 독일 여자와의 결혼을 허용해서는 안 된다고 믿었다. 일부 도시의 여성들은 외국 여성과의 결혼을 금지하도록 미군 당국에 압력을 가할 단체까지 결성했다. 그러자 미군은 친교 금지 조례를 제정했다. 독일 내 미국 군인이 독일 여성과 사귀다가 발각될 경우 65~325달러의 벌금 또는 6개월의 중노동을 부과받고, 장교의 경우에는 군법 회부나 강제전역 조치될 수 있었다. 이를 두고 《라이프》 지는 야한 옷을 입고 유혹하는 독일 여자들에게 "안녕, 꼬마야"라고 인사하는 미국 병사들의 만평을 실었다. 금지 조례가 아동에게는 적용되지 않았기 때문이다. 몇 개월 후 미군 당국은 한 발짝 물러나, 공공장소에 여성과 동행하는 것은 허용했다. 그러나 여자의 집에 방문하거나 여자를 막사에 데려오는 행위는 엄격히 금했다.◆

미국 군인들이 귀환하자, 당연히 수많은 미국의 젊은 여성들은 예전의 상태로 돌아가기를 열망했다. 특히 여대생들은 전쟁의 경험을 모두 지우고자 애썼다. 당시의 대중 연설들을 보면, 전쟁 때문

◆ 탈영에 대한 사례 및 설명에 관해서는, Betty South, "The Secret of Love : Have American Girls Forgotten?" *Esquire*, February 1951, pp. 23, 112-13. 갤럽조사보고서에 관해서는, Joseph Goulden, *The Best Years: 1945-1950* (New York : Athenuem, 1976), pp. 31-32. 조직적 압박에 관해서는 Judson T. Landis and Mary G. Landis, *Building a Successful Marriage* (New York : Prentice-Hall, 1953), p. 52. 군대 규정에 관해서는 "German Girls," *Life*, 23 July 1945, p. 38. 《라이프》에 실린 기사에 따르면 이 당시에 'rape'이라는 영어 단어가 독일에서 사용되기 시작했으며, 독일 여성들이 "심각한 남자부족현상"을 겪었다고 한다. 전쟁이 끝난 후 1년 동안 독일의 미국 점령지역에서 약 9만 명의 미국계 독일 자녀가 출생한 사실이 친교의 구체적인 예라고 하겠다. Reinhold Wagnleitner, "Propagating the American Dream : Cultural Policies as Means of Integration," unpublished paper, 1983.

에 인생의 중대한 일들이 방해받았다는 이야기가 종종 등장한다. 1945~46년 노스웨스턴대학교 핸드북에는 이렇게 적혀 있다. "데이트 예절은 그 자체로 하나의 예술이다. 매년 군인들이 캠퍼스로 돌아오고 데이트는 더욱 풍성해질 것이다."◆ 텍사스대학교의 구내 여성복 판매점 광고를 보면, 전쟁이라는 현실이 완전히 부정되고 있었음을 알 수 있다. "작년에 여러분이 편지를 보냈던 그 괜찮은 남자가 이제 복학을 하게 됩니다. 이제 다시 뚜벅뚜벅 힘찬 구두 소리가 둥근 천장에 울려 퍼질 거예요. 그러면 여러분의 대학 생활, 여러분의 옷장도 이제 다시 새로운 모습으로……. G. I. Guy Interest(남자에 대한 관심, 미국 군인 G. I.를 동시에 가리키는 중의적 표현—옮긴이)가 이제 굿프렌즈의 새로운 테마송입니다."[50]

　그러나 정작 귀국 군인들은 이런 식의 환영을 달가워하지 않았다. 전국의 대학신문은 여대생들을 비판하는 편지를 실었다. 텍사스대학교에 복학한 한 제대군인은 "현실을 직시하는 냉철한 성숙함과 전쟁에서 얻은 폭넓은 인생 경험" 운운하며, 텍사스대학 여학생들이 원하는 것은 많으면서 정작 해 주는 것은 없다고 비판했다. "여학생들은 스스로 좋은 데이트 파트너가 될 생각도 없고, 남자가 시간과 돈과 노력을 쏟아붓는데도 별로 고마워하지 않는다."[51] 또 다른 복학

◆ The 'N'Book, 1945-46, p. 48. 1945년 9월, 약 1,500명의 제대군인이 노스웨스턴대학교에 복학했다. 《데일리 노스웨스턴》에 따르면, "캠퍼스에 돌아다니는 생전 처음 보는 두 발 동물들이 바로 남자들이다! 놀라울 따름!"(Herb Hart, "Peace Brings Expansion, Vets," Daily Northwestern, 20 May 1949에서 재인용). 1947년 미국 대학 등록생 240만 명 중에서 약 100만 명이 제대군인이었다.

생은 남학생 전체가 같은 날 각각 세 명의 여학생과 데이트 약속을 잡은 다음 바람을 맞히고 총각 파티에 가자고 제안한다. 그러고 나면 텍사스대학 여학생들이 "무슬림 인도를 제외하고 세계에서 가장 온순하고 신뢰할 수 있는 여성"으로 거듭날 것이라는 주장이었다.[52]

대학신문에 실린 성난 편지들이 말하고자 하는 바는 결국 하나의 문제로 귀결되었다. 즉, 제대군인들은 애가 아니라 여자를 원한다는 것이다. 여학생들은 그 말이 무슨 뜻인지를 알았지만, 절대로 그렇게는 못하겠다며 화를 냈다. 오해는 성적 규범에 대한 입장 차이 그 이상으로 훨씬 뿌리가 깊었다. 남자들 눈에 여자들은 버릇없고 이기적이고 현실에 무지해 보였다. 반면에 여자들은 남자들이 달라졌고, 그게 싫다고 했다.

매사추세츠대학교의 여학생 학생회 연합은 저명한 뷰티 컨설턴트를 초청해 강연회를 열었다. 컨설턴트는 "외국에서 복무한 남자들의 경우 전쟁 전보다 여성을 더 비판적으로 바라보게 된다"고 했다. 그리고 강연회 후 네 차례에 걸쳐 뷰티 클리닉을 열고, 개인별 "체크업 컨퍼런스"를 개최했다.[53]

노스웨스턴의 YWCA는 '제대군인과 여대생 간의 상호 이해 증진을 위해'라는 제목의 포럼을 개최했다. 토론의 주 내용은 이러했다. "여대생들의 어떤 점이 군인들을 짜증나게 하는가?" "데이트는 무엇인가? 여자들은 제대군인의 기대에 부응하고 있는가? 그들이 가진 기대는 무엇인가?"[54]

이로써 참전 후 돌아온 복학생들이 기대하는 것은 경쟁적 연애 모델이 아니라는 점이 밝혀졌다. 《마드모아젤》과 인터뷰를 한 제8공군

대위는 이렇게 밝혔다. "해외에 나가 있으면 생각이 바뀐다. 밖에서 엄청난 일들을 겪고 고향에 돌아왔을 때에는 옛날 방식을 원하게 된다. 화려한 거에는 관심이 없다. 얼굴 예쁘고 이것저것 잘하는 참한 아가씨, 그리고 좀 성실한 여자. 남자가 나이가 좀 들면 입장이 분명해진다. 돌려 말하는 건 싫어한다. 이제 무도회장에서 인기 있다는 여자를 쫓아다닐 나이는 지났다."◆

　지난 4년간 침묵 속에 지냈던 미국의 남자들이 목소리를 내기 시작했다. 본국에 돌아온 제대군인들은 미국 여자들을 공개적으로, 그리고 전면적으로 비난했다. 1945년 7월호《에스콰이어》에 실린 기사는 수요 공급의 법칙에 의해 남자가 우위를 점하게 되었고, 전쟁을 경험한 남자들이 자기가 원하는 바를 정확히 알게 되었다고 분석했다. 전쟁으로 해외에 나갔던 미국 남성들이 세계 각지에서 낭만적 영웅으로 등극하면서 미국 여성의 지배에서 벗어났다. 그런 일을 겪었는데, "감성은 사춘기 소녀에 얼굴은 수두 걸린 어린애 같고, 어른인 척하는 철부지에 좋아하면 죽겠다고 기절부터 하는" 그런 미국 여자들을 어떻게 좋아할 수 있겠는가?[55] 비슷한 주제를 다룬《에스콰이어》의 또 다른 기사를 본 2,200명의 여성들이 잡지사에 편지를 보냈다. 그러나 "저는 달라요. 귀엽거든요."라면서 그 증거로 사진을

◆ Anna Marie Barlow and Bobbie Bake, "I Want a Girl," *Mademoiselle*, August 1944, p. 209. 이 같은 주제는 소설에도 등장한다.《맥콜MaCall》에 실린 단편소설에서 어떤 제대군인은 "문명 세계에서 좀 떨어져 살다 보면, 그러니까 전쟁의 잔혹한 모습 이외에 다른 모든 것으로부터 떨어진 그런 세계에서 오래 살고 나면, 여자를 그냥 데이트 상대로 보는 게 힘들어진다"고 말한다. (Ruth Adams Knight, "Pattern for a Kiss," *McCall's*, March 1945, pp. 24-25.)

찍어 동봉한 여성들의 행태로 미루어 보건대, 상호 간 오해의 골은 무척 깊었다.[56]

《뉴욕 타임즈 매거진》의 기사 '미국 여자? G.I.는 안 한답니다'는 이보다 더 심하다. 전前《성조기Stars and Stripes》기자에 따르면, 미국 여자는 외국 여자하고 비교가 안 된다. 유럽 여자들이 가정이 파괴되고 전쟁 통에 목숨을 잃은 남자들을 얘기할 때, 미국 여자들은 나일론이 부족하다고 불평을 늘어놓는 식이다. 유럽 여자들이야말로 진정한 여성이다. 미국 여자들은 남자와 경쟁하려 하고 데이트할 때도 동등하게 대화를 나누겠다고 고집하지만, 프랑스 여자들은 남자가 대화를 주도하게끔 하고, 데이트의 목적이 마치 남자들이 즐거운 시간을 보내게 하는 것인 양 배려한다. 미국 여자들과 달리 유럽 여자들은 "결혼해서 아이를 기르고, 수단과 조건이 허락하는 한 최고로 훌륭한 가정을 만드는 근본적인 일"에 지대한 관심을 표명한다.◆◆

◆◆ Victor Dallaire, "The American Woman? Not for this G.I." *New York Times Magazine*, 10 March 1946, p. 15. 《콜리어》는 1944년 사설을 통해 미국 여자들이 "요구도 많고 철부지 같다"고 불평하는 수많은 편지와 기사들에 대해서, 여자들이 신경 쓸 필요가 없다고 말한다. 요구를 하고 돈을 쓰도록 하는 일이 결국 미국의 평균 생활수준을 꾸준히 향상시키는 데 기여했으니 크게 잘못된 일은 아니라는 것이다. 결론적으로, 사설은 "전쟁을 치른 군인들이 여러분에게 원하는 것이 고분고분한 가정주부라면 그렇게 해 주되, 남자를 얻은 다음에는" 세계 나가라고 충고한다.("Our Demanding Women, *Collier's*, 1 July 1944, p. 70)

난데없는 '결혼 찬가'

당시 미국 여성이 유럽 여성에 비해 결혼에 관심이 없기는 했지만, 통계 수치는 그렇게 나쁘지 않다. 1946년 미국의 결혼율은 인구 1천 명당 16.4건으로 헝가리를 제외하고 세계에서 가장 높았다. 이는 1942년보다 약 25퍼센트나 증가한 수치다.[57]

이때의 결혼율 증가에 대해서는 몇 가지 설명이 있다. 전쟁은 젊은이들로 하여금 뭔가에 의존하고픈 마음이 들게 한다. 대공황의 여파로 젊은 커플들이 결혼을 꺼렸는데, 이제 공황이 끝난 것도 한 가지 원인으로 들 수 있다. 남자는 어느 정도 자리를 잡고 아내와 자식을 부양할 만큼 경제적 안정을 이룬 다음에야 비로소 결혼할 수 있다는 것이 지난 세기부터 이어져 온 상식이었다. 대공황기인 1930년과 1931년 사이에 5.9퍼센트 하락하고, 1931년과 1932년 사이에 다시 7.5퍼센트 떨어진 결혼율이 그 증거이다.[58] 그러나 전쟁이 끝나자 너무 오래 기다렸던 커플들은 더 이상 기다리기 힘들어졌고, 여기에 경기회복 분위기가 가세했다.

전쟁과 혼란의 영향으로 '지금을 즐기라Carpe Diem'는 쾌락주의 철학이 득세한 마당에, 뜬금없는 결혼 열기는 일시적 현상으로 치부되었다.[59] 25년간 비정상이 지속된 상황에서 정상이 무엇인지 알기 어려워졌지만, 세상이 곧 정상으로 돌아갈 것이라고 내다보는 사람들이 많았다. 그러나 정상의 뜻이 무엇이든지 간에, 세상은 정상으로 되돌아가지 않았다.

결혼율은 기록적인 수치는 아니어도 높은 상태를 유지했다. 더 놀라운 것은, 평균 결혼연령이 낮아졌다는 것이다. 1890년 미국인의 평균 결혼연령은 남자가 26.1세, 여자가 22세였다. 그러던 것이 1951년에는 남자가 22.6세, 여자가 20.4세를 기록했다. 물론 연령 감소는 장기적으로 지속된 경향이었다.(1910년 남자 25.1세, 여자 21.6세, 1930년 남자 24.3세, 여자 21.3세)[60] 그러나 10년 단위 통계자료에는 잡히지 않았지만 이러한 추세에 반하는 시기가 있었다는 점을 고려해 보면 결혼연령의 저하는 충분히 주목할 만하다. 대공황기에 결혼연령은 급격히 상승했다. 1939년 남자는 26.7세, 여자는 23.3세로, 1890년 통계치보다도 높았다.[61] 사람들은 그때를 잊지 않고 있었다. 통계는 몰라도 실제 경험했기 때문이다. 늦은 결혼 또는 지연된 결혼은 일반적인 상황이었다. 사람들은 결혼이 늦어지면서 겪어야 했던 좌절과 괴로움을 고스란히 간직하고 있었다.

이 통계자료는 20세기 전반기에 젊은이들이 어떤 변화를 겪었는지를 대변한다. 더 놀라운 것은, 결혼에 대한 미국인의 생각이 변했다는 사실이다. 연애 담론이 주로 평가, 데이트, 인기에 집중되었던 전쟁 이전에는 결혼을 지지하는 사람이 별로 없었다. 결혼을 이야기하고 원하고 중시했지만, 결혼 자체는 미래의 적당한 때가 되면 하는 것이겠거니 생각했다. 결혼이란 청춘의 끝이었다. 결혼과 더불어 청춘의 문화는 끝나고 데이트도 끝난다. 결혼은 아이들에게도, 젊은이들에게도 해당 사항 없는 먼 미래의 일이었다. 그러나 제2차 세계대전이 끝날 무렵 대중매체는 젊은이들을 향해 결혼 찬가를 부르기 시작했다. 이 찬가는 거의 20년간 지속되었다.

어떤 의미에서 대중매체의 역할은 이와 같은 추세를 충실히 기록

하는 것이었다. 젊은이들의 결혼은 기록적인 증가세를 보였다. 1959년 신부의 47퍼센트는 19세가 되기 전에 결혼했고, 14세에서 17세 사이에 결혼한 미성년 여성의 비율도 1940년 이후로 3분의 2 정도 상승했다.[62] 1957년 《뉴스위크Newsweek》 보도에 따르면, 당시 미국 전체 대학생 3백만 명 중 16퍼센트가 기혼자였다. 평균치보다 더 높은 대학들도 있었다. 가령 중부의 미시간 주립대학교는 24퍼센트를 기록했고, 서부·남부·중서부·북동부 지역 대학에서도 기혼자의 비율이 25퍼센트에 육박했다.[63]

그러나 매체는 이 같은 사회의 추이를 보여 주는 데 그치지 않고, 이를 부추기고 또 새로운 경향을 형성하고 표준화하는 데 기여한다. 서던캘리포니아대학교의 여학생 사교클럽 '델타 델타 델타'가 개최한 팬지꽃 조찬 모임(약혼한 여학생들을 위한 모임)을 취재하고, 팬지꽃 화환을 통과한(커다란 팬지꽃 화환을 통과하는 것은 약혼한 여학생들의 연례행사이다.—옮긴이) 학생 48명 가운데 10명의 화려한 모습을 사진에 담은 《라이프》 기사는 엄청난 반향을 불러일으켰다.[64] 1949년 《레이디스 홈 저널》은 초라한 부엌 식탁에서 공부하는 젊은 남자와 그의 어깨에 매달린 어린 부인의 사진을 게재했다. 사진 밑에는 "꿈에 그리던 이상형을 만나 결혼하면 일도 공부도 더 잘 할 수 있습니다"라고 적혀 있다.[65] 같은 잡지의 특집 기사 '미국 젊은이들 어떻게 살고 있나'는 젊은 신혼부부의 모든 것을 다루었다.[66] 이와 유사한 잡지 기사들은 그 수가 상당히 많았고, 일찍 결혼하는 풍속이 만들어지는 데 일조한 측면이 없지 않다. 21세, 18세 남녀가 만나 결혼하는 '캠퍼스 로맨스'가 새로운 이상으로 자리 잡아 가고 있었다.[67]

조혼 풍속은 대학 생활의 모습도 변화시켰다. 1957년 미시간《데일리》는 다음과 같이 보도했다. "여학생들의 세계관과 목표가 달라졌다. 과거 여성들이 공부 말고 다른 속셈이 있어도 이를 쉽게 인정하지 않았다면, 오늘날의 여성들은 졸업 증명서에 미세스Mrs.라는 호칭을 붙이고 싶다고 거리낌 없이 말한다."[68] 노스웨스턴대학의 여론조사에 따르면, 많은 여학생들이 남편감을 찾으러 대학에 다녔다. 1950년 한 졸업반 여대생은 이렇게 말했다. "대학에 가면 내가 좋아하는 것들을 해 줄 남자를 만날 수 있을 거라고 엄마가 말씀하셨어요."[69] '에이 이 파이A E Phi' 사교클럽 노스웨스턴대학 지부는, 클럽신문《셰 이 파이Chez E Phi》에 대놓고 남편감을 찾는다는 광고를 냈다. "남편감을 찾습니다. ─에이 이 파이 졸업반 학생들이 클럽에 불명예를 안겨 주지 않기를 바라는 마음에."[70]

《마드모아젤》은 세련된 여대생의 조언자를 자처하며 '배움의 길과 남자를 구하는 길'이라는 기사를 게재한다. "여학생에게 가장 큰 스트레스는 공부도 하고 남자도 찾아야 한다는 것이다." 잡지는 이 딜레마를 해결할 방법으로 북동부 지역 대학의 '데이트 지도'와 대학 평가를 제시한다. 물론 이 '대학 평가'에는 해당 대학의 학문적 수준이나 입학 조건에 대한 이야기는 전혀 없다. 이에 따르면, 래드클리프대학과 맥머레이대학은 별반 차이가 없다. 기준은 오직 남자를 구할 수 있느냐는 것이다.[71]

《마드모아젤》의 데이트 지도는 데이트 순위평가 시대의 유물처럼 보인다. 이 지도는 남자, 데이트가 많은 대학들, 대학 간 상호 관계가 많은 대학들을 생생하게 보여 준다. '많음'에 방점을 두는 것은 결핍에 대한 두려움 때문이었다. 여성이 대학에 가는 이유는 "교육과 (결혼할) 한 명의 남자"를 찾기 위함이지 무도회장에서 인기를 독차지하기 위함이 아니었다. 남자와의 데이트가 많을수록 남편감을 구할 확률도 커진다.

조혼의 유행과 그에 따른 데이트 시스템의 변화를 가장 잘 보여주는 예는 래드클리프여자대학이다. 자기 생각을 솔직하게 표현하는 데에는 이 대학의 여학생들을 따라갈 부류는 없어 보인다. 특히 래드클리프대학의 노래 경연대회 수상곡들은 대학의 풍속 변천사를 여실히 보여 준다. 대회 초창기 수상곡들은 여자대학에서 흔히 발견할 수 있는 자매애, 대학·동기에 대한 신의, 사명감 등을 주제로 삼고 있다. 1914~15년 경연대회에서 우승한 1917년 졸업반의 노래 가사는 이러했다.

학우들이여, 이제 같이 모여
신의와 우정을 두텁게
해가 갈수록 더욱 빛나게
이 노래처럼 힘차게.

싸움터에 나가 우리의 무기로
용맹의 칼로 진실의 방패로
젊음의 힘찬 함성으로
자유를 위해 명예를 위해 싸워 나가자.
배움의 길 저 앞에 빛나는

드높은 이상을 향해
1917년 졸업반이여
래드클리프 영원히 사랑하리라.[72]

여기서 싸움이 남자를 쟁취하겠다는 싸움이 아닌 것은 확실하다. 사실 남자와 관련된 노래는 1929년 이전에 단 한 차례, 1909년 래드클리프 핸드북에 '유일한 남자'라는 곡이 수록되어 있을 뿐이다. "옛날 옛적에 하버드 남학생이 래드클리프에 차를 마시러 초대장을 들고 왔네."

미식축구 앞줄에서 예일과 싸우고
야구부 주장, 폼도 좀 났겠지
겁도 없이 메모리얼 식당 저녁도 먹고
하지만 몰랐지 꿈에도 몰랐겠지
래드클리프 티파티에선, 빌어먹을
유일한, 유일한, '유일한' 남자인 것을.[73]

결국 그 남학생은 줄행랑을 칠 수밖에 없었다. 실제로 이 노래는 남성에게 매우 적대적인 내용을 담고 있으며, 마지막 '유일한'에서 음이 최고조에 도달한다. 노래 분위기는 자신감이 넘치다 못해 거의 위협적인 수준이다. 여대생들은 남자라는 외부 침입자를 원치 않은 것이다.

1929년 래드클리프 여학생들은 사뭇 달랐다. 불타는 청춘의 기운이 흘러넘쳤다. 1929~30년 수상곡들은 가상 인물인 '프루'의 대학생활을 노래했다.

> 프루는 이제 타오르는 3년 차
> 젊을 때 놀아 보자 후회는 말고
> 나가는 데이트마다 밤이 늦도록
> 공부는 쓸데없어 하면 뭐하나 - 오 - 오 - 오![74]

그리고 1948년, 래드클리프 여학생들은 이제 조혼이라는 새로운 풍속을 받아들이고 있었다. 1947~48년 경연대회 우승곡은 〈래드클리프 엄마들〉이다.

> 아름답고 세련된 우리, 미래의 엄마들
> 우리의 할 일, 하버드 연계 수업으로 배우고
> 우리의 가정은 기숙사처럼, 렌트는 말고 하숙처럼
> 남편의 이름은 대장 하숙생
>
> 밤 나들이 나가서 1시에 와도 남편은 오케이
> 나를 부를 땐 "여보"는 사양, 미스 래드클리프로
> 아가씨즈Agassiz에서 올리는 결혼식에서
> 결혼 예물은 학교 반지로, 신랑은 내게 말을 하지요 :
> (후렴구)◆

◆ "Radcliffe Mothers," *Red Book*, 1954-55, p. 109. 1951년 3월 9일자《래드클리프 뉴스》

1953년 우승곡 또한 결혼을 강조하고 있다. "하버드 남자들은 크고 세고 거칠고 열정이 넘친다"(래드클리프 노래인데!)로 시작한 노래는 "남편 삼을 남자가 있는 한, 계속 투쟁 – 투쟁 – 투쟁"할 것을 촉구하는 것으로 끝을 맺는다.^{◆◆} 그러면서 핸드북에서 거듭 강조되는 바는 남자들이 충분히 많다는 것이다. 1951~52년 《레드북Red Book》(래드클리프의 대학 생활 연간 보고서—옮긴이)에 따르면, "케임브리지(하버드대학이 있는 도시 이름—옮긴이)는 사냥감이 넘치는 곳이다. 밀치거나 싸우지 말 일이다." 1957~58년 《레드북》은 "남자들이 부족하지 않으니까 눈이 좀 높아도 되고, 래드클리프 여학생으로서 독보적인 위치를 즐기라"며 학생들을 안심시킨다.[75]

학교 측이 발행한 이 소책자는 또한 고정적인 남자친구가 없거나

는 '조단 총장, 래드클리프 대학생 40세에 할머니 될 것으로 예상'이라는 제목의 기사를 내보낸다. 이와 비슷한 시기에 하버드 연계 수업 시스템이 발족되었고, '블루 스타킹'(학문에만 전념하는 여성을 일컫는 말—옮긴이)의 이미지를 불식시키려는 학교 차원의 노력이 처음 시도된 것도 이 시기였다. 1947-48년 우승곡은 다음과 같이 끝난다.

래드클리프 여자는 진짜 최고
청바지는 안 돼요, 입을 땐 깔끔하게
블루 스타킹 선배들 이젠 안녕
새로운 우리들이 있으니까요.

◆◆ *Red Book*, 1954-55, p. 153. 우승곡은 아니지만 다음과 같은 노래도 있다.

MIT생 데이트는 보스턴 댄스홀로
다트머스는 버몬트 스키장으로
예일은 와인을 사 주고, 프린스턴은 멋진 저녁 식사를
그럼 라몬트(하버드대학 도서관—옮긴이)에 갈 사람은 누구?

가사는 홀리 버틀러와 바바라 윌리엄즈가 만들었고, 곡은 〈I'm in Love with a Wonderful Guy〉를 사용했다.(*Red Book*, 1953-54, p. 108) 예외는 있었지만, 결혼이 대세였다.

데이트하는 상대가 한 명 이상이면 실패자로 규정하는 관습에 반대한다. "첫 번째 데이트에서 백마 탄 왕자님을 못 만났다고 불평하지 말고, 그냥 즐거운 시간을 보내라!"[76] 그러나 같은 해 우승곡 〈하버드생의 나날들〉은 그런 위로조의 조언을 무너뜨린다.

> 하버드 남자를 찾았네
> 하버드 남자를 찾았네
> 하버드 남자를 찾았네
> 첫 번째 소개팅에서 만났네![77]

이 노래들이 보여 주는 것처럼, 미국에서 가장 똑똑하고 능력 있는 여성들도 다른 대다수 여성들과 마찬가지로 결혼에 관심이 컸던 것을 보면, 이제 새로운 연애 풍속이 완벽하게 정착했음을 알 수 있다. 데이트 순위평가와 마찬가지로, 조혼은 대학의 청년문화에만 국한된 것이 아니었다. 다만, 대학을 벗어난 바깥 세계에서도 파장을 불러일으킬 수 있기 때문에 조혼에는 부모의 허락과 사회적 승인이 필요했다.

20세기 중반의 조혼 풍습

이제 여성잡지들이 나섰다. 부모들을 겨냥한 기사에서 조혼의 좋은 점들을 설명하기 시작한 것이다. 이 기사들은 저명한 '전문가'들의 분석을 토대로, 조혼이 신혼부부와 사회를 위해 훨씬 건강하다며 부모는 나이 어린 부부에게 재정적 지원을 제공해야 한다고 주장했다. 경제적 자립이 결혼을 좌우하는 결정적 기준이 되어서는 안 된다는 것이다.

전미사회보건협회 회장 윌리엄 F. 스노우 박사는 경제적인 문제로 젊은이들의 결혼할 '권리'가 위축되어서는 안 된다고 힘주어 말했다. 예일대학교 정신의학 및 정신건강학부 학장은, 신경증이 없다는 것을 전제로 남자는 20~21세에, 여자는 18~19세에 결혼하는 것이 좋다고 주장했다. 하버드대학교에서도 조혼 추세가 "젊은이들이 성숙해지고 있다는 징표"라고 했다.[78]

전문가들이 이른 결혼을 장려한 이유는 제각각이었다. 스노우 박사는 18세의 주부는 청소와 설거지를 "신나는" 일로 여길 것이고, 그런 만큼 가정주부의 역할을 거부감 없이 받아들일 수 있다고 했다. 그러나 대부분의 전문가들은 성性의 관점에서 접근했다. 23세까지 결혼하지 못하고 기다려야 했던 커플의 예를 들며, '만혼晚婚'은 회복 불가능한 심리적 트라우마를 초래한다고 주장하는 학자도 있었다. 젊은이들이 결혼을 못 할 경우 성적 방탕에 빠질 우려가 있고, 설사 나중에 결혼하더라도 "내가 그랬듯이 이 여자도 아무 남자하고나 그랬겠지"라고 생각할 수 있다. 혹은 상대방의 성적 순결에 집착하게 되어 불감증이나 발기부전을 겪을 가능성도 배제할 수 없다. 《여성의 친구》도 비슷한 논리를 폈다.

"두 사람이 성관계가 가능한 시점에 도달했다는 것은 결혼할 준비가 되었다는 말이고, 그러면 결혼하는 것이 '맞다'. 그렇게 하지 않는 것은 도덕적으로 비겁한 일이다. 사회는 이들을 가로막지 말아야 한다."[79]

사실 조혼 풍속은 여러 측면에서 매력적이었다. 젊은이들 입장에서는 일찍 결혼함으로써 성도덕의 문제들을 피하고, 결혼을 통해 일찍 독립을 이루고 안정을 꾀할 수 있었다. 데이트 순위평가니 인기니 하는 것과 달리, 결혼이라는 '목표'는 비록 목표를 달성하지 못한 상태라도 더 큰 심리적 안정감을 준다. 결혼에는 뚜렷한 목적이 있고, 경쟁이 치열하더라도 결혼에 성공하면 누구나 승리자였다.

다른 풍속과 마찬가지로 조혼 풍속도 일종의 순환적 체계였다. 예를 들면, 10대들은 다른 친구들이 결혼하기 '때문에' 결혼했다. 조혼은 말하자면 외부의 영향 없이 스스로 생명력을 유지하는 자족적 시스템이었다. 대공황이 끝난 후, 그리고 제2차 세계대전이 끝난 다음의 특정한 역사적 상황 속에서 시작된 이 풍속은 새로운 역사적 상황이 형성되는 1960년대까지 지속된다. 그 20년간 조혼 관습은 사회적 상황으로 더욱 강화되었다.

결핍 혹은 결핍에 대한 두려움도 이 관습을 지속시키는 데 일조했다. 《콜리어》는 "결혼시장에서 더 훌륭한 남편감을 공급하는 방법"을 다룬 반 농담조의 만화를 게재한다.[80] 1958년 《맥콜》은 난상토론을 거쳐 '남편을 구하는 129가지 방법'이라는 제목의 특집 기사를 실었다. 그 한 가지 방법은 "인구통계를 보고 미혼남이 많은 곳을 찾는 것"이었다. 가령, "네바다 주에는 여성 100명당 125명의 남성이 있다."◆ 20대에 곧 노처녀가 될 여성들을 겨냥한 조언서들도 각 지역의

◆ Jhan and June Robbins, "One Hundred Twenty-nine Ways to Get a Husband,"

남녀 비율 통계자료를 인용하는 경우가 많았다.[81] 조언서들은 하나 같이 여성들에게 지나치게 까다로운 태도를 버리라고 충고한다. "크게 내세울 게 없고" 남자도 부족한 상황인데 이상형만 고집한다면, 남편 구하기는 요원하다는 논리다.[82]

시간이 지나면서 (남성) 결핍의 문제는 대중의 시선에서 멀어졌다. 결핍에 대한 두려움이 조혼 풍속의 유행에 한몫했지만, 둘의 관계에 대한 설명은 찾아보기 힘들다. 오히려 조혼이란 것이 20세기 초에 잠시 중단된 자연적 현상으로 이해되었다. 결핍은 단지 결혼하지 못한 사람들의 변명으로 여겨졌다.

조혼 풍속은 미국 연애사의 지형을 변화시켰다. 전후 시대 연애 풍속에서 가장 주목할 만한 두 가지 변화는, 10대 청소년의 사회적 가시성이 증가했다는 것과 청소년들이 연애제도에 진입하는 연령이 꾸준히 낮아졌다는 것이다. 이는 성숙과 경제적 독립을 동일시하는 뿌리 깊은 사회 인식에 반항하는 20대 청년들이 늘어나고, 결혼이 제공하는 정서적·성적 만족을 늦추지 않겠다는 생각이 젊은이들 사이에 확산되었기 때문이다. 부모와 교육자들이 새로운 문화적 변화를 받아들이면서, 10대 남녀들은 청년들이 이루어 낸 성과로부터 이익을 얻게 되었다. 여성이 18세에, 남성이 20세에 결혼하고자 한다면, 배우자를 물색하는 등의 '결혼 준비'가 훨씬 전부터 이루어져야 했다.

McCall's, January 1958, pp. 28, 29. 저자들에 따르면, '브레인스토밍brainstorming'은 "경영·산업·군사조직에서 상품 판매·문제 해결·전략 수립 등을 위해" 이용하는 회의 기법이다.

전문가들은 부모들에게 자녀들의 데이트에 적극 협조하라고 당부했다. 즉, 시작 단계에서부터 자녀들의 데이트를 지원하라는 것이다. 전문가들에 따르면, 데이트는 배우자를 선택하는 중대한 일을 미리 준비시키는 역할을 한다. 사회학자들은 최종 선택을 하기 전에 대략 25~50명의 파트너를 사귀는 것이 좋다고 말했다.[83] 이것이 의미하는 바는 분명했다. 18세에 최종 선택을 하려면 일찍부터 서둘러야 한다는 것이다. 특히 여자들의 경우, 남자 부족 현상까지 고려해야 하기 때문에 일찍 시작하는 것은 결혼의 행복을 얻느냐 노처녀가 되느냐를 결정짓는 중요한 선택이었다.

1950년대를 넘어서며 일찍 데이트하는 경향은 극단으로 치달았다. 13세가 되어서도 데이트를 못한 아이는 '늦게 꽃피는 유형'으로 분류되었다. 데이트를 권장하는 풍조는 어린 남녀 학생들이 서로 편한 느낌을 가질 수 있도록 부모나 학교가 남녀 공동 활동을 후원하는 정도에 그치지 않았다. 열두 살 여자아이들은 끈 없는 드레스를 정성스레 차려입고 무도회에 참석했고, 열 살짜리 남자 아이는 정식 파트너와 함께 '공식' 생일파티 또는 무도회에 참석했다. 이런 자리에서는 종종 원치 않는 상황이 벌어지기도 했다. 열한 살짜리 남자애가 아홉 살짜리 여자친구를 자전거에 태워 드라이브인 영화관에 데려가는 경우도 생기고, 교외 중산층 거주 지역에서는 초등학생들 사이에 '키스파티'가 유행하기도 했다. 1961년 펜실베이니아 주립대학교 가족관계학 교수 칼프레드 B. 브로데릭(29세의 나이에 이미 다섯 명의 자녀를 두고 있던)의 연구에 따르면, 중산층 지역 초등학교 5학년 학생의 40퍼센트가 이미 데이트를 하고 있었다.[84]

이와 같은 조기 데이트 열풍은 예복을 사 주고 무도회를 개최해 주는 부모의 지원 없이는 불가능한 일이었다. 인류학자 마거릿 미드에 따르면, 부모가 새로운 연애 패턴을 후원하는 이유는 자녀의 배우자 선택 과정을 적절하게 통제하고, 배우자 선택에 어느 정도 영향력을 행사하고자 하기 때문이다.[85] 그러나 모든 책임을 부모에게만 돌릴 수는 없다. 소년 소녀들은 당시의 청년문화를 행동 규범으로 삼고자 했다.

이 시대의 10대 초반 청소년들은 젊은이들의 조혼 풍속을 자신들의 문화로 받아들였다. 그렇게 할 만한 이유는 충분했다. 전후 시대가 미국 역사상 '가장 좋은 시대'였다는 견해도 있지만, 당시의 젊은이들에게는 혼란스럽고 불안정하기만 한 시대였다. 제2차 세계대전이 끝난 직후에 발발한 한국전쟁은 비관적 풍조에 기름을 붓는 격이었다. 원자폭탄, 냉전, 의무 군 복무 등은 불안정한 세계에서 안정을 찾으려는 욕망을 더욱 부채질했다.[86]

젊은이들의 연애 관습이 변했듯이, 새로운 10대들의 문화 또한 전후 시기에 성장했다. 그 중심에는 안정에 대한 욕망이 자리하고 있었으며, 이는 '오래 사귀기'의 형태로 나타났다. 새로운 관습은 아니었지만, 새로운 의미를 띠게 된 오랜 관습이었다.

이전 시대의 오래 사귀기는 '지속적인 친구 관계 유지하기'와 비슷했다. 말하자면, 결혼으로 가는 하나의 단계였다. 물론 오래된 커플들이 목적지에 도달하기 전에 헤어지는 경우는 흔했다.◆ 그러던 것

◆ G. O. Schultz, "Are Our High Schoolers Snobs?" *BH&G*, February 1941, p. 86; and

이 1950년대 초반에 이르러 완전히 새로운 의미를 갖게 되었다. 결혼할 의사가 있는 커플들이 마음을 드러내는 징표로서의 기능은 약화되었다. 이제 오래 사귀기는 열두 살짜리 아이들도 할 수 있고, 열다섯 살 먹은 대다수 청소년들이 이미 하고 있는 것이 되었다. 열두 살 아이들이 결혼을 기대하지는 않았을 것이다. 그렇지만 아이들은 사귀는 동안만큼은 결혼한 사람들처럼 행동했다. 그러니까 오래 사귀기는 일종의 결혼 놀이, 실제 결혼의 모방이었던 셈이다.◆

전쟁 이전 시대에 고등학생들은 대학생들의 데이트 순위평가 시스템을 모방하여 자동차를 몰고, 예복을 입고, 멋진 장소에서 값비싼 데이트를 하는 등 어떤 어려움도 감수하며 인기를 유지하고자 안간힘을 썼다. 나이 많은 젊은이들의 관습이 변화하자 고등학생들은 또다시 그것을 모방하려 했지만, 결혼은 전혀 다른 문제였다. 물론 조혼 풍속을 따라 열네 살, 열일곱 살 청소년들이 결혼하는 경우도 있었지만, 아동 결혼은 경제적으로나 사회적으로 현실성이 없었고,

---

Henrietta Ripperger, "Maid in America: Going Steady - Going Where?" *GH*, April 1941, p. 70. 1930년대와 1940년대 초, 《시니어 스콜래스틱》은 오래 사귀는 10대들의 경우 그만큼 미래에 대한 관심이 줄어든다고 주장한다. 오래 사귀기에 반대하는 1939년의 기사는 다음과 같이 설명한다. "현대와 같은 고속 문명에서는 대부분의 젊은이들이 정서적으로 성숙하기 전에, 그리고 직업적 안정을 이루고 가족을 부양할 능력을 갖추기도 전에 육체적 성숙에 도달한다. 오늘날 전문직 또는 성공적인 회사원이 되는 데 필요한 교육과정은 정신적으로 육체적으로 고도의 집중을 요하는 과정으로, 사랑이나 결혼을 고려할 만한 시간적 여유를 허락하지 않는다."("Readers' Forum," *SS*, 11 February 1939, p. 3)

◆ 심리학자들은 "오래 사귀는 관습이 직접 결혼으로 이어지지 않을 경우 결혼 생활의 재미를 반감시키는 심리적 효과를 가져올 것이라고 경고했다. 오래 사귀기가 일종의 '가상 결혼'이기 때문이다."("Going Steady… a National Problem," *LHJ*, July 1949, p. 131)

실제로 가능하지도 않았다. 그래서 10대 문화는 그와 유사한 현실적인 관습을 개발했으니, 바로 오래 사귀기였다.

새로운 청소년 문화, 오래 사귀기

1950년에 이르러 오래 사귀기는 과거 데이트 순위평가 시스템이 그러했듯, 인기를 가늠하는 새로운 잣대가 되었다. 1955년 위스콘신대학교의 사회학자는 이 새로운 풍속에 '오래 사귀기 콤플렉스'라는 이름을 붙였다. 그는 학술지인 《결혼과 가정생활 저널》에 기고한 논문에서, 학자들과 전문가들이 현재 청소년들 사이에 널리 퍼진 오래 사귀기 관습의 중요성을 인정하지 않는다고 지적했다.♦♦ 그러나 대부분의 미국 젊은이들은 이미 새로운 시스템이 강력한 영향력을 발휘하고 있음을 눈치채고 있었다.

미국의 10대들에 관한 대중적인 연구서 《청춘의 이모저모Profile of Youth》(1949)는 대다수 고등학교에서 오래 사귄다는 단순한 사실이 ("재수 없는 놈과 사귀는 것이 아니라면") 인기의 징표로 받아들여지고 있다고 전한다.[87] 1953년 조사에 따르면, 여론조사에 응한 위스콘신대학교 학부생의 36.4퍼센트는 고등학교 때 인기 있는 학생들이 오래

♦♦ Robert D. Herman, "The Going Steady Complex : A Re-examination," *M&FL* (February 1955) : 37. 1950년대 중반에는 월러의 '데이트 순위평가 시스템' 개념을 재평가하는 작업이 한창이었다. 1950년대 《결혼과 가정생활 저널》 참조.

사귀었다고 대답했고, 33.4퍼센트는 인기 있는 학생들이 주로 같은 사람과 지속적으로 사귀었다고 대답했다. 8.7퍼센트만이 인기 있는 학생들이 여러 명과 사귀었다고 대답했다.[88] 1949년 《레이디스 홈 저널》의 보도에 따르면, "모든 고등학생은 대중적 인기와 사회적 승인, 정서적 안정이 오래 사귀고 있느냐라는 단 하나의 문제로 결정되는 고등학생 문화 패턴에 적응해야만" 했다.[89] 1960년 《코스모폴리탄Cosmopolitan》은 오래 사귀지 못하면 구닥다리 취급을 받는다고 설명한다.[90]

오래 사귀기의 중요성은 전후에 지속적으로 커졌다고 할 수 있다. 1948년 고등학생의 42퍼센트(남학생 46퍼센트, 여학생 39퍼센트)가 오래 사귀기에 찬성한 반면, 35퍼센트는 반대했다. 이것이 1959년에는 59퍼센트(남학생 57퍼센트, 여학생 61퍼센트)의 찬성률로 급등했으며, 아울러 15퍼센트는 괜찮은 것 같다고 대답했다. 1959년 또 다른 여론조사에 따르면, 57퍼센트의 10대들이 오래 사귀고 있거나 그런 적이 있다고 대답했다.[91] 《시니어 스콜래스틱》의 데이트 칼럼에 보낸 편지에서, 한 고등학생은 학교의 다른 친구들이 다 오래 사귀고 있어서 한 명 이상을 사귀려고 하니까 바람둥이 취급을 받는다고 불평한다.[92]

사회학자 E. E. 르매스터즈의 《현대의 연애와 결혼Modern Courtship and Marriage》(1957)은 오래 사귀기 관습이 완전히 승리를 거두었음을 보여 준다. 이런 상황에서 이전 시대의 '랜덤(무작위) 데이트'가 제한적이지만 지속되는 이유는, 결국 모든 학생이 이성 친구를 오래 사귀는 행운을 누리는 것은 아니기 때문이다. "흥미롭게도 이는 근대 도시 빈민가의 역할과 매우 유사하다. 미국 경제가 번영을 구가하고 많은 사람들이 교외 지역을 선호하더라도, 여전히 빈민가는 존속한다. 사실 그저 존속할 뿐만 아니라 버젓이 '빈방 없음' 팻말을 과시하고 있다. 마찬가지로 랜덤 데이트는 현대 미국인이 선호하는 관습은 아니지만, 선택의 여지가 없는 몇몇 사람들은 랜덤 데이트를 안 하면 아예 데이트 기회를 얻을 수 없는 것이다."[93] 데이트 순위평가 시스템은 이제 역사 속으로 사라졌다.

오래 사귀기의 행동 규범은 여러 가지 면에서 데이트 순위평가 못지않게 매우 엄격하고, 많은 점에서 조혼 관습과 유사했다. 오래 사귀는 징표로 남학생은 여학생에게 학교 반지나 단체 스웨터 등을 선물하거나 고유한 징표를 주고받고, 각자 우정을 상징하는 금은 반지를 왼손 셋째 손가락에 끼고 다녔다. 관습이 표현되는 방식은 지역마다 달랐다. 오리건 주 포틀랜드에서는 17~20달러짜리 반지가 유행했고, 미시간 주 버밍햄에서는 주로 여자가 남자의 학생증을 팔찌로 끼고 다니며 단체 스웨터는 절대로 징표로 사용하지 않았다. 아이오와 농촌 지역에서는 코듀로이 커플 재킷을 맞춰 입었지만, 서부 지역에서 커플 패션은 웃음거리로 취급받았다.[94]

오래 사귀는 사이가 되면 교제 기간에 남자는 일주일에 여러 번 여자에게 연락을 취하고, 여러 차례 데이트하러 외출했다. 횟수는 지역마다 차이가 있지만, 대략 2~7회 정도였다. 남자건 여자건 다른 사람과 데이트하는 일은 있을 수 없었으며, 이성에게 지나친 관심을 갖는 것도 금물이었다. 동성 친구와 외출하는 것은 괜찮지만, 어디로 가는지 무엇을 하는지 상대방에게 알려야 했다. 오래 사귀기에는 반드시 특별 이벤트가 있었다. 이를 위해 남자는 돈을 모으고, 여자는 공동의 데이트 자금을 관리했다. 때로는 돈을 아끼려고 외출을 삼가기도 했다. 또한, 오래 사귀기는 애무 또는 '더 깊은 관계'와 같은 성적 친밀성을 의미했다.[95]

　오래 사귀는 이성 교제는 일부일처제의 속성을 강하게 띠고 있었지만, 10대들은 관계가 영원히 지속될 거라고 생각하지 않았다. 1950년 동부의 교외 지역 고등학교 3학년생을 대상으로 한 여론조사에 따르면, 80퍼센트가 오래 사귄 경험이 있지만 그중에서 결혼을 생각하는 비율은 11퍼센트에 지나지 않았다.[96] 코네티컷 주 뉴 헤이븐 소재 고등학교 여학생들은 '이별 팔찌'를 착용했다. 남자친구와 헤어질 때마다 헤어진 남자의 이름 또는 이니셜이 새겨진 팔찌를 하나씩 덧붙이는 방식이었다. 남자친구의 자동차 범퍼에 자신의 이름을 붙이는 방식도 쓰였는데, 이를 붙이는 데 쓰는 테이프는 '탈착'이 가능했다.

　1950년대 중반 10대를 위한 조언서는 여학생들에게 '풋사랑 발찌'를 착용하라고 조언한다. 오른쪽 발목에 차면 남자친구가 없다는 뜻이고, 왼쪽에 차면 있다는 뜻이다. 각각의 단계는 상당히 일시적이기 때문에 한쪽에 '남친 있음'이라고 적힌 발찌를, 다른 쪽에는 '사귈 준비 됐음'이라고 적힌 발찌를 둘 다 착용하라고 조언한다. 발찌에 적어 넣는 메시지가 너무 직접적이라고? 아니다. 남자들은 발찌만 보고는 무슨 뜻인지 잘 모른다. 대중잡지의 10대 대상 칼럼에 소개된 발랄한 규칙들은 당시 10대들이 오래 사귀기 교제 방식을 강렬하지만 일시적인 이성 교제쯤으로 생각했음을 잘 보여 준다.[97]

오래 사귀기는 지금의 시점에서, 특히 과거 데이트 순위평가의 엄격한 규칙들과 비교해서 전혀 해로워 보이지 않지만, 실제로는 격렬한 세대 갈등의 기폭제 역할을 했다. 조혼과 오래 사귀기는 전혀 별개의 문제였다. 오래 사귀기는 부모 세대가 알고 있는 데이트제도를 뒤집는 것이었다.

오래 사귀기에 대한 부모 세대의 반응은 압도적으로 부정적이었다. 1930년대에 1년 동안 56명의 여학생과 데이트했던 대학 친구를 떠올리며 도저히 이해하기 어렵다는 반응들이었다. 파트너 한 사람만 알아서 어떻게 이성을 이해할 수 있겠냐는 것이었다.[98] 개중에는 아주 단호한 태도로 비난하는 사람도 있었다. 저지시티 세인트 마이클 고등학교 교장 제임스 캐리 목사는 "다른 사람들은 모두 배척하고 오로지 한 사람과 데이트하는 학생들은 퇴학 조치 할 것"이라며 엄포를 놓았다.◆

아예 이 현상 자체를 부인하려는 사람도 있었다. 한 결혼 관련 교과서의 저자는 오래 사귀기 열풍이 존재하지 않는다고 주장했다. 그는 1952년 미국 11개 대학 1,600명을 대상으로 한 연구를 토대로, 약혼이나 결혼을 하지 않은 1천 명의 학생 중 3분의 2가 다수의 데이트 상대를 선호했다고 전한다. 그런데 책의 각주를 보면, 전체 조사 대상자 가운데 10퍼센트가 기혼자이고 15퍼센트가 약혼 경험이

◆ "Father Carey's Chickens," *Time*, 8 March 1963, p. 52. 매사추세츠 주 린 소재의 세인트 매리 고등학교 교장은 오래 사귀는 학생은 학교 또는 학생회 조직에서 임원 또는 명예직을 맡지 못하도록 금지했다. "Love and Marriage," *SS*, 6 December 1956, p. 2T도 참고.

있으며, 15퍼센트는 결혼을 전제로 사귀고 있다고 되어 있다.[99] 이로 미루어 조사 대상자의 3분의 1만이 무차별적 경쟁 데이트를 추구했음을 알 수 있다. 그보다 많은 젊은이들은 오래 사귀기를 거치고, 조혼 관습에 동조했다고 할 수 있다.

오래 사귀기를 둘러싼 세대 갈등이 토론으로 이어지는 경우는 없었다. 대결 구도는 말과 행동의 다툼으로, 점점 더 확산되는 오래 사귀기 관습을 어른들이 비난하는 방식으로 이루어졌다. 일방적인 주장이 주로 펼쳐지는 가운데 싸움의 쟁점은 두 가지로 나뉘었다. 첫째는 섹스의 문제였다. 부모, 칼럼니스트, 교육자 등 성인들은 오래 사귀기 관습이 혼전 성관계로 이어진다는 이유를 들어 우려를 표명했다.

한 가톨릭 사제는 곧 결혼할 사이가 아니라면 오래 사귀기는 "심각한 죄악"이라고 규정했다.[100] 10대 소녀를 위한 조언서 《조이스 잭슨 데이트 가이드 Joyce Jackson's Guide to Dating》는 오래 사귀기는 필연적으로 진한 애정 행각으로 발전될 수밖에 없으며, 이로 인해 평생 죄의식을 갖고 살게 될 위험이 다분하다고 주장한다. 저자는 이와 같은 연쇄적 인과관계의 주원인으로 데이트 상대자 숫자를 제한하는 엄격한 데이트 규칙을 지목한다. 결론적으로 남자친구하고 오래 교제하다가 결국 진한 애무를 하게 될 바에야 차라리 처음 보는 사람과 데이트하는 게 더 낫다는 것이다.[101]

여기에 암시되어 있는 내용처럼, 많은 사람들, 심지어 낯선 사람들과 데이트하는 것이 성적으로 더 안전하다는 주장은 납득하기 힘들다. 다수의 데이트 상대가 보험과 같다는 성인들의 기억은 다분히 선택적이다. 무차별적 인기의 시대에도 '어디까지 갈지'는 젊은이들에게 아주 중요한 관심사였다. 상식적으로, 여러 남자들과 끝없이 연이어 애무하는 게 오히려 더 큰 죄의식을 남길 가능성이 높다. 낯선 사람이 어두운 밤길에 차를 세우는데, 여자가 정중하지만 단호하게 반대 의사를 표명한다고 해서 아무 일도 벌어지지 않을까?[102] 차라리 오래 교제한 남자친구면 여자가 싫다고 할 때 고집을 부리지 않을 것이다. 무차별적인 데이트와 오래 사귀기는 각각 다른 종류의 위험을 안고 있다고 하는 편이 맞을 것이다.

가장 중요한 것은 동의였다. 적어도 실제 성관계의 마지막 단계에 이르러 젊은 여성들의 노№라는 결정에 바탕을 둔 성적 통제 시스템은, 오래 사귀기라는 새로운 제도에 직면하여 붕괴가 더 가속화되었다.[103] 오래 사귀기는 일종의 모방 결혼이었고, 이처럼 안정적인 남녀 교제가 제공하는 안정감과 일부일처, 사랑의 보호 속에서 성관계는 충분히 가능한 일이고 실제로도 그런 일이 적지 않았다. 그래도 부모들은 수많은 남자들을 연이어 만날 때에는 성관계를 쉽게 거절할 수 있어도, 오래 교제한 남자친구의 요구는 거절하지 못할 거라는 믿음만 굳게 고수했다.

희소가치를 둘러싼 결핍-풍요 모델

오랜 이성 교제를 둘러싼 갈등의 두 번째 쟁점은, 안정이냐 경쟁이

나에 관한 세대 간 가치의 충돌이었다. 1950년대의 10대 청소년들은 인기의 계산법에서 경쟁이란 요소를 제외시키는, 부모 세대로서는 상상도 할 수 없는 일을 시도하고 있었다. 부모들은 경악을 금치 못했다. 일시적 안정을 위해 경쟁을 거부하는 오래 사귀기 관습은 부모 세대의 눈에 새로운 세대의 모든 잘못을 상징적으로 보여 주는 것이었다.◆ 10대들과 이들을 옹호하는 학자들은 새로운 제도를 설명하려 했고, 어른들은 완전히 다른 담론으로 대답했다. 양쪽 진영 모두 경쟁 개념에 근거해 주장을 펼쳤지만, 어느 쪽도 상대의 이해 방식을 받아들이지 않았다.

당시 대부분의 젊은이들에게 오래 사귀기는 불안정한 경쟁사회에서 안정적인 공간을 의미했다. 이미 피할 수 없는 것이 된 경쟁 속에서 오랜 이성 교제는 잠시 쉴 곳을 마련해 주었다. 오래 사귀기가 제공하는 안정은 다양한 형태를 띠었다. 첫째, 심리학자들이 말하듯이 오래 사귀기는 "시대의 전반적인 불안에 대한 10대들의 반응"이었다.[104] 10대들은 오래 사귀기 풍속을 '데이트 안정' 또는 '사회적 안정'으로 표현했다. 이 용어들은 두 가지를 의미했다. 장기적인 이성 교제는 주말마다 다양한 방식의 데이트를 확실히 보장할 뿐만 아니라, 치열한 데이트 경쟁에 참여해야 하는 불편으로부터 잠시나마 벗어나게 해 주었다.[105] 일부 전문가들도 이에 동의했다. 당시 고등학생의 데이트 관습을 연구한 한 학자는 "지속적인 데이트는 경쟁적인

◆ 사회학자 E. E. 르매스터즈는 1950년대 5년 동안 실시한 조사에 참여한 부모들의 데이트 경험(또는 그 경험에 관한 그들의 기억)을 검토하는 방식으로, 랜덤 데이트에서 오래 사귀기로 바뀐 연애 풍속의 변화를 추적했다.

데이트 순위평가에 수반되는 정서적·심리적 고통을 완화시킨다"는 결론을 내렸다.[106]

오래 사귀는 데이트가 확산되면서, 거꾸로 그것이 주는 안정감이 점차 중요해졌다.《레이디스 홈 저널》에 따르면, 어느 고등학생은 다음과 같이 말했다. "학교에서 10월까지 짝을 못 구하면, 그해 데이트는 못 한다고 봐야 해요. 다들 짝이 하나씩 다 있으니까요."[107] 어느 대학생은 고등학생 시절을 회상하면서 단호한 어조로 "오래 사귀거나 아예 사귀지 않거나 둘 중의 하나"라고 했다.[108] 커플 중심으로 이루어지는 학교생활에 적응하려면 지속적인 데이트가 필수적이었다. 고정적인 애인이 없으면 자격 미달이었다.

그러나 이 풍습에도 경쟁은 있었다. 다만, 학기 초에 엄청난 경쟁의 압박을 이기고 커플이 되면 연애가 지속되는 동안에는 승자나 다름없었다. 상대가 누구든지 오래 사귄다는 사실 하나면 충분했다. 일단 애인을 얻으면, '주가'가 오를지 떨어질지 걱정할 필요가 없다. 남학생들 입장에서는 새로운 여학생들에게 좋은 인상을 심어 주고자 돈을 쓸 필요도 없다.♦♦

경쟁적 승리에 대한 애틋한 추억을 가진 기성세대로서는 이 "재미 없고" "중년 취향의" "우울하고 따분한" 오래 사귀기가 뭐가 매력적이라는 건지 도무지 이해할 수 없었다.♥♥ 비판적으로 보는 사람들은

♦♦ 인기, 특히 오래 사귀기에 대한 논의에서 '인기'는 경영학 용어로 설명되는 경우가 빈번하다. 가령, Gay Head, "Boy Dates Girl," SS, 2 March 1949, p. 28 참고.

♥♥ Cornell, All About Boys, pp. 89-91. Morgan, "American Teenagers," pp. 28-29. 어떤 이들에게는 후대의 성혁명조차도 흥미를 일으키지 못하는 일로 여겨졌다.《뉴스위

10대 청소년들이 뭘 잘 모른다고 했다. 오래 사귀기를 포함하여 하나의 파트너를 갖는 것은 정착을 의미하고, 이는 춤을 출 때 파트너를 바꿀 수도, 많은 수요자층을 관리하는 데서 오는 만족감도 누릴 수 없음을 의미했다. "젊을 때 가능한 한 남자를 많이 만나 둬라. 요컨대 청춘은 우정과 로맨스를 실험할 수 있는 최적의 시기다."[109] 또 다른 조언서의 경고는 더욱 노골적이었다. 남자들은 '편의상' 오래 사귀기를 택한다.("여러 파트너를 만나려면 거기에 드는 돈이 만만치 않다. 그리고 전화해서 한 30분 늦는다는 말도 하기 힘들다.") "여러 남자와 데이트하는 게 더 재미있는 줄은 모두 알고 있다. 늘 곁에 있는 사람 취급을 받기에는 아직 너무 젊은 나이다."[110]

기성세대는 현실 세계에선 성공의 끝이란 없고 오직 경쟁 지속 능력만 있음을 알기에, 어떤 제약도 없이 안정을 욕망하는 10대들을 힐난했다.[111] "뭐든지 확신을 갖는다는 건 성장 능력을 상실했다는 뜻이다. 땀 한 방울 흘리지 않고, 경쟁자를 물리치는 수고도 없이 전화 한 통화로 쉽게 여자친구를 얻는 건 개인적 성취감을 반감시키는 일이다."[112] 그럼 여학생들은? "여자는 경쟁을 두려워한다. 공개경쟁 무대에서 남성의 관심을 끌기 위해 경쟁할 수 있을지 무서워한다. 오래 사귀기는 실패에 대한 두려움에서 해방시킨다."[113]

크》의 기사 '도덕적 혁명'은 다음과 같이 주장한다. "진지하고 진실한 마음으로 사랑과 성을 탐구하는 많은 대학생 커플은 철학적 인식론에 관한 박사 학위논문만큼이나 열정으로 가득 찬 삶을 살고 있다. 오색찬란하고 신명 넘치는 뉴욕에서 한 사람과 데이트하는 것은 회색조 일변도의 무료하고 따분한 일이다." 《뉴스위크》는 오래 사귀기를 "나이 지긋한 중산층이 선호할 만한" 관습으로 판정한다.("The Morals Revolution," *Newsweek*, 6 April 1964, p. 56)

기성세대가 데이트 시스템의 옛 규칙과 관습, 경제학에 근거하여 새로운 오래 사귀기 관습을 비판하고 있음을 알 수 있다. 《조이스 잭슨 데이트 가이드》의 저자는 그다지 예쁘지도 않고 집안 문제도 있지만 열네 살 때부터 남자친구 짐과 사귀어 온 가상 인물 '주디스'를 내세워 오래 사귀기의 문제점을 짚는다. 불쌍한 주디스가 좋은 사람을 만나 불행 가운데 작은 행복을 얻는다가 아니라, 그 남자친구가 또 다른 불행이었다는 것이다. "이제 열여섯 살이 된 주디스는 돈을 벌 나이가 됐으니 불행한 어린 시절을 딛고 새 출발을 할 참인데, 남자친구가 있다는 건 주디스 스스로 제 앞길을 가로막은 셈이다. 참으로 가련한 인생이 아닐 수 없다. 남자친구의 사랑과 관심은 다른 종류의 성공을 대신하는 효과를 낸다." 다른 종류의 성공이란? "짐과 데이트하면서 보낸 그 숱한 시간을 다른 남자들과 데이트하는 데, 예쁘게 꾸미고 가꾸는 데 썼다면?"[114]

　이보다 덜하지만 비슷한 방식으로 데이트의 성공을 재정의해야 한다고 하는 사람도 있었다. 정해진 이성 교제 파트너가 없다면, 좀 더 다양한 '탐험'을 시도해 볼 수 있지 않은가. "애인이 있으면, 경쟁도 없고 좋은 인상을 남길 필요도 없다. 애인이 없으면, 어떻게 하면 괜찮게 보일지 거울 앞에서 보내는 시간이 더 많을 것이다. 패션잡지도 읽어 보고 쇼핑도 하면서 나한테 꼭 맞는 스타일이 뭔지 생각해 볼 수 있다. 애인이 없으면, 낡은 운동화 대신에 가장 좋은 신발도 한번 신어 볼 것이다."[115]

　기성세대의 비판은 오래 사귀기뿐만 아니라 이전 시대의 데이트 순위평가 시스템에도 똑같이 적용되었다. 열두 살 먹은 어린 여자아이가 브래지어를 착용하고, 열다섯 살짜리 청소년들이 애인처럼 사귀고, 열여덟 앳된 처녀 총각들이 결혼하는 관습에 문제가 많은 것은 분명했다. 그러나 질보단 양으로 승부하는 시스템, 가령 9개월 동안 56명의 여자와 데이트를 하면 여성을 더 잘 이해할 수 있고, 무차별적인 인기 추구가 평생 동안 한 사람과의 행복한 결혼 생활을 영위하는 데 도움이 될 거라는 주장도 분명 문제가 많았다.

이 둘은 보기엔 다르지만 사실상 결핍과 풍요의 모델에 기초한다는 점에서 매한가지였다. 다시 말해, 양자 모두 풍부한 것보다는 희귀한 것을 선호하고, 희귀한 것을 선점하는 것으로 권력의 유무가 결정난다는 점에서 둘 사이에는 근본적인 차이가 없다.

전쟁 이전 시대에는 데이트가 남자에게나 여자에게 풍요로운 것으로 인식되었다. 소비를 중심으로 한 또래문화는 희소가치가 있는 상품을 추구한다. 다양한 소비 상품들, 즉 자동차와 옷, 값비싼 데이트, 모든 가시적인 부의 상징들, 그 밖에 '평가'하는 데 필요한 모든 것은 또래문화에서 성공을 상징한다. 젊은이들은 이 상징들을 쟁취하고자 경쟁하고, 또 이를 이용해 지위 또는 인기를 얻는 데 유리한 고지를 점한다.

여자들은 불가피하게 다른 방법을 취한다. 남자들은 돈의 경제를 통해 성공의 상징들을 획득한다. 남자들은 비싼 레스토랑과 나이트클럽에 가서 돈을 내지만, 여자는 돈이 아무리 많아도 관습에 따라 데이트하는 남자가 제공하는 사치의 수준을 받아들여야만 한다. 이는 결혼한 후에 남편의 지위에 따라 부인의 지위가 결정되고, 남편의 경제적 수준에 맞춰 살아야 하는 것과 같은 이치다. 이처럼, 여자들에게 성공의 관건은 높게 평가된 남자들을 끌어들일 수 있느냐에 달려 있다. 이 시스템에서 여자는 스스로 희소가치가 높은 상품이 됨으로써, 그리고 수요(또는 그에 대한 인식)를 자극하는 동시에 수요를 충족시키지 못한다는 점을 역설적으로 보여 줌으로써 성공을 얻는다. 흔히 말하듯, "남자는 다른 사람이 원하는 여자를 좋아한다". 젊은 남자들은 희소 상품, 즉 인기 많은 여자를 얻기 위해 경쟁하고, 인기 많은 여자를 성공의 상징으로 삼는다.

희소 상품이 된
안정과 친밀감

전후 시대에 유행한 조혼과 오래 사귀기 관습은 그전 시대의 데이트 순위평가와 대조적인 것처럼 보인다. 그러나 오래 사귀기 또한 결핍·풍요·경쟁 관념을 바탕으로 했다는 점에서 큰 차이가 없다. 물론 성공에 대한 정의는 달랐다. 청년문화, 특히 1950년대와 1960년대 초의 청년문화는 자동차·옷·레코드와 같은 소비 상품을 중심으로 성장했다. 1920년대에도 비슷한 양상이었지만, 소비 상품의 구매력은 사뭇 달라졌다. 기술의 발달로 더 많은 상품을 더욱 싼값에 구매할 수 있게 된 것이다. 더 많은 미국인들이 경제 번영에 동참했고, 10대들은 이전보다 훨씬 많은 돈을 쓸 수 있게 되었다. 그와 더불어 무엇을 사고 무엇을 하고 무엇을 좋아해야 하는지, 다시 말해 어떻게 해야 윗세대 청년들의 문화를 따라할 수 있는지 조언해 주는 잡지들이 생겨났다. 이와 같은 소비문화 참여도는 10대 소녀들과 젊은 여성들의 경우 한층 더 높았다. 소비 상품이라는 성공의 상징을 얻기 위해 (아버지를 제외하고) 남자들에 의존할 필요가 없어진 것이다.

전쟁이 끝나자 '희소 상품'이 달라졌다. 남자 부족에 대한 두려움으로 조혼, 오래 사귀기, 아동 데이트의 관습이 널리 확산되었다. 그러나 연애에 대한 공적 담론들을 자세히 살펴보면, 젊은이들이 실제로 갈구한 것은 안정과 친밀함이라는 훨씬 더 매력적인 희소 상품임을 알 수 있다. 이제 경쟁은 공급과잉이었고, 안정과 친밀함은 더욱 구하기 힘든 자원이 되었다. 열여덟 살 이른 나이에 한 결혼이 종종 실패로 끝나고, 열두 살 남녀의 이성 교제가 1960년대 성혁명을 촉발했다고 해서 안정과 친밀함의 필요성이 줄어든 것은 아니다. 젊은이들은 안정과 친밀함이라는 지극히 인간적인 요구를 연애 관습에 도입했고, 그럼으로써 연애 풍속에 획기적인 변화를 가져온다.

3장

+++

데이트의
가치

소비문화의
필수 상품

1960년대에는 성혁명의 영향으로 더 자극적인 사진과 삽화들이 등
장하게 됐지만, 그전에도 《에스콰이어》 같은 잡지에는 키 작고 배
가 볼록 나온 중년의 백만장자가 키도 크고 가슴도 큰 젊은 쇼걸을
데리고 다니는 모습을 그린 컬러 만화가 제법 많았다. 만화 이야기
를 하자는 것이 아니다. 중요한 것은, 결국 그림이 공통적으로 나타
내는 바, 즉 돈과 섹스, 지갑과
가슴의 결합이다.

오늘날의 관점에서 쇼걸의
다리와 가슴, 욕망만을 우스꽝
스럽게 부각시킨 그림은 여성
을 대상화했다는 비난을 받기
십상이다. 쇼걸은 분명 남자가
돈으로 살 수 있는 상품이다.
그러나 남자 또한 대상화를
면키 어렵다. 그의 가치는 그
가 구매하는 상품으로 평가되

지갑과 가슴의 결합

기 때문이다. 남자는 또 다른 두둑한 지갑과 언제든지 교환 가능하다. 말하자면, 이 둘의 관계는 상호착취적이다. 여자가 남자에게 상품이듯, 남자도 여자에겐 상품인 셈이다.

백만장자와 쇼걸의 모습은 청춘들의 사랑과는 하늘과 땅만큼이나 달라 보인다. 그러나 대중매체를 통해 널리 퍼진 그들의 모습이야말로 당시 미국의 데이트 시스템에 내재한 가치들의 실제 모습이라고 할 수 있다. 당시 연애에서 우리가 발견할 수 있는 것은, 다름 아닌 미국의 소비문화, 즉 소비와 상품화를 부추기는 어떤 세계관이다.

역사학자인 잭슨 리어스와 리처드 와이트만 팍스가 보여 주는 것처럼, 소비문화는 "대량생산·대량판매 상품이 지배하는" 소비경제 또는 소비사회의 가치 체계로만 볼 수 없는 것이다. 소비문화는 소비를 중심으로 형성된 '윤리, 생활수준, 권력 구조'이다. 이를테면 "개인적 행복을 성취하는 주요 수단으로서 상품을 추구하도록 요구하고, 자아마저도 상품으로 파악하도록 부추기는" 문화인 것이다.◆ 덧붙이자면, 소비문화는 개인적 관계를 상품으로 간주하도록 조장하는 문화로 정의될 수 있겠다.

20세기 전반~중반기의 데이트(그리고 오래 사귀기)는 인기·소속

◆ Richard Wightman Fox and T. J. Jackson Lears, eds., *The Culture of Consumption* (New York: Pantheon Books, 1983), p. xii. 리어스와 팍스가 설명하는 소비문화는 데이트 시스템의 등장과 시기를 같이한다. 소비문화는 자본주의 시장 규모가 전국적으로 확대되고, 전문직 종사자와 비즈니스 매니저(전문가), 사회조직 등 새로운 계층과 제도가 새로이 만들어지는 한편, 도덕과 윤리보다는 자아실현과 자기만족을 우선시하는 '치료적 복음주의'가 새롭게 각광받기 시작하던 19세기 후반에 발생했다고 하는 것이 정설이다. 이에 대한 더 자세한 논의는 Fox and Lears, pp. ix-xvii 참조.

감·성공에 대한 사회적 승인을 제공하는 상품으로, 이를 통해 미국의 젊은이들은 '개인적 행복'을 추구했다. 데이트 상대가 맘에 들건 안 들건 간에, 이벤트로서의 데이트는 청년문화의 필수 상품으로서 나름의 가치를 지녔다. 상품으로서의 데이트는 그에 수반되는 소비 수준, 즉 데이트 비용에 따라서 차등적으로 가치가 부여되었다. 데이트 상대 또한 상품이 될 수 있다. 이 시스템에서는 남자와 여자 모두 스스로를 그리고 상대방을 상품으로 파악한다. 여자는 그녀가 요구하는 소비의 수준에 따라, 즉 돈이 얼마나 드느냐에 따라, 남자는 그가 제공하는 소비의 수준에 따라서 각각 그 가치가 평가된다.

데이트라는
구매 행위

20세기 초에 처음 등장했을 때부터 미국의 데이트 시스템은 상당 부분 돈으로 결정되었다고 해도 과언이 아니다. "어디 갈까"가 데이트의 주된 과제로 여겨지면서, 남자는 오락과 음식, 교통비에 드는 비용을 지불해야 했다. 데이트가 지배적인 연애 방식이 되면서 데이트를 하는 당사자나 이를 관찰하는 사람들은 돈의 중요성을 인식하게 되었다. 일반적으로 데이트는 이를 위해 소요되는 비용으로 정의되었다. 남녀노소, 전문가 비전문가 가릴 것 없이 모든 사람이 이러한 방식으로 데이트를 규정했음을 당시 대중매체를 통해서 엿볼 수 있다. 커플이 "밖에 나가서" 돈을 씀으로써 데이트가 발생했다. 이 점에서 돈이 데이트의 핵심이다.

20세기 후반 데이트에 관한 모든 여론조사, 칼럼, 도서들은 미국의 젊은이들이 데이트를 단지 이성과 같이 시간을 보내는 것으로 여기지 않음을 분명하게 보여 준다. 모든 데이트는 저녁을 먹거나 콜라를 마시러 외출하기, 영화 보러 가기, 기타 다양한 오락 구매 행위 등 소비 행위로 귀착된다. 물론 중요한 것은 끝도 없는 소비가 아니다. 소비 행위는 주어진 범위 내에서 관습에 따라 이루어져야 한다. 물론 가장 중요한 것은 당연히 남자는 으레 돈으로 여자의 환심을 산다는 것이다.

《레이디스 홈 저널》의 1944년 〈예비 숙녀〉 칼럼은 이 같은 데이트 개념을 잘 보여 준다. 칼럼에 등장하는 주인공은 데이트 상대를 구하지 못해 괴로운 열네 살 소녀이다. 이 소녀는 영화도 같이 보러 갈 만큼 좋아해 주는 남자들도 많고, 나름 멋진 사교 생활을 누리고 있다. 칼럼은 도덕적 방침을 제시하지 않는다. 이 예비 숙녀에게 영화도 즐겁게 감상하고 같이 있는 남자와 재미있는 시간을 보내라는 조언을 하지 않는다. 그 대신에 "가장 가능성이 높은 남자"("가장 좋아하는 남자"는 아니지만)에게 집중하겠다는 이 소녀의 계획을 소개한다. "영화관에 같이 앉아서 저는 그가 돈을 내서 온 것처럼 해요. 진짜 데이트인 것처럼 연기하는 거죠."◆ 이 데이트에서 빠진 유일한 것은

◆ Elizabeth Woodward, "The Sub-Deb: I'm Fed Up," LHJ, January 1944, p. 8. WHC 기사도 데이트와 비용 지불을 같은 것으로 취급한다. "지속적으로 계속 데이트하는 것이 데이트를 유지하는 가장 확실한 비결이다. 학교 무도회, 편의점, 영화관 등에서 모습을 보이지 않으면, 여자는 자칫 데이트를 좋아하지 않는다는 인상을 줄 수

'남자의 돈'이다.

1951년《시니어 스콜래스틱》에 투고한 여자도 같은 생각이다. "데이트할 때 여자가 돈을 내야 한다면 차라리 혼자 가거나 친구들하고 가는 게 낫다."[1] 그녀에게 데이트는 이벤트도 교제도 아니며, 남자와 같이 있다는 것을 남들에게 보여 주는 것도 아니다. 데이트는 남자가 여자를 위해 돈을 지불하는 것이다. 남자들이라고 다르지 않다. 《시니어 스콜래스틱》의 여론조사에 따르면, 조사에 응한 90퍼센트의 여성들이 내키지 않아도 가끔은 데이트 비용을 낼 의향이 있다고 말한 반면, 남자들은 50퍼센트가 이에 반대했다. 한 남학생은 "남자가 경제적으로 힘들면 데이트는 포기해야 한다"고 말했다.[2]

가끔 '더치 데이트' 방식으로 데이트하는 남녀들도 이 사실을 남들에게 알리지 않으려 했다.('더치 데이트dutch date'는 '더치 접대dutch treat'에서 온 말이다. 원래 이 말은 주인이 대접해야 하는데 손님도 돈을 내게 하는 가짜 '접대'를 경멸적으로 일컫는 표현이다.) 미국의 젊은이들은 한목소리로 여자가 직접 돈을 내는 모습은 "당혹스러운 광경"이라고 주장한다. 더치 데이트가 정말로 필요한 상황이라면 여자가 남자한테 미리 돈을 줘서 남자가 돈을 내는 것처럼 '보이게' 만들어야 한다.[3]

여기서 핵심적인 것은 남에게 어떻게 비쳐지는가이다. 다른 사람에게 보이는 것이야말로 청춘문화에서 데이트가 수행한 역할과 가장 밀접하게 관련되어 있다. 앞 장에서 살펴보았듯이, 청춘문화에서

있다. 남자는 데이트를 즐기는 여자에게 돈을 쓰고 싶어 한다."(Judith Unger Scott, "No Date Is No Disgrace," WHC, November 1946, p. 159)

데이트는 옷이나 자동차와 같은 소비 상품과 마찬가지로 인기를 얻는 수단으로 기능했다. 그 자체의 독자적인 내용 없이 인기를 나타내는 징표의 역할만 하는 데이트는 이를 인지하는 타인들이 없을 때엔 아무런 의미가 없는 사건이 되어 버린다. 데이트는 공적이어야 하는 것이다.

마거릿 미드가 1940년대에 주장했듯, 데이트를 원하는 남자는 사실 여자를 원하는 것이 아니며, 특정한 여자와의 교제를 원하는 것은 더더욱 아니다.[4] 남들이 본인의 데이트를 인지하는 공적 상황 속에 있고자 하는 것이다. 그가 욕망하는 바는 그가 데이트 상대를 '갖고' 있다는 것, 그리고 다른 사람들이 이를 인지한다는 것이다. 이처럼 '소유'와 전시展示를 특징으로 하는 데이트는 그 자체로 하나의 상품이었다.

20세기 미국의 연애에 대한 글을 쓴 조언자들 또한 모두 하나같이 데이트를 상품으로 묘사한다. 제2차 세계대전 이전에 글을 쓴 조언자들과 전쟁 이후 10대들을 대상으로 글을 쓴 조언자들은 특히 '데이트를 얻는 방법'에 초점을 맞추었다. 대부분의 책과 칼럼에서 데이트는 그 자체로 하나의 목적, 가치 있는 목표, 개인적인 승리로 묘사된다. 데이트의 구체적인 경험은 부차적인 문제다. 데이트를 '했다'는 사실 그 자체로 성공이다. 1941년 한 조언자는 아예 "누가 누구랑 데이트했느냐는 별로 중요하지 않다"고 쓰고 있다. 《세븐틴》의 조언서는 "누구나 데이트를 구할 수 있다"고 여학생들을 안심시킨다.[5]

그러므로 데이트가 없으면 실패다. 《여성의 친구》의 10대 칼럼은 "데이트하러 갈 밤"에 데이트가 없는 비참함에 공감을 표한다. "전화가 울리기를 기다린다. 그렇지만 전화가 오더라도 집에 있다는 걸 들키기는 싫다. 동네 편의점에 가면 데이트 없는 다른 여자애들도 많지만, 그러면 데이트 없는 모습을 온 동네에 알리는 격이다."[6] 성공 못지않게 실패 또한 공적으로 규정된다. 즉, 데이트의 소유 또는 결핍 여부로 공적인 성패가 갈린다.

이런 분위기를 싫어한 1950년대 《마드모아젤》의 한 필자는 데이트가 한낱 '상품'으로 전락했다고 불평한다. 데이트를 경험하는 당사자가 덜 중요해졌다는 말과 함께.[7] 이 필자의 칼럼은 데이트가 없다는 걸 아무도 알지 못하게 주말마다 방의 불을 모두 꺼 버리고 컴컴한 기숙사 지하실에 숨어 들어간 여대생들의 가련한 속임수에 관한 이야기로 가득 차 있다. 희망 따윈 제시되지 않는다. 데이트가 하나의 상품이라면, 데이트는 분명 매우 가치 있는 상품일 것이다.

당연히 경우에 따라 데이트의 가치도 달라졌다. 10대 조언서들은 용돈이 떨어진 남학생을 이해심을 갖고 친절하게 대해 주라고 충고하면서도, 이 남학생이 '진짜' 데이트로 보답하지 않고 집에 찾아와 뭉개고 노닥거리지 못하게 하라고 당부한다. 지속적으로 부각되는 공적 데이트 문화의 일환으로서, 진짜 데이트는 돈이 많이 들고 화려하다. 대부분의 여론조사에 따르면 통상적인 10대들의 데이트는 영화나 간단한 식사로 이루어지지만, 잡지들은 '이상적인' 데이트의 모습을 아주 자세하게 묘사한다.

경기 침체기를 아직 벗어나지 못한 1938년 《시니어 스콜래스틱》은 리츠 레스토랑(당시 저녁 값이 5.5달러 정도였던 고급 레스토랑)에서 이루어지는 이상적인 10대들의 데이트를 묘사했다.[8] (국립자료위원회

National Resources Committee 통계에 의하면, 그 2년 전만 해도 미국 가정의 3분의 1 정도는 연간 여가 비용으로 31달러를 지출했다.[9])

1955년 《룩Look》지는 캘리포니아 엔치노에 사는 13세 재니스 월터스의 "첫 데이트"를 축하하는 화보를 수록한다. 동갑내기 데이트 상대는 공식 만찬 및 무도회를 위해 여자친구에게 코르사주(파티 때 앞가슴에 다는 꽃─옮긴이)를 갖다 준다.[10] 1956년 《맥콜》은 롱 아일랜드 지역 신문이 "훌륭한" 두 명의 고등학생을 위해 주선한 소개팅을 소개한다. 당첨자로 선정된 여학생은 치어리더이고 남학생은 학급 회장으로, 이들은 '350달러짜리 데이트'(60년 전의 화폐가치로 따져 보라.─옮긴이)를 경품으로 받았다. 행운의 주인공들은 운전기사가 딸린 캐딜락을 타고 고급 레스토랑에서 저녁을 먹은 다음, 브로드웨이 뮤지컬 〈플레인과 팬시〉를 관람한 후 페르시안 룸에 춤을 추러 간다. 이들은 또한 200달러짜리 '이브닝 예복'을 무료로 협찬받았다. 이 모든 것은 10대들의 꿈이다. 물론 이 두 학생은 다른 고등학교에 다니는 학생들로, 즐거운 데이트를 보낸 다음에는 다시 볼 일이 없었을 것이다.[11]

잡지의 경품 행사가 아니면 아무도 350달러짜리 데이트를 할 일이 없었겠지만, 이상적인 데이트의 모습은 널리 퍼졌다. 1963년 《마드모아젤》은 200명의 젊은 여성을 대상으로 설문조사를 실시했다.(그들의 상당수는 데이트 경품 행사가 있던 1956년에 고등학생이었을 것으로 추측된다.) 대다수 여성들은 비싼 데이트가 필요하지 않다고 답했지만, 이상적인 데이트가 무엇이냐는 질문에 칵테일로 시작해서 우아한 레스토랑에 가서 저녁을 먹고 극장이나 콘서트장에 갔다가 무

도회에 가는 것이라고 답한다.[12]

데이트를 처음 시작한 1세대는 연애 비용에 대해 불평을 늘어놓았지만, 1940년대에 들어서면 '값비싼 데이트 비용'은 일종의 상식이 되었다. 이는 《시니어 스콜래스틱》 칼럼에 자주 등장하는 표현이었고, 이 표현에 상응하는 비용을 감당해야 했던 남학생들은 항의 편지를 보냈다. 그들은 영화 한 편 보는 데도 돈이 많이 들고, 관람 후 음료수나 아이스크림선디까지 먹을라치면 비용은 더욱 높아진다고 투덜댔다.

1953년 높은 데이트 비용에 관한 '즉흥 토론회'가 열렸는데, 이 자리에서 한 남학생은 자신이 다니는 고등학교에서 평균 영화 데이트 비용이 "운이 좋으면" 2.5달러 정도라고 밝힌다. 영화가 1.5달러, 팝콘이 25센트, 아이스크림선디, 밀크셰이크, 또는 주크박스가 75센트가량이고, 여기서 교통비는 별도 계산이다. 일리노이 러쉬빌 고교생들은 영어 수업에서 이 문제를 철저하게 분석했다. 그 결과, 보통 남학생이 내는 평균 데이트 비용이 자동차 3달러, '쇼 비용' 1.25달러, 식사 비용 1달러 등 총 5.25달러라는 결론을 내린다.[13]

이러한 '보통' '평균적인' 데이트 비용조차 부담스러운 학생들에게 '특별한' 데이트 비용은 거의 천문학적인 금액으로 보였을 것이다. 연중 가장 중요한 행사였던 고등학교 무도회는 대부분의 학생들에게 이상적인 데이트 그 자체였다. 물론 무도회는 특별한 데이트 그 이상이었다. 그것은 남녀 학생들이 청소년에서 청년으로 성장했음을 나타내는 일종의 통과의례 같은 것이었다. 그런 점에서 무도회는 환상적인 사치의 시간이었다. 우아한 의상과 자동차가 필요했고, 무도회가 끝난 다음에는 그 지역에서 가장 멋진 장소에서 파티를 벌여야 했다.

물론 이 사치에는 돈이 많이 들었다. 아닌 게 아니라 비용이 데이트의 가장 중요한 부분이었던 것이다. 1956년 한 평자는 오래 사귄 열여섯 살짜리 남학생이 여느 10대들처럼 데이트를 한다면, "매달 은행에 담보대출금을 갚아야 하는 8인 가족의 실업자 가장"보다도 더 많은 돈을 써야 할 거라고 냉소한다.[14] 1949년《레이디스 홈 저널》은 맨해튼 지역 고교생들이 무도회 비용으로 대략 100달러를 쓴다고 보도한다. 턱시도 대여비 10달러, 무도회 참가비, 교통비 또는 유류비, 나이트클럽 입장료 25~35달러에다 여학생에게 선물할 코르사주용 난초 구입비 7달러 등이 남학생들이 써야 할 돈이다.[15] 1949년도 미국 평균 가정의 연평균 중간소득은 2,739달러였다.

여학생이 내는 돈도 만만치 않았다. 같은《레이디스 홈 저널》기사의 추산에 따르면, 이브닝드레스에 15~45달러(직접 드레스를 만드는 경우는 제외), 하이힐과 핸드백에 5~10달러를 사용했다.[16] '고등학교 무도회가 비싸지고 있는가?'에 관한《시니어 스콜래스틱》의 설문조사에서, 한 여학생은 자신의 상황을 예로 들어 이렇게 반박한다. "남자애들이 불평이 많은데, 무도회 비용이 많이 드니까 이해 못 할 바는 아니지만, 여자들 옷값 많이 드는 건 생각 안 하나요?"[17] 1957년 퍼듀대학교의 여론조사에 따르면, 고교 무도회에서 여학생들이 '실제로' 남학생들보다 더 많은 돈을 쓴다고 대답했다.[18]

퍼듀대학의 조사 결과는 고교 무도회가 남녀 할 것 없이 학생들 모두 돈이 많이 드는 행사였음을 분명히 보여 준다. 1949년《레이디스 홈 저널》이 보도한 맨해튼의 사치에 비할 바는 못 되지만, 평균적으로 학생들은 부모 소득의 상당 부분을 무도회 비용으로 지출했다. 가계 중간소득이 4,353달러였던 1957년, 42퍼센트의 남학생과 72 퍼센트의 여학생이 무도회 참가비로 각각 15달러 이상을 지출한 것으로 나타났다. 특이한 점은, 저소득층 및 농촌 지역 남학생들이 부유한 남학생들보다 평균 30달러를 더 지출한 것으로 나타났다는 점이다.◆

고등학생들에게 무도회는 현실에선 불가능하지만(적어도 나이가 들기 전까지) 사치스러운 데이트의 '이상적인' 모습이자 사회적 경쟁의 무대였다. 경쟁의 첫 번째 단계는 순위평가를 통해 남자 고르기 혹은 데이트 구하기였고, 그 다음 단계는 '딱 맞는' 데이트 상대를 구하는 것이었다. 이와 같은 기본적 사항 외에 무도회는 물질적 재화를 통한 경쟁을 강조했다. (자격을 가진) 사람들이 모두 모인 자리에서는 누가 무슨 드레스를 입었는지, 코르사주로 난초를 했는지 그냥 치자꽃을 했는지, 무도회 뒤풀이 장소는 어딘지, 무슨 차를 타고 가는지 이런 것들이 쉽게 눈에 띈다. 학생들이 받는 압박은 상당히 컸다. 1930년대 대공황 시기에 시카고 지역 고등학교에서는 무도회 준비가 어려운 학생들이 받을 심리적 상처를 우려해 무도회를 취소하는 사례가 적지 않았다.[19]

◆ R. W. Heath, M. H. Maier, and H. H. Remmers, "Youth's Attitudes toward Various Aspects of Their Lives," *Purdue Opinion Panel*, April 1957. 34퍼센트의 학생들은 5달러에서 30달러 정도를 지출했다. 통계 수치는 소득 격차나 지리적 차이에 상관없이 일정했다. 이것은 사치스러운 무도회의 이상이 얼마나 전국적으로 널리 퍼져 있었는지 잘 보여 주는 증거로 볼 수 있다. 1957년의 무도회 지출비 15달러를 1984년(중간소득 약 1만 6,107달러) 가치로 환산하면 56달러 정도가 된다.

평가에 기여하는
값비싼 상품

대학은 어땠을까? 대학생들이 받는 압박은 훨씬 더했다. 대학생들은
1년에 한두 번이 아니라 그런 사치스러운 행사가 열릴 때마다 돈을
치러야 했다. 이 시기의 잡지들은 주말마다 열리는 대학 미식축구
대회를 브런치, 무도회, 저녁 식사 등이 연달아 이어지는 일종의 축
제로 미화하는 데 크게 기여했다.

1953년《굿 하우스키핑》의 추산에 따르면 주말마다 남학생이 내
는 돈은 대략 83달러에 달했다.[20] 1954년《마드모아젤》대학판은 "단
돈 5달러로 행복을 선사하는 늦은 밤의 데이트"로 '콰이엣 에브닝
Quiet Evening(kwī-et év-ning)'을 소개함으로써 값비싼 데이트에 대한 압
박의 이면을 여실히 증명한다.[21] 1953년《굿 하우스키핑》은 '중요한'
데이트 비용에 관한 비공식 설문조사 결과를 발표했다. 데이트 한
건당 지출 경비는 보스턴과 댈러스에서 25달러, 세인트루이스에서
35달러 정도였다. 인구 3만 5천 명의 소도시인 켄터키 파두카에서
는 평균치인 30달러 정도였다.[22]

대학 캠퍼스에서 열리는 무도회는 대학 생활의 중요한 일부였다.
1924년 미시간대학교《데일리》는 미시간대 학생들이 무도회 비용
으로 연간 8만 달러를 지출했다고 추산한다. 이는 학생회관에서 열
리는 금·토요일 비공식 무도회, 연간 80회의 사교클럽 무도회(학생
1인당 15달러 정도), 제이합J-Hop과 같은 대학 행사(커플당 10달러)를 모
두 망라한 비용이다. 그러나 미시간대학교는 무도회 '난리법석' 우승

자 자리를, 무도회 비용으로 연간 10만 달러를 지출한 위스콘신대학교에 양보했다.[23]

대학 무도회가 사치와 과시의 기회를 제공해 온 역사는 짧지 않다. 1904년 《데일리 노스웨스턴》은 네브래스카대학교에서 벌어진 소동을 보도한다. '난리법석'을 부린 남학생들은 여학생들이 비공식 무도회에 가는 데도 택시를 타는 못된 버릇이 들었다고 불평하면서, 네 블록 정도 걸어가지 않으면 보이콧하겠다고 으름장으로 놓았다.[24] 1930년대 오하이오대학교의 총장 산하 대학위원회는 공식 무도회 비용 명목으로 1천 달러를 쓴 사교클럽이 있다고 보도했다.[25]

어쨌거나 대학 무도회는, 적어도 참석할 여력이 되는 학생들에게는 큰 행사였다. 《매사추세츠 칼리지언》은 "3일간의 즐거운 추억"(1926년 2학년 무도회)을 다룬 1면 기사 중간에 다음과 같은 내용을 보도한다. "운이 닿지 않아 참가하지 못한 학생들은 무도회장 바깥에서 반짝이는 불빛들을 바라볼 뿐이다." '운이 닿지 않았다'는 것은 물론 갈 형편이 못.되었다는 뜻이다. 사실 이해 무도회에 참석한 인원은 대략 34쌍뿐이었다. 그중 사교클럽 비회원 남자는 한 명뿐이었다. 남녀공학이었지만 참가한 여성 가운데 여덟 명만이 매사추세츠대학교 학생이었다. 《매사추세츠 칼리지언》은 저조한 참가율의 원인으로 높은 참가비를 지목하면서도, 이를 비판하지 않았다.[26]

1930년대 후반 노스웨스턴 대학신문은 저비용 무도회 캠페인을 벌였다. 1939년 《데일리 노스웨스턴》에 따르면, 평균 대학생의 내년도 공식 무도회 비용은 다음과 같았다.

티켓	4달러
코르사주	2달러
식비	2달러
교통·주차	1달러
세탁	1달러
팁·보관료	0.5달러
기타	0.5달러
총계	11달러

이는 대학 사교클럽연합 무도회 공동회장이 '최저 비용'으로 승인한 액수로, 《데일리 노스웨스턴》은 이 비용조차 많은 학생들에게 감당하기 어려운 수준이라고 지적한다.[27]

저비용 무도회를 촉구하는 《데일리 노스웨스턴》의 기사가 나온 다음 날, 무도회 티켓 가격을 4달러에서 3달러로 인하하고, 코르사주에 세금을 붙여 구매하지 않도록 유도하고, 코트 및 모자 보관은 무료 서비스로 전환하겠다는 발표가 나왔다.[28] 이에 대해 한 학생은 비용 때문에 흥정하는 듯한 모습이 언짢다고 하면서, 무도회의 핵심은 사치라고 주장하는 글을 기고했다. 편집자에게 보내는 편지(제목 : '대중은 잊어버려라')에서 이 학생은 이렇게 주장한다.

1_공식 무도회의 장점은 배타성이다.

2_사치를 감당할 형편이 되는 사람만 참석한다. 사회에 나가서 공식 무도회를 통해 맺은 인맥을 잘 활용할 사람이 아니라면 굳이 참가할 이유가 있겠는가?

3_일반 대학생들의 사교 생활은 비공식 체육관 무도회만으로도 충분하다. '고급 취향'을 가진 학생들은 공식 무도회에 가면 되고, 체육관 댄스를 좋아하는 사람들은 비공식 무도회에 가면 될 일이다.[29]

아무도 이 같은 반민주적 독설에 목소리를 보태지 않았지만, 이 문제는 더 구체적이고 오랜 논쟁으로 표출되었다.《데일리 노스웨스턴》은 남학생의 무도회 비용을 절감하기 위해 코르사주를 없애는 방안을 제안한다. 한 여학생이 나서서 "치자꽃 큰 게 75센트니까 가격 가지고 트집 잡을 일이 아니"라며 반대 의견을 표명했고, 다른 학생들도 이에 동조했다. 굳이 선택하자면 '콜라 데이트'보다는 치자꽃이 낫겠다는 정도? "콜라는 내 돈으로 사 먹어도 되지만, 꽃을 직접 사는 건 좀 웃기는 일이니까."[30] 한 설문조사에 따르면, 노스웨스턴 대학생의 67퍼센트(남학생의 65퍼센트, 여학생의 67퍼센트)가 코르사주 금지에 반대했다.[31]

노스웨스턴의 사교클럽 연합 무도회는 그해 일종의 타협안을 제시한다. 무도회장 입구에서 치자꽃을 25센트에 판매하고, 다른 코르사주는 금지하는 방식이다. 무도회 위원회는 사전에 "코르사주 용도로 다른 꽃을 가지고 온 학생들 때문에 혼란이 일어나지 않도록 이같은 결정을 내렸다. 치자꽃 한 송이만 허용하겠다"고 공지한다.[32] 그로부터 10년이 흐른 1949년, 4달러였던 무도회 참가비가 5.5달러로 오른 다음에도 이 문제는 해결이 나지 않았다. 무도회 의장들이 남학생들에게 코르사주를 사지 말라고 요청하면서도, "모든 학생들의 협조가 없으면 정책이 수포로 돌아간다"고 말한 것으로 미루어 이를

따르지 않는 학생들이 적지 않았음을 알 수 있다.[33]

당시 꽃은 대학 안팎의 데이트 시스템에서 소비를 통한 경쟁의 중요성을 압축적으로 보여 준다. 1920년대부터 1950년대에 이르기까지 '중요한 데이트'에 관한 자료에는 여성들이 어떤 코르사주를 애용했는지에 관한 내용이 어김없이 등장한다. 중요한 데이트의 코르사주 비용은 대략 2~10달러 선.* 꽃은 여성의 화장대를 장식하는 개인용 선물이 아니라 공적인 상징이었다. 당시 꽃은 남자들에겐 "이 정도는 살 수 있어", 여자들에겐 "내 가치는 이 정도"를 의미했다. 콜라는 자기 돈으로 사 먹을 수 있다고 한 여학생은, 데이트 경쟁 시스템에서 콜라 데이트는 그 중요성이 코르사주 데이트에 못 미친다고 한 것이다.

데이트처럼 꽃은 그 자체로 필수 상품이었지만, 비용에 따라 그 가치가 달라졌다. 1930년대부터 1950년대에 이르기까지 대중잡지를 보면, 인기 많은 여성들은 난초를 요구하고 또 받았다. 한 남부 여성은 《에스콰이어》에 난초를 가장 좋아한다고 솔직하게 털어놓는다. "그 남자가 5달러짜리 난초를 샀을 거라 생각하고 싶어요."[34] 물론 다른 사람들도 이 사실을 알았으면 했을 것이다.

단도직입적으로 말해서, 여성은 자신의 가치를 남자들이 나를 위해 얼마를 썼느냐로 평가했다. 1963년 《마드모아젤》은 "주식처럼 25달

◆ 예를 들어 Frey, "High Cost," p. 225를 볼 것. 1937년 11월 19일자 《래드클리프 뉴스》는 대학 캠퍼스에서 코르사주를 사용하는 관습은 하버드와 예일의 스포츠 경기에서 유래되었다고 보도한다. 남자가 붉은 국화 두 송이를 사오는데, 가격은 각각 1달러였다.

러 데이트, 50달러 데이트로 자신을 평가하는" 여성들을 소개한다.[35] 이 시스템에서 남자가 데이트 비용을 댄다는 것은 매우 중요하다. 남자가 (사람들이 있는 데서) 돈을 많이 내면 낼수록 좋다. 누구의 눈에도 비싸 보이는 데이트, 가령 난초와 극장의 최상급 좌석, 고급 레스토랑 저녁 식사를 확보함으로써 여성들은 자신의 가치를 증명했다.

난초는 값이 비쌌다. 무도회, 주말 미식축구, 리츠 레스토랑 저녁 식사도 마찬가지로 값이 나갔다. 이런 값비싼 데이트에 부여되는 높은 가치는 여성이 남성을 평가하는 방식에 직접적으로 영향을 끼쳤다. 이에 따라 일종의 등가 관계가 성립되었다. 이상적인 데이트가 값이 비싸다면, 이상적인 파트너는 그런 데이트 비용을 댈 수 있는 남성을 가리켰다. 데이트와 그 비용을 대는 남자는 똑같이 경제적인 방식으로 가치를 부여받고 평가되었다. 350달러짜리 데이트에서처럼 데이트를 경제학적 용어로 이해하는 대중잡지들은 같은 기준을 남자에게 적용했다. 훌륭한 데이트 파트너는 "돈을 잘 쓰는 사람"이었다.[36]

1941년 《에스콰이어》에 실린 탈취제 광고는 데이트와 남자 파트너의 가치를 서로 비슷한 것으로 간주한다. "저녁 식사는 아주 훌륭했다. 극장 티켓은 프리미엄급이었다" 게다가 "밥Bob은 백만 달러짜리 미소를 가졌고 그의 아버지는 백만 달러를 가졌다." 그럼에도 불구하고 베티는 밥이 멈Mum(탈취제 상표―옮긴이)을 사용하지 않았기 때문에 이상적이었던 데이트를 마다하고 가 버린다.◆◆ 천금을 준다 해

◆◆ *Esquire*, June 1941, p. 119. 이와는 대조적으로 여성용 멈 광고(*WHC*, November

NICE HAIR

NICE EYES

NICE TEETH

BUT these charms may be wasted if she uses the *WRONG DEODORANT*

1940년대 탈취제 광고

도 싫은 건 싫은 거니까!

물론 위생 상태 불량이 값비싼 데이트를 망칠 수도 있었겠지만, 일반적인 남자들은 데이트에 돈을 많이 들일수록 데이트 파트너로서의 가치가 올라간다는 이야기를 들었다. 카사노바 같은 매력만으로 관심을 끌려 하지 말고 데이트의 '넘버 원 셀링 포인트', 즉 데이트에서 무엇을 할지 신중하게 선택하라.[37] 1953년 《굿 하우스키핑》은 "남자가 중요한 데이트에서 원칙을 무시하는 것은 자살행위나 마찬가지"라고 말한다.[38]

잡지들만 그런 것이 아니다. 연애 조언서들도 '공짜 좋아하는 사람들'을 경계하라면서, 돈을 쓰는 것을 보면 남자가 얼마나 진지한지 아닌지를 알 수 있다고 주장한다.[39] 1930년 한 여고생은 이렇게 말한다. "좋은 데서 데이트하지 않는 남자는 두 번 다시 안 만나요. 제가 괜찮다고 생각하는 사람도 저를 좋은 곳에 못 데려 가면 데이트 안 해요."[40] 수십 년에 걸쳐 이와 같은 분위기가 지배적이었다. 1949년 10대 소녀들은 이상적인 데이트 파트너는 5~10달러를 쓰

1939, p. 38)에 다음과 같은 내용이 등장한다. "에드가 다른 여자랑 같이 있다니. 원래는 내 거였는데. 예쁜 여자가 항상 승리를 얻는 것은 아니다! 얼굴이 예뻐도 겨드랑이 냄새를 조심하지 않으면 기회를 망칠 수 있다."

고, 비용은 전혀 걱정하지 않는 사람이라고 말한다. 1959년 설문조사에서 젊은 여성의 67퍼센트는 차가 있는 남자하고 데이트를 나가겠다고 말한다. 1970년대 한 치어리더는 "남자가 데이트할 때 돈을 내지 않겠다면, 그 남자하고는 말할 필요도 없이 끝"이라고 말한다.[41]

구매 및
교환 가이드

1950년 《시니어 스콜래스틱》의 데이트 조언자는 데이트에서 돈이 생각만큼 중요하지 않다는 취지의 칼럼을 게재한다. 칼럼 필자는 성격과 스타일이 더 중요하다면서 "여자는 데이트 비용을 혼자 힘으로 감당하는 남자를 좋아한다. 여자는 남자의 아버지 지갑과 데이트하고 있다는 느낌을 싫어한다"고 했다.[42] 다시 말해서, 여자는 남자가 스스로 번 돈으로 데이트 하는 것을 좋아한다는 것이다.

표현 방식은 다소 적나라하지만, 당시의 데이트 담론에서 이와 비슷한 주장을 발견하기란 어렵지 않다. 이처럼 데이트가 경제학적 용어로 평가되면서, 남자는 자연스럽게 그들이 제공하는 데이트의 질로 평가받게 되었다. 데이트 시스템의 핵심은 돈이었고, 당시 데이트의 공적 관습들은 남자를 '지갑'으로 환원시켰다. 남자에게 가슴 크기로 여자를 판단하라고 부추기듯, 여자에게는 지갑 두께로 남자를 판단하라고 부추겼다.

데이트의 공적 문화는 여자 못지않게 남자도 교환 가능한 상품으로 취급했다. 다만, 데이트제도에서 남성의 상품화를 드러내는 언어가 상대적으로 덜 노골적이었을 뿐이다. 남성의 돈이 지닌 권력이 남성의 상품화 과정을 방해했기 때문이다. 반면에 여성은 훨씬 더 노골적인 방식으로 남자가 돈으로 구매할 수 있는 상품으로 취급되었다. 연애 중인 여성을 묘사하는 방식이나 남자를 위한 조언들을 살펴보면, 이와 같은 상업적 관계가 분명하게 나타난다.

데이트는 철저히 공적인 행위였고, 남자를 위한 공적 연애 담론들은 공적으로 보여 주기에 적합한 여성의 유형과 그런 여성과 사귀려면 얼마나 돈을 들여야 하는지를 주로 다루었다. 1940년대《데일리 노스웨스턴》은 시카고의 밤문화를 소개하는 칼럼을 싣는다. 칼럼의 필자는 데이트의 가치를 신중하게 판단하라고 충고한다. "금발 미녀라면 팔머 하우스의 사치스러운 엠파이어룸으로 데려가라." 물론 주중 저녁 3달러, 토요일 저녁 3.5달러로 (복장은 선택) 값은 결코 싸지 않다.[43]

1941년《시니어 스콜래스틱》이 실시한 설문조사를 보자. 통상적인 데이트 비용을 묻는 질문에, 여자의 '가치'에 따라 달라진다는 냉철한 경제관념이 일부 고교생들의 입에서 나온다. "1.75~2달러 수준의 데이트는 레이나 터너나 헤디 라마(1930~50년대 인기 여배우들— 옮긴이) 정도가 되어야 한다."[44] (여자들에게 위안이 될지 모르겠지만, 이는 당시 기준으로는 관대한 편이었다.)

여성의 금전적 가치는 조언서에 빈번하게 등장하는 문제였다. 1940년대 후반에 나온 남성 조언서에는 다양한 유형의 여자들을 획득하는 기법이 소개되어 있다. 그중 '무도회 퀸'(과대평가된 상품)을 얻으려면 돈을 물 쓰듯이 써야 한다. "무도회의 여왕들은 구하는 게 아

니라, 전시용 말을 사듯이 구매하는 것이다."⁴⁵

이는 지나친 비유가 아니었다. 당시 잡지를 비롯한 각종 자료를 보면, 여성을 전시용 동물처럼 평가해야 한다는 주장이 부지기수다. 데이트 상대로서 여성이 갖는 가치는 공적 이미지, 즉 그 여성을 소유했을 때 남들에게 어떻게 비쳐지느냐에 달려 있었다.《에스콰이어》에 실린 '인기 남학생에게 필요한 기술' 기사를 보자. "데이트 상대가 예쁘면 이것을 잘 이용해라. 기숙사에서 만나 대학 캠퍼스를 구경시켜라. 데이트 상대가 별로 예쁘지 않으면 영화를 보여 주고, 친구들한테는 유부녀를 사귄다고 해라."⁴⁶ 첫 번째 문장의 '이것'은 다소 어색한 표현이다. 아마도 이 마키아벨리적 저자는 '그녀를 이용하라'고 말하고 싶었을 테지만, 차마 그렇게 말하지 못한 듯하다. 표현의 명료함을 위해, 같이 다니면 좋은 여자를 '고정 소유물'로 칭한 코넬대학교의 관습을 참조하는 편이 좋겠다.⁴⁷

남성 전용 클럽 또는 라커룸과 같은 남자만의 공간에서 언어가 더 거칠어지듯이, 여성을 상품으로 묘사하는 언어는 《에스콰이어》와 나중에는 《플레이보이Playboy》 같은 남성잡지들에 가장 빈번하게 등장한다. 1963년 《코스모폴리탄》 기사는 "여자를 옷 잘 입은 미혼 남성의 액세서리"쯤으로 여기는 남성잡지들의 논조에 불만을 표한다.◆

◆ Marie Torre, "A Woman Looks at the Girly-Girly Magazines," *Cosmopolitan*, May 1963, p. 43. 저자는 "가장 충격적인 것은 이와 같은 어리석은 생각들을 받아들인 '남자'들이 수백만 명이 된다는 사실"이라고 말한다. 《에스콰이어》는 창간부터 남성 독자층에게 상당한 영향력을 발휘했다. 1936년 미시간대학교 설문조사에 따르면, 《에스콰이어》는 미국 남성이 가장 좋아하는 잡지로 평가받는다.(Michigan *Daily*, 11 January 1936) 제2차 세계대전 당시 《에스콰이어》는 특수부대 장교들이 오락실 또는 휴게실에서 붙여

물론 그중에는 풍자나 희화화가 주목적인 기사들도 적지 않을 것이다. 그러나 그런 경우에도 당시 남성지들의 논조는 주목할 만하다. 풍자와 유머는 현존하는 갈등이나 상황을 바탕으로 그 의미를 황당무계한 극단까지 밀고 나감으로써 만들어지기 때문이다. 특정한 문화 관습을 대할 때 이처럼 대량으로 소비되는 극단적 수사들은 문화의 다양한 면모를 살피는 데 큰 도움이 된다.

1933년에 창간되어 대성공을 거둔 남성잡지로 평가받는《에스콰이어》는, 광고와 기사를 통해 소비문화 생활 지침을 제공했다.[48] 여성은 이 포맷에 잘 들어맞는 주제였다고 할 수 있다. 제2차 세계대전 이후 많은 미국 남성들은 미국 여성들이 탐욕적이며, 데이트에 너무 많은 돈을 쏟아 부어야 한다면서 불만을 털어놓았지만,《에스콰이어》는 이 같은 소비윤리에 대한 공공연한 저항을 무력화시켰다.《에스콰이어》는 지면에 남자들의 불만을 반영하면서도, 여자들이 남자의 지출을 통제하거나 과도하게 요구한다는 비난에는 거리를 유지했다.《에스콰이어》의 세계에서 남자는 여성을 만족시키기 위해 또는 여성을 위해 돈을 쓰지 않는다. 남자들은 와인·의복·자동차·여행에 돈을 쓰듯이, 스스로에게 돈을 쓰는 것이다. 여성, 특히나 미모의 여성은 행복한 삶의 일부이며,《에스콰이어》남성에게 비싸지만 꼭 필요한 액세서리다.

《에스콰이어》는 지속적으로 여성을 상품으로 묘사했다. 매달 대량으로 찍어 낸 완벽한 모습의 총천연색 핀업걸(벽걸이용 그림—옮긴이)

놓을 수 있도록 핀업걸 사진 수백 장을 배포함으로써 독자층을 넓혔다.

이 그 예였다. 이 여성들은 아무것도 요구하지 않는, 남성의 쾌락을 위해 제공되는 대상에 불과했다. 이는 수백 년에 걸친 성애적 예술과 포르노의 역사에도 똑같이 적용 가능한 태도이다. 《에스콰

《에스콰이어》의 대표 핀업 아티스트 조지 페티가 그린 1930년대 핀업걸

이어》에 담긴 여성 묘사, 그리고 남성이 여성에게 어떤 행동을 취해야 하는지에 대한 나름의 처방에는 훨씬 풍부한 내용이 담겨 있다.

예를 들어, 1948년 《에스콰이어》는 휴양지에 관한 '새로운 종류의 가이드'를 제시한다. 휴대용 참고표는 모든 관련 정보를 담고 있다.

장소:

좋아하는 여성 타입:

대화 주제:

여가·놀이:

비용:

"쓰리 티턴스Three Tetons(아이다호의 명산—옮긴이)가 클럽하우스의 금발 미녀보다 못하다는 말은 추호도 아니다. 그렇지만 이 둘이 한데 어우러져 예술 작품을 만든다면 진정 즐거운 일일 것이다."[49] 풍경과 어우러지는 미녀, 그것은 괜찮은 휴양지를 선택하는 데 매우 (비싸지만) 중요한 고려 사항이었다.

패션란도 마찬가지였다. 이 잡지에 실린 남성을 위한 옷과 액세서리 목록 중 '액세서리' 항목에는 여성이 포함되었다. 1945년 2월호의 '남자 유행 매너'란에는 꽃을 사고 있는 남자 모델의 사진과 함께 이런 설명이 덧붙여졌다. "숙녀에게 바치는 꽃은 남자가 가진 고상한 취향의 또 다른 표현이다." 그 숙녀가 고상한 취향의 일부분인 것처럼 말이다. 1951년에는 아예 이런 내용도 보인다. "난초를 꽂은 미모의 여성은 삶의 진정한 즐거움이다."[50]

1950년대 초 휴 헤프너가 《에스콰이어》 영업부를 떠나서 만든 《플레이보이》는, 여성의 상품화라는 측면에서 《에스콰이어》와 맥을 같이하지만 훨씬 더 노골적이었다.[51] 《플레이보이》의 한 호에는 독자가 알아서 색깔을 칠하도록 한 '편의시설' 컬러링 북이 들어 있었다. 그중 한 페이지에 세 명의 육감적인 여성이 그려져 있고, 이런 설명이 붙어 있었다. "한 명은 금발로, 또 한 명은 갈색 머리로, 나머지 한 명은 빨간 머리로 칠하세요. 누가 누군지는 중요하지 않습니다. 여자의 머리 색깔은 바꿀 수 있습니다. 여자가 그렇듯이."◆

이 컬러링 북은 스테레오 스피커와 현대적인 가구, 예술품, 끈 없는 D컵 브래지어만 걸친 '플레이걸' 등 온갖 값비싼 가구들이 가득

◆ Quoted in Torre, "Girly-Girly Magazines," p. 46. 1953년 《플레이보이》는 초판 7만 부가 완판되었고, 1956년에는 발행부수 110만 부로 미국에서 가장 많이 팔리는 남성잡지가 되었다. 《플레이보이》 독자에 관해서는 "Meet the Playboy Reader," *Playboy*, April 1958, pp. 63, 76, 77을 볼 것. 바버라 에렌라이크는 《플레이보이》가 "새로운 소비자 윤리" 또는 "재미의 윤리"를 옹호한다고 보고, "쾌락적 소비생활만큼 미국문화의 전반적 추세와 일치하는 것은 없을 듯하다"고 주장한다.(*The Hearts of Men*, pp. 42-45)

찬 '패드'로 불린 특별 지면에 수록되었다. 가구들이 좀 더 오래간다는 점만 빼면 모든 물건은 다 똑같다. 설명서가 명시하듯, 여자는 쓰고 버릴 수 있는 물건이다.[52]

마거릿 미드는 적절한 비유로 1940년대의 연애 관습을 설명했다. "남자는 새로 산 자동차를 가지고 나가듯이 여자를 데리고 나가는데 표정이 무덤덤하다. 자동차는 오랫동안 본인 소유겠지만, 여자는 저녁 잠깐 동안만 그의 소유이기 때문이다."[53]

여자와 자동차를 동일시하는 태도는 20세기 중반 미국에서는 흔하게 목격된다. 양자 모두 소유물이고, 양자 모두 값이 비싸다. 자동차와 여자는 스타일과 모델이 다양하고, 퍼포먼스를 통해 판단할 수 있다. 남자가 데리고 나가는 여성은 운전하는 자동차처럼 남자의 취향과 재산을 공적으로 규정한다.

1951년 《타임》이 혼전·혼외 성관계에 대한 젊은이들의 견해를 포함하여 '젊은 세대'를 다룬 특집 기사를 보자. 여기에 등장하는 낙하산 부대원은 말한다. "물건에 소유주가 없으면 그건 아무나 쓸 수 있는 거 아니냐." 그러자 그의 친구가 끼어든다. "결혼을 한 이상 내 부인을 데리고 나간 남자는 내 차를 가지고 나가서 운전한 거나 다름없다. 사용하면 성능이 향상될 수는 있겠지만, 내 차니까 내가 운전하겠다." 부인과 자동차를 같이 놓고 비교하는 비유법에 대해서는 아무런 설명이 없다. 오히려 《타임》의 편집자는 젊은이들이 전통적인 도덕을 완전히 저버리지는 않았다는 점을 보여 주는 부대원 친구의 대답을 만족스럽게 여기는 듯하다.[54]

《에스콰이어》도 같은 해 초 '에스콰이어 걸, 1951년 모델'이라는 제목의 특집 기사를 통해 여성과 자동차의 매력을 근사하게 보여 준다.

운행 중인 전시 차를 만지면 위험하겠죠. 눈으로 보는 것만으로 품질 보증 자신합니다. 중고차 가격, 연비, 내장 인테리어, 질문은 절대 사절입니다. 놀라운 곡선의 매혹, 벨벳처럼 부드럽고 매끈한 광택이 얼마나 오래 유지될지 묻지 마십시오.

자, 이제 1951년 모델을 직접 만나 봅시다. 열두 가지 다양한 모델로 출시되었습니다. 모두 하나같이 최고급 몸매, 오락, 교육, 활력, 불면증 해소를 위해 자연과 기술이 빚어낸 최상급 조합입니다.[55]

짐짓 자동차 딜러 같은 말투로 1951년 모델의 "운행 및 유지비가 엄청나다"는 점도 숨기지 않는다.[56] 그런데 이 여성은 남자뿐만 아니라 그 당사자에게 돈이 많이 드는 모델이었다.

아름다움, 혹은 상품 가치

20세기 미국에서 '이상적인' 아름다움은 과거 어느 시대보다도 더욱 명확한 기준이며, 어느 시대보다 많은 사람들이 이상적 아름다움에 노출되었다. 할리우드 스타들이 미의 이상을 대표하며, 이는 영화를 통해 그리고 잡지 기사, 사진, 광고, 모델, 핀업(벽걸이 사진. 주로 여성의 사진—옮긴이) 등 다양한 2차 매체를 통해 대중들에게 전파되었다. 부유한 소도시 여성, 상점 점원, 도시 여성의 외모상 차이가 사라지고 있다는 1922년 어느 논자의 진단은 부실한 관찰에 근거하고 있다.[57] 그러나 이 세 부류의 여성들이 매체를 통해 제시되는 똑같은 미의 기준을 받아들이고, 그러한 이상적 기준에 도달하고자 똑같은 대량소비 제품에 의존하고 있다는 점에서 이 진단은 옳다.

1950년 남편감 사냥 매뉴얼은 "할리우드 스타의 완벽한 아름다움이 끊임없이 우리 눈앞에 나타나는 상황에서 외모 기준은 상당히 높아질 수밖에 없다"고 설명한다. "완벽한 몸매와 흠 없이 깨끗한 피부를 물려받지 못했다면 오직 한 가지 방법밖에 없다. 끊임없이 외모를 고치고 가꾸는 일에 매진하는 수밖에 없다. 그렇게 해야만 남편감을 구하는 경쟁 전선에 부끄럼 없이 나설 수 있다."[58]

실제로 20세기 미국의 여성들은 외모를 가꾸는 일에 비용을 아끼지 않았다. 1956년 구독자 수 600만 이상을 자랑한《라이프》에 따르면, 미국 여성은 각종 화장품에 13억 달러, '미용 관리'에 6억 6천 달러, 비누와 관련 전기 제품에 4억 달러, 다이어트에 6,500달러를 지출했다. 연간 24억 2,500달러는 당시 이탈리아 국방 예산의 약 2배에 해당하는 금액이다.[59]

20세기에 걸쳐서 미용 지출액은 지속적으로 상승했다. 대중잡지에 인용된 통계들은 그 전반적인 규모를 가늠하는 데 도움이 된다. 1942년《레이디스 홈 저널》의 보도에 따르면, 당시 미국의 젊은 여성들은 아름다움을 유지하는 데 한 해 8억 달러 가까이 지출했다. 1940년《에스콰이어》는 미국 여성들이 1939년 한 해 동안 '참 스쿨charm school'(주로 젊은 여성들에게 상류층의 문화 예절을 가르치는 곳—옮긴이)에 7백만 달러를 썼다면서, 미국 여성이 매년 의류비에 지출한 금액은 "유럽이 오랫동안 행복하게 살 수 있을 만큼 큰돈"이라고 지적한다. 1930년 미국 화장품 산업의 규모는 1억 8천만 달러에 달했으며, 미용 관련 업소는 1920년 5천 곳에서 4만 곳으로 10년 만에 열 배 가까이 증가했다.[60] 소비는 아름다움을 추구하는 가장 중요한 수단이었다.

1963년 한 10대 소녀는 《세븐틴》에 조언을 구하는 편지를 보낸다. "6개월 동안 남자친구하고 데이트를 했는데, 많은 생각이 들었습니다. 그 친구를 놓치고 싶지 않은데, 제가 '나이 든 사람'으로 보일까 봐 좀 걱정이 돼요. 헤어스타일을 좀 바꿔 볼까요? 이렇게 하면 처음 사귈 때처럼 남자친구가 긴장도 좀 하고 관심도 더 가지지 않을까요?"[61]

편지는 무척이나 진지했고 답변도 그에 못지않게 진지했다. 소녀는 머리 모양을 바꿔서 남자친구와의 관계를 개선할 생각을 어떻게 하게 됐을까? 사방팔방이 다 그런 생각을 들게끔 하는 환경이었다. 이 소녀는 다만 광고업자와 연애 조언 전문가, 또래 친구들이 오래전부터 입이 닳도록 이야기한 "외모의 중요성"을 앵무새처럼 반복했을 뿐이다. 예를 들어, 《시니어 스콜래스틱》의 10대를 위한 데이트 조언자는 "왜 어떤 사람들은 금방 잘 사귀는가?" 묻고는 "개성"이라는 답을 내놓는다. 그리고 곧바로 외모 이야기를 한다. 개성과 외모를 똑같은 것으로 생각한 것이다.[62] 《레이디스 홈 저널》의 〈예비 숙녀〉 칼럼은 말한다. "개성을 잘 드러내려면 옷을 잘 입어야 하고, 타고난 외모라도 가꾸는 데 특별히 신경 써야 한다."[63]

1943년 출간된 여성 조언서의 저자는 책이 외모를 너무 강조한 것 같아 독자들의 심기가 불편하지 않을까 내심 걱정한다. 그런데 만일 독자가 그렇게 불편을 느낀다면 그것은 현실을 모르는 반응이라고 덧붙인다. 외모는 중요하며, 요즘 유행하는 미의 일부 유형들은 여성들에게 유리할 수도 있다. "자신을 그러한 유형으로 탈바꿈시킬 용기만 있다면, 어떤 여성이든 지금 인기를 끌고 있는 유형이 될 수 있다."[64]

비슷한 조언이 10대 청소년들에게도 적용된다. 《시니어 스콜래스틱》의 조언 칼럼은 돈 많은 자매가 여주인공에게 도움을 청하는 이야기를 가져다 교훈적인 조언을 제시한다. 자매는 호소한다. "우리 문제가 뭔지, 옷·머리·얼굴 뭐든 잘못된 것이 있으면 이야기해 줘. 우리는 여자애들이 원하는 걸 다 갖고 있는데, 막상 걔네들이 다 갖고 있는 게 우리한테 없거든. 인기 말이야." 주인공은 자매를 싫어했으면서도 둘의 성격이나 다른 사람을 대하는 태도는 거론하지 않는다. 그저 외모를 '리메이크'하라고 조언한다. 특정한 미의 유형을 고수하며, 그 유형에 딱 맞는 옷을 입으라. 구체적으로 말해서, 거들부터 사라.[65] 이 이야기의 교훈은 두 가지다. 첫째, 외모는 성공적인 대인 관계의 중요한 열쇠다. 둘째, 훌륭한 외모는 능숙한 소비의 문제이다.

적어도 1920년대 이후로 미국의 대중문화는, 결국 경쟁에서 승리를 쟁취하는 사람은 착한 여자나 예쁜 여자가 아니라 가장 능숙한 소비자이기 때문에 여성은 소비를 통해서 경쟁해야 한다는 메시지를 지속적으로 반복한다. 1940년대 향수 광고의 문구처럼 "날카로운 검처럼 경쟁을 뚫고 나가라." 데이트를 위한 경쟁이든 남편을 구하는 경쟁이든, 여성들이 사용할 무기는 다양하다. 1950년 남편 사냥 매뉴얼에 따르면, "현대 세계는 미혼 총각이라는 장벽을 무너뜨리기 위해 10억 달러의 화장품 시장과 다이어트 전문가, 전문 스타일리스트, 최신 심리학 지식이 구비되어 있다."[66] "과학의 도움으로 현대 여성은 신데렐라의 마술을 손에 쥐게 되었다. 이제 아름다움을 얻고자 하는 사람들에게 필요한 것은 알맞는 화장품을 선택하는 일뿐이다."[67]

물론 그래도 안 되는 경우가 있긴 하다. 이론적으로는 누구나 시간과 돈을 들이면 예뻐질 수 있기 때문에, 매력 없는 여성은 변명의 여지가 없다.◆ 이런 논리가 지배하는 세상에서는 경쟁이 치열해질 수밖에 없다. 여성의 경쟁 상대는 주변에서 만나는 여성뿐만 아니라 영화와 잡지에 등장하는 '이상적' 여성, 가령 미를 가꾸는 데 거액은 물론이고 수단과 방법을 가리지 않는 영화배우와 모델이다.

모델과 배우가 대표하는 유형은 이미 검증된 성공 모델이라고 매체들은 말한다. 그들은 남자들이 좋아하는 유형, 이상적 아름다움이다. 일반 여성이 일대일 경쟁에서 매릴린 먼로나 도로시 라무어를 이길 가능성은 희박하다. 그렇지만 광고업자와 조언자들이 누누이 강조하듯이 그들을 모방할 수는 있다. 이상적 유형과 최대한 비슷해

◆ 마거릿 미드는 말한다. "원래 몸매도 별로고 눈썹도 못생겼다고 절망 속에서 자포자기하는 여성에게는 변명의 여지가 없다. 적절한 다이어트와 몸에 잘 맞는 거들이 몸매를 해결하고, 적절한 화장술이 눈썹을 고쳐 주기 때문이다."(Mead, "Male and Female," *LHJ*, September 1949, p. 145)

진다면, 일반 여성들이 도달할 수 없는 이상적 아름다움에 대한 남성의 욕망을 충족시킬 수 있다!

'스웨터 걸'(가슴이 풍만한 여성을 일컫는 용어—옮긴이)이 대세였던 제2차 세계대전부터 1960년대에 이르기까지 약 25년 동안 미국을 지배한 것은 단 하나의 이상적 아름다움이었다. 적어도 미국 또는 미국 남성들은 가슴을 유난히 사랑했다. 비판적인 사람들이 페티시라고 할 정도로.◆◆

예비 '코스모 걸'은 《코스모Cosmo》 기사에서 "미국의 보통 남자들이 역사상 이토록 끊임없이 다리가 가늘고, 가슴이 큰 제인 맨스필드-애니타 에크버그 스타일의 여성미에 융단폭격을 받은 적이 없다"고 불만을 토로한다.[68] 제2차 세계대전의 스웨터 걸 사진에서 《플레이보이》의 누드 센터폴드(잡지 중앙에 접어 넣는 페이지. 보통 반나체 여성의 사진—옮긴이)에 이르기까지 남성잡지들은 여성의 가슴에 집착했다. 이 시대의 남성잡지들은 공학의 힘을 빌려 아무런 지지대도 없이 42인치 둘레 가슴 위로 볼록 튀어나온 젖꼭지를 강조한 사진으로 도배되어 있다. 1950년대 후반 《플레이보이》는 '가슴'이라는 별명을 가진 준 윌킨슨(43-22-36)의 '모험'을 집중적으로 조명한다. 윌킨슨의 모험은 삼각뿔 모양의 브래지어를 착용하고 마치 전투함의 뱃머리처럼, 캐딜락의 꼬리처럼 가슴을 내밀면서 길거리를 걷는 것

◆◆ T. F. James, "The Truth about Falling in Love," *Cosmopolitan*, June 1958, p. 26. 스웨터 걸의 외모는 제2차 세계대전 중에 유행하기 시작했다. 1943년 스웨터 걸 콘테스트가 개최되었다. 그러나 큰 가슴이 크게 유행한 것은 나중의 일이었다.(Hartmann, *Home Front*, p. 198)

이다.[69] 분명 그녀를 쳐다보는 남자들로서는 가히 모험이라 부를 만했다.

이 같은 가슴 집착에 대해서는 수많은 분석이 제기되었다. 어쨌거나 그 심리적인 연원과 상관없이 가슴 크기와 호감도의 등가 관계는 연애의 상업화와 잘 맞아떨어진다. 대중의 의식 속에서 큰 가슴은 여자가 '비싸다'라는 신호이다. 특히 만화는 이를 축약적으로 보여준다. 남성잡지의 편집자에게 보내는 편지에서도 잘 드러나듯, 현대의 미적 이상을 묘사할 때 '큰 가슴'과 '비싸다'라는 두 단어는 흔히 같이 쓰였다.[70] 가슴이 큰 여자와 데이트하는 남자는 그 비용을 기꺼이 감당하며, 그럼으로써 그만큼 돈이 풍부하다는 것을 과시한다.

게다가 가슴 크기처럼 쉽게, 또 명확하게 계량화되는 것이 어디 있는가. 여성의 가치를 평가하는 다른 기준들과 달리 주관적 요소가 개입될 가능성이 매우 적다. 38인치 가슴은 32인치 가슴보다 더 낫다(더 훌륭하다). 이로써 남자는 어렵지 않게 여자를 비교하고, 그럼으로써 데이트 경쟁에서 자신의 업적을 가늠할 수 있다. 이처럼 남자의 데이트 상대는 멋진 혹은 예쁜 여자 루시가 아니라, '39-D' 또는 '끈 없는 39-D 브래지어'가 된다.(브래지어의 컵 사이즈를 추가하면 3차원의 느낌을 잘 전달할 수 있다.)

물론 대부분의 미국 여성들은 39-D와 거리가 멀다. 가슴이 커 보이도록 엉덩이는 풍만하고 허리는 가늘어야 한다는 조건이 더해지면 더더욱 그렇다. 작은 가슴을 결점으로 보는 문화, 즉 "멋있는 남자들은 끈 없는 드레스를 팽팽하게 유지할 만큼 가슴이 큰 여자들에게 끌리게 마련"이라고 강조하는 문화적 세태 속에서 '미흡한' 여성은

분명 문제였다.[71]

그러나 극복 불가능한 문제는 아니었다. 미국 여성들은 이상적 아름다움을 모방했다. 의류 산업의 도움만 살짝 받으면 되었다. 시어즈(우편주문 판매로 시작한 소매유통 기업—옮긴이)의 1951년 카탈로그에는 22종류의 패드 브래지어가 등장한다. 흰색 또는 살구색 고무 브라도 있고 젖꼭지가 아예 붙은 것도 있다. 1941년 《에스콰이어》가 지적하듯이 당시 얼마나 많은 여성이 "경쟁을 따라잡기 위해 뽕브라를 뽐내고 싶어 하는지" 알기는 쉽지 않다. 그러나 1961년 위스콘신대학교의 설문조사에 따르면, 대부분의 남녀공학 여학생들은 큰 가슴을 선호했다. 1956년 한 대학생은 《레이디스 홈 저널》이 개최한 포럼에서, 10대들이 뽕브라 착용을 고민하고 있다고 밝힌다.[72]

《에스콰이어》의 '미녀와 가슴'(공교롭게도 자동차 특집호에 실린)이라는 제목의 기사는 남자들도 뽕브라의 존재를 인정했음을 보여 준다. "여자의 가슴은 남성들에게 전에 없이 더욱 공개적으로 더욱 풍요롭게 다가온다. 다른 혁명적 여성 패션의 변화와 달리, 가슴은 기준에 미달하는 빈약한 여성들을 잔인하게 배제하지 않았다. 오히려 새로운 패션으로 말미암아 뽕브라의 발명이 가능해지고 또 불가피해졌으며, 가슴이 납작한 여성들에게 평등해질 수 있는 기회가 인위적으로 제공되었다."[73] 다시 말해서, 자연의 선물을 받지 못한 여성들은 기술적 장치에 의존할 수 있고 소비를 통해 경쟁할 수 있다.◆

◆ 물론 여성이 소비를 통해 경쟁할 수 있는 방법은 가지가지다. 얼굴 화장은 그중에서 가장 중요하다. 이와 관련하여 가장 극단적인 견해는 《코스모》의 기사 "나는 왜 속눈썹을 달고 잠을 자는가?"(1968)에서 발견할 수 있다. 저자는 "화장은 침대에

연애하다,
소비하다

경쟁하기 위해서 소비하고, 소비하기 위해서 경쟁한다. 1955년《레이디스 홈 저널》에 실린 이야기의 여주인공은 이 과정을 다음과 같이 설명한다.

자, 이제 여러분께 비밀 하나를 알려 드립니다. 여자들이 옷을 어떻게 입는지 머리를 어떻게 하는지 보여 드릴게요. 남자들은 이걸 아주 사소한 문제라고 생각하는데 전혀 사실과 다릅니다. 네크라인이 깊이 파인 빨간색 옷을 입은 여자는 관능적인 몸짓으로 탱고를 추고 있지만, 사실 세탁기 쇼핑을 하고 있는지도 모릅니다. 그 여자는 저 남자를 꾀어 가지고 결혼해서 세탁기를 사고, 그 세탁기로 그 남자의 옷을 세탁하겠다는 생각으로 그 빨간 드레스를 입었던 거죠.[74]

기자는 빨간 드레스를 입은 여자가 남편감을 찾기 위해 쇼핑하고 있다고, 실제로는 진지하거나 수줍음이 많지만 남자를 꾀려고 그토

서 지워지는 경우가 가장 많다. 근데 침대야말로 화장이 가장 절실하게 필요한 곳이 아닌가! 애인이 있는 여자는 확대거울과 기초 화장품 세트를 침대 밑에 숨겨 놓아야 한다. 애인이 잠을 자는 동안 화장을 고칠 수 있다."(Helen Gurley Brown, ed., *The Cosmo Girl's Guide to the New Etiquette* [New York: Cosmopolitan Books, 1971], pp. 26-31) 이 기사는 약간 농담 같지만, 다른 훨씬 진지한 조언과 같이 읽으면 그다지 웃기지 않을 것이다. 1963년《세븐틴》의 기사 '정신없이 바쁜 학교 미인'(February 1963, p. 113)은 여학생들에게 하루에 네 번 화장을 고치거나 다시 하라고 조언한다. 단순히 립스틱을 다시 바르라는 말이 아니다.

록 경박한 모습을 보이고, 성적 매력을 과도하게 표출하는 것이라고 설명했을 수도 있다. 그러나 그렇게 하지 않고 몇 단계를 건너뛴다. 남자들을 매혹시키고 남편을 얻는 것은 단지 전초전에 불과하다. 남편은 여자가 식기세척기, 냉장고, 최고급 진짜 도자기 등을 쌓아 올려 만드는 피라미드의 토대로서 꼭 필요한 대상이다. 남편은 그런 상품들을 구해다 줄 것이고, 여자가 그 상품들을 소유한다 해도 비난하지 않을 것이다. 이 점에서 남자는 교환 가능한 상품일 뿐만 아니라, 그가 사 준 다른 상품들보다 궁극적으로 덜 중요하다.

당시의 수많은 광고는 다 이와 비슷한 시나리오를 담고 있다. 미용 제품 광고는 제품들을 남자를 얻는 무기로 묘사한다.("사랑스러운 피부 만들어 줘서 고마워요, 캐메이.") 이 경우에도 남자는 그가 가져다주는 물질적 상품으로 대체 가능하다.◆ 폰즈의 시리즈 광고(약혼했어요! 너무 사랑스러워요! 폰즈를 쓰는군요!)는 '시카고의 유서 깊은 가문의 딸' 버지니아 매스터슨 같은 실제 여성들의 모습을 보여 준다. 광고는 예비 신부가 예비 신랑과 같이 있는 모습이 아니라 약혼반지를 클로즈업해서 보여 준다.◆◆

약혼반지, 신부 파티, 결혼 선물, 화려한 결혼식과 피로연은 연애

◆ 가령 시카고의 F. 마틴 스미스를 조명하는 광고는 그녀의 결혼식과 신혼여행, 그리고 알곤퀸 호텔 리셉션을 소개하고 있다.(*WHC*, May 1941, p. 8)

◆◆ 이 광고는 *LHJ*(May 1941, p. 8)에 실려 있다.《룩》이 묘사한 바에 따르면 "연애가 가져다준 가장 큰 경품"인 약혼반지는 결혼과 함께 얻을 수 있는 물질적 상품을 상징적으로 보여 준다.(Ernest Havemann, "Modem Courtship, the Great Illusion," *Look*, 15 September 1961, p. 128) 오늘날 다이아몬드 보석 산업은 광고에 이런 문구를 넣는다. "두 달치 월급. 당신이 사랑하는 사람만큼 가치 있는 다이아몬드를 위해"(*Brides*, October-November 1984, p. 152)

의 정점에서 소비가 얼마나 중요한지를 보여 준다. 당시에도 결혼 산업의 규모는 컸다. 예를 들어 중간소득이 4,970달러였던 1960년 미국의 평균 결혼식 비용은 3,300달러였다. 신랑 신부는 평균 1,003 달러 상당의 선물을 받았다. 평균적으로 신부가 혼수비로 쓰는 돈은 243.29달러, 신랑은 결혼반지에 398.79달러를 썼다 이는 신혼여행에 드는 361달러보다 많은 금액이다.◆

1957년《룩》은 열 장의 사진과 함께 4페이지짜리 결혼 특집 기사 〈쌍쌍결혼. 두 배의 화려함〉을 싣는다. 이 기사에 따르면 평균 결혼식에는 600명의 하객, 12명의 들러리, 14명의 안내인, 3명의 신부 컨설턴트가 있다. 신부가 받은 600개 이상의 선물은 별도의 건물에 전시되고 밤중에는 경비를 철저히 한다.[75] 당시《U.S. 뉴스 월드 리포트》는 미국 전체 경제에서 결혼시장이 차지하는 규모가 230억 달러에 이른다고 추산했다. 한 여성 조언서는 다음과 같이 결론을 내렸다. "상품 더하기 결혼은 경제."◆◆

실제로 이 대담한 진술은 거짓이 아니다. 결혼을 통해 젊은 남녀는 사회의 구성원이 되고, 성인으로서 나라의 사회경제를 책임진다.

◆ Rosenteur, *Single Woman*, p. 81. 결혼과 소비에 관한 논의로는 Kitty Hanson, *For Richer, for Poorer* (New York: Abelard-Schuman, 1967)와 Marcia Seligson, *The Eternal Bliss Machine: America's Way of Wedding* (New York: William Morrow & Co., 1973). 1950 년대 후반《보그Vogue》의 여론조사에 따르면, 전형적인 중산층 아버지는 혼수비를 제하고도 연간 소득의 5분의 1을 딸의 결혼 비용으로 지출했다.(Hanson, *Richer, Poorer*, p. 17)

◆◆ Rosenteur, *Single Woman*, p. 79.《마드모아젤》(June 1940, p. 17)에 실린 고럼 스털링의 광고는 이와 비슷하다. "올봄에는 당신의 인생에 마술이 펼쳐지겠습니까? 마술 그리고 당신의 팔 길이만큼이나 긴 쇼핑 리스트를 볼 수 있겠어요?"

소비 중심의 문화에서 한 자리를 차지한다는 것은 새로운 소비 단위를 확립한다는 뜻이다. 상품을 받고 사는 행위는 젊은 남녀에게 문화적 귀속감, 또는 삶의 의미를 부여한다. 소비를 하는 행위는 신랑과 신부의 관계를 공고하게 하는 공동의 이익을 제공한다.

그러한 문화 속에서 통과의례가 소비 행위를 부각시키는 것은 당연한 일이다. 여기서 결혼은 다른 의미에서 연애의 정점이다. 연애에서 소비라는 주제는 복잡하게 얽혀 있지만, 이 시대 대부분의 미국 젊은이들에게 연애가 미국의 풍요로운 상품을 소비하기 시작하는 시기였다는 점만은 분명하다. 연애를 하는 젊은이들은 소비의 '행위'를 통해, 소비에 '의해서' 스스로를 규정했다. 소비를 통해 젊은이들은 삶과 사랑을 찬양했다.

4장

✦✦✦

데이트와
섹스

금지와 요구
사이에서

20세기 전반기에 태어난 젊은이들은 19세기 젊은이들과는 성적으로 완전히 다른 경험을 했다고 볼 수 있다. 물론 실제로 이루어진 성적 '행위'의 양상에는 큰 차이가 없었다. 많은 탁월한 역사학자들이 보여 주듯이, 고답적인 19세기 미국인들도 성을 혐오한 것은 아니었고 성에 무관심하지도 않았다. 19세기 젊은이들도 20세기 젊은이들처럼 키스 게임을 했고, 연인들은 진한 애무를 즐겼으며, 혼전 성관계 또한 20세기로 접어들어 급격히 변화한 것이 아니다.[1]

바뀐 것은, 성의 행위적 측면이 아니라 성을 보는 방식, 성이 갖는 상징적 함의들, 즉 성의 행위들이 의미하는 바이다. 개인의 성적 표현보다는 그러한 표현의 맥락이 더 큰 폭으로 변화했다는 말이다. 성을 이해하는 방식과 성의 새로운 역사적 맥락은 젊은이들의 성적 경험을 근본적으로 변화시켰다. 20세기에 성과 섹슈얼리티sexuality는 공적 영역에 편입되었고, 젊음의 중요한 일부가 되었다.

19세기 미국인들은 성의 금지, 규제, 범주화와 관련된 공적 담론에 적극적으로 참여했다. 그러나 그 담론은 아직 젊은이들의 담론이라고 할 수 없었다. 우리가 이해하는 청년 또는 청년기는 아직 태어나지 않았다. 또한 19세기의 성 담론은 주로 '점잖은' 계급의 젊은 미혼 남녀들에 관한 논의였기 때문에 성과 육체를 동일시하는 경향이 있었으며, 이성애적 교합보다는 자위행위와 같은 단독적 성행위에 대한 처방 및 치료법을 다루었다.

반면 20세기의 성 담론은 젊은이들과 그들의 이성애적 혼전 성 경험을 중심으로 구성되었다. 많은 사람들이 청년기와 성을 연결 짓는 태도를 비난했지만, 1920년대부터는 이를 긍정적으로 바라보는 사회적 분위기가 힘을 얻기 시작했다. 성에 관한 관대한 태도는 일부분 자유로운 성 표현이 정신 건강에 필요하다고 보는 통속적 프로이트주의에서 비롯되었다. 그러나 또 다른 관점에서, 많은 미국인들이 '청춘'에 매료되었다는 사실, 즉 개방적 성문화와 성적 실험을 통해 청춘을 표현한 젊은 남녀들에 매료되었다는 사실 또한 간과해서는 안 된다.

성에 관한 공적 담론은 부정적인 시각과 긍정적인 시각, 두 가지로 나누어 볼 수 있다. 성의 표현을 규제하려는 기성세대의 성적 금지와 성을 청년문화의 핵심으로 보는 젊은 세대의 성적 요구 사이의 갈등으로부터 새로운 성적 관습이 만들어졌다. 새로운 관습을 만들고 그에 맞추어 살아가는 과정 속에서, 젊은이들의 성적 경험은 큰 변화를 겪게 되었다.

새로운 청년문화의
상징

이와 같은 변화에서 가장 중요한 요소는 전국적 청년문화의 형성이다. 학교, 대학, 직장 등지에서 남자와 여자가 섞이기 시작한 1920년대경부터 새로운 전국적 청년문화가 본격적으로 형성되기 시작했다. 19세기 말, 20세기 초의 젊은이들에게 남녀 구분은 더 이상 중요하지 않았다. 젊은 남녀가 가족과 전통 사회의 감시에서 벗어나 서로 한데 모여 경험을 공유하고 친밀한 유대 관계를 형성하면서 견고한 또래문화가 만들어졌다. 이와 같은 소규모 집단들은 청년문화의 혁명에 크게 기여하게 된다.[2]

1920년대에는 젊은이들이 또래문화를 만들고 문화 매체의 영향력이 커지면서 전국적인 또래문화가 형성되었다. 이때부터 소위 '청춘'은 초월적인 개념적 범주, 또는 전통적인 젠더 범주의 효력을 약화시키는 포괄적인 범주가 되었다. 이제 젊은이들은 남녀 구분보다 신구 세대의 구분이 더 중요하다고 생각했다. 이 같은 젊은이들의 결집력은 기성세대의 권위를 위협하게 되었고, 성은 신구 갈등에서 가장 첨예한 쟁점이 되었다.◆

◆ 조셉 케트는 저서 《통과의례Rites of Passage》 6쪽에서 젊은이들을 '청소년'으로 '재분류하는 작업'을 논하고 있다. '청소년기'라는 새로운 개념적 틀에 따라, 통상적으로 여학생에게 적용되는 요소들을 남학생에게도 적용하는 작업도 이에 해당한다. 젊은 남녀가 빈번하게 만나 공동의 경험을 쌓으면서 점차 나이 든 사람들에 대비하여 젊은 세대의 공통 관심사와 자신들만의 특성이 존재한다는 믿음이 더욱 커지게 되었다. 이 점에서 '청춘'의 형성에 대한 폴라 패스의 저서는 특히 유용하다. 패스가

가족 통제력의 약화, 도시가 제공하는 자유, 고등학교 진학률 증가, 여성의 노동시장 진출 확대 등이 새로운 20세기 청년문화 형성에 가장 크게 기여했지만, 그전부터 각 지역의 청년문화는 대학 캠퍼스를 중심으로 발달하기 시작했다. 물론 기성세대는 청년문화의 위험 요소들을 간과하지 않았다. 1853년 안티오크대하이 총장 취임언설에서 호레이스 만은 남녀공학 대학의 "남녀 대학생들이 '감독이 없는' 상태에서 모임을 갖는 것은 위험"하다고 경고한다.[3] 1915년 위스콘신대학교의 여학생처 처장은, "대학 생활을 들인 돈보다 더 많은 재미를 얻는 것"이라 믿는 젊은이들이 1890년대에 대거 대학에 유입되면서 "무책임한 쾌락주의 물결"이 대학 캠퍼스에 널리 퍼지게 되었다고 탄식한다. 그녀는 "경험도 없고 자제력도 마비된 젊은 남녀가 충분한 지도 없이 사교 모임에서 어울리는" 등 문제가 심각하다고 경고하면서, 학생들을 통제할 특단의 조처를 취해야 한다고 지적한다.[4]

그러나 통제는 역시 어려웠다. 또래문화는 그들만의 규범과 관습이 있으며, 또래문화가 강한 곳에서 기성세대의 규범과 관습은 그 영향력이 미미할 수밖에 없다. 가령 1904년 노스웨스턴대학의 여학생처 처장은 채플 예배 시간에 "남학생이 손을 잡아도 그냥 놔두는 여학생이 있다는 얘기가 들립니다. 여학생 여러분, 그런 경솔한 행동을 하지 않도록 조심해야 합니다"라고 말한다. 《데일리 노스웨스턴》은 '여대생이 일일이 가르침을 받아야 하다니'라는 헤드라인으

인용한 1922년 《애틀랜틱 먼슬리》의 사설은 "기성세대와 신세대는 관점·코드·기준에서 마치 두 개의 인종처럼 서로 다르다"(19)고 지적하면서, 기성세대는 젊은 세대에 대하여 "성적 방종에 대한 극도의 두려움"(25)을 갖고 있다고 적는다.

로 처장의 충고에 대해 논평한다.[5]

또래문화는 이전부터 대학에서 가장 활발히 발전해 왔지만, 젊은 세대와 기성세대의 차이는 사회 전반에 걸쳐 더욱 뚜렷해졌다. 1907년 《레이디스 홈 저널》에서 한 조언자는 "겉은 멀쩡한 젊은 남자들이 첫 번째 데이트를 하고 나서 언제 키스를 하면 가장 좋을지 많이들 질문"하고, 여학생들의 경우 "애정 표현으로 사랑을 확인하려는 남자들"을 어떻게 하면 좋을지 질문한다고 불평한다. 문제는, 15세에서 20세 사이의 젊은 남녀들이 당연히 손 잡기와 키스를 기대하는 듯 보인다는 것이다. 약혼 전까지 어떤 경우에도 손을 잡아서는 안 된다고 믿는 이 조언자는 이 같은 세태를 비판적으로 언급하지만, 그렇게 함으로써 백만이 넘는 독자들에게 새로운 관습이 얼마나 널리 확산되어 있는지 증명한 셈이다.[6]

청년문화가 점차 영향력을 확대해 나가고 매체의 주목을 받으면서, 청년문화와 주류문화의 갈등의 골은 더욱 깊어졌다. 그리고 그 갈등의 핵심 쟁점은 섹스였다. 섹스와 성적 관습에 대한 젊은이들의 태도는 관습적 도덕과 기성세대의 권위에 도전하는 것으로 비쳐졌고, 실제로 그런 요소가 다분했다고 할 수 있다.[7] 섹스를 중심으로 대립이 격화되었다는 사실은 전혀 놀랄 일이 아니다. 모든 사회는 어떤 방법으로든 성과 섹슈얼리티를 규제하려 하며, 성적 규범의 변화는 갈등을 빚기 마련이다.

그러나 1900~1910년 사이에 태어난 세대는 새로운 성문화와 새로운 생활 관습으로 인해 구시대의 성적 관습이 무너지는 과정을 직접 겪으면서 성장했다. 여권신장女權伸張, 자동차, 도시의 익명성 등 생활 관습의 변화와 더불어 젊은이들은 (적어도 어른들의 기억에는) 이전보다 더 많은 자유를 누리게 되었고,[8] 이 같은 변화로 말미암아 새로운 성적 규범이 등장하게 되었다. 또한 대중적 프로이트주의, 여성의 성적 대상화, 섹스의 목적이 번식이 아니고 쾌락일 수 있다는 대중의 인식 변화 등 성에 관한 새로운 관념이 등장하면서, 청춘 남녀들은 성의 역할에 대한 새로운 인식을 갖게 되었다. 젊은이들은 '청춘'을 만들어 가면서 규범의 변화를 한 걸음 더 앞으로 밀고 나갔다. 섹스는 청년문화에서 가장 중요한 공적 상징이자, 청년과 노년을 나누는 가장 근본적인 기준이 되었다.

페팅과 네킹

껴안고 키스하는 행위를 의미하는 '페팅petting'과 '네킹necking'은 제1차 세계대전 때부터 성혁명이 일어나는 1960년대까지 젊은이들의 연애를 지배한 매우 중요한 관습이었다.(상당수의 젊은이들이 이 시기에 혼전 섹스를 경험했지만, 60년대 중반까지도 이는 관습적 행위로 정착되지 않았다.)

1922년《앤 아버 타임즈 뉴스Ann Arbor Times-News》는 이 관습을 이렇게 분석한다. "스너글-퍼핑snuggle-pupping(애무를 뜻하는 유행어)은 전혀 새로운 것이 아니다. 이전에는 스푸닝spooning 또는 퍼싱fussing, 페팅으로 불렀다."[9] 얼핏 들으면 그럴싸한 분석처럼 보이지만 이는 사실과 다르다. 이 기사는 '페팅'이 가벼운 애정 행위를 뜻하는 새로운 용어이며, 19세기 후반 연애를 노래한 대중가요에 단골로 등장한 단어라고 말한다.(1920년대 또 다른 저자는 '페팅 파티'를 "포옹에 중점을 둔 파티"로 정의한다.*) 그러다가 1930년대에 이르러 페팅은 스푸닝과 껴안기보다는 훨씬 더 진전된 형태의 애무로 이해되었다.

쓰이는 용어는 지역마다 천차만별이지만, 일반적으로 '네킹'은 목 위쪽에서 이루어지는 애무를 뜻하고, 페팅은 목 아래쪽에서 이루어지는 애무를 뜻한다. 1950년대에 출간된 결혼에 관한 책《현대의 결혼Modem Marriage》은 좀 더 정확한 구분법을 제시한다. 이 책에 따르면 네킹의 자극은 목 위에서 이루어지고, 성적 자극의 주된 영역은 옷으로 가려진다. 목·입술·귀 등은 "성적 자극 부위로 광범위하게 애용된다". 반면 페팅은 "결혼한 커플이 구사하는 모든 종류의 애무를 다 포함하지만 성교는 제외한다".[10]

물론 그 행위 자체만 보면 페팅이나 네킹이나 결코 새로운 것은 아니다. 그러나 새로운 이름을 붙인다는 것, 관습으로 자리를 잡는다는 것, 젊은이들에게 상징적인 의미를 갖는다는 것이 중요하다. 페팅은 이제 연애의 변방에서 중심으로 진입했다. 그것은 더 이상 커플들이 사적인 공간에서, 다른 사람들 모르게 하는 은밀한 행위가 아니었다. 또한 남자들이 하층계급 여성들을 대상으로 하는 어떤 애정 행위, 혹은 중산층 여성들이 성적 압박을 받지 않도록 하층계급 여성들을 성적으로 착취하는 행위가 아니었다.[11]

◆ Mitford M. Matthews, *A Dictionary of Americanisms on Historical Principles* (Chicago: University of Chicago Press, 1951), p. 1228. 페팅 같은 것은, 특히 약혼한 커플들 사이에서는 19세기 또는 그 이전에도 흔하게 이루어지던 행위였지만 대중가요의 소재가 된 적은 없었으며, '관습적인' 또는 규범적인 행동으로 여겨지지 않았다.

섹스는 남녀 구분 없이 모든 젊은이들에게 받아들여졌다. 네킹과 페팅은 공적 관습이 되었고, 남녀 사이의 낭만적 관계에서 당연히 예상되는 과정이 되었다. 플로이드 델이 1931년《패어런츠Parents》지에서 설명하듯이 "페팅할 때 여자는 청소년 세계의 코드에 따라서 행동하기 때문에 그것이 전혀 문제가 되지 않는다고 생각하며, 같은 나이의 또래 친구들도 이와 같은 행동을 지지한다고 믿는다".[12]

1952년 한 결혼 관련서는 젊은 미국인들 사이에서 네킹과 페팅은 하나의 '관례적인' 행위, 젊은이들의 하위문화에서 통상적으로 이루어지는 기본적 행위라고 지적한다. "현대사회에서 여성은 개인적으로 좋아하든 그렇지 않든 간에 네킹을 할 수 있다. 여성은 데이트 집단의 일원이 되고 싶어 하는데, 네킹은 그 멤버십의 필수 조건이다. 많은 젊은이들이 같은 이유로 담배도 피고 술도 마신다는 것은 익히 알려진 사실이다. 그렇다면 똑같은 이유로 가벼운 성적 접촉을 한다는 것을 인정 못 할 이유가 있을까?"[13]

앞서 소개한 두 의견은 20년의 격차가 있지만 사실상 같은 점, 즉 페팅과 네킹이 청년문화의 일부분이라는 점을 강조하고 있다.

섹스가 하나의 규범적 행위로 굳어진 데에는 데이트 시스템의 영향이 없지 않다. 데이트를 한다는 것은 여러 파트너가 생긴다는 것을 의미하고, 그들은 모두 잠재적인 페팅 또는 네킹 파트너였다. 젊은이들이 여러 사람들로부터 성적 행동에 대한 비슷한 종류의 기대를 접하게 되면서 새로웠던 규범은 점차 익숙한 관습으로 받아들여졌다. 1957년 어떤 여학생은《세븐틴》의 조언 칼럼니스트에게 "첫 번째 데이트에서 만난 남자애들은 하나같이 키스를 원한다는 걸 알

았다"며 또래문화의 일면을 소개한다.[14]

네킹과 페팅은 데이트 시스템의 필수 구성 요소이며, 이 시스템에 참여하려면 필요조건을 충족시켜야 한다. 더욱이 데이트 시스템은 은밀한 사적 공간을 제공하고, 뭔가 성적인 행위를 해야 한다는 의무감을 조장함으로써 젊은이들로 하여금 다양한 성적 실험을 하도록 부추겼다. 데이트는 남자가 모든 비용을 대고 여성은 빚을 진 상태가 되는 불평등 관계였다. 흔히 남자들은 그러한 빚에 대한 대가로 성적 호의를 받을 권리가 있다고 믿었다. 남자가 돈을 많이 쓰면 쓸수록 여자는 더 많은 애무를 빚지는 셈이다. "여자는 인기를 얻기 위해 애무를 해야 하는가?"라는 질문에, 한 남자는 "남자가 여자를 데리고 나가서 1.2달러를 쓴다면 그에 대한 보답으로 애무를 기대한다."고 말한다.[15]

대중매체는 새로운 성적 규범이 공적 영역에 자리를 잡게 된 중요한 통로였다. 20세기로 접어들면서 성적 경험은 역사상 처음으로 대중의 시선에 노출되었다. 성 관습에 대한 수백 편의 논문이 쓰여졌고, 수많은 전문가와 여론조사자들이 섹스에 대한 연구서와 보고서를 발표했다. 이와 같은 공적 보고서, 특히 1930년대부터 1950년대에 널리 유행한 여론조사와 설문조사는 성적 행위가 아니라 성에 관한 태도를 측정했다. 그리고 많은 연구자들이 인정하듯이, 응답자의 대답은 실제로 그들이 생각하고 행동하고 알고 있는 것보다는 그들이 말해야 한다고 느낀 것에 연관되어 있었다.[16]

여론조사에서 무엇이 응답자들의 선택에 영향을 끼쳤는지 파악하기는 어렵다. 가령 사회규범에 맞추려는 욕망인지 아니면 또래의 관습에 순응하려는 욕망인지 알아내기는 무척 힘들다. 그럼에도 불구하고 이러한 여론조사와 보고서는 공적 성격을 띠었기 때문에 매우 큰 역사적 가치를 지닌다. 이것들은 젊은이들의 사적인 성적 행위에 관한 일종의 일반적 준거틀을 제공함으로써 관습을 확립하고 규범화한다.◆

1938년에 실시된 한 여론조사 결과에 따르면, 88퍼센트의 미국 여성은 대부분의 젊은 세대가 페팅을 즐긴다고 믿고 있다. 여러 설문조사를 종합해 볼 때, 1939년에 41.7퍼센트의 고등학교 여학생들이 키스를 기대하는 남자와 데이트를 하고, 1949년에 81퍼센트의 고등학생이 네킹 또는 페팅을 해도 괜찮다고 믿고 있으며, 1950년에는 51퍼센트의 고등학생들이 첫 번째 데이트에서 키스해도 좋다고 믿는 것으로 조사되었다.◆◆ 1966년 《룩》은 사랑한다면 동거해도

◆ 어떤 책은 "도덕적 코드가 변화하면서 결혼할 나이가 됐을 때 처녀가 거의 없다거나, 여자들이 남자의 성적 요구에 응하는 경우가 많아졌다는 사실을 개탄하거나 용인하는 기성세대"를 공격한다. 저자는 "여성은 경쟁자들이 뭔가를 주고 있다는 걸 알게 되면 나도 똑같이 해야 겠구나라는 생각이 들고, 남자는 남들이 뭔가를 받는다는 걸 알게 되면 나도 똑같은 걸 받아야 하는 마음이 들게 마련이기 때문에, 이와 같은 정보를 공표하는 것은 중대한 실수"라며 우려를 표명한다.(Nina Farewell, *The Unfair Sex* [New York: Simon & Schuster, 1953], p. 14)

◆◆ Henry F. Pringle, "What Do the Women of America Think about Morals?" *LHJ*, May 1938, pp. 14-15; Gay Head, "Boy Dates Girl Student Opinion Poll #2," *SS*, 11 February 1939, p. 30; Remmers, "Parent Problem," *Purdue Opinion Panel*, 1949, p. 5; Remmers, "Courtship," *Purdue Opinion Panel*, 1950, pp. 32-33. 이 여론조사의 응답자들에게 규제적 관습의 압력이 있었음이 분명하다. 1949년 실시한 퍼듀대학교 여론조사 응답자의 81퍼센트가 네킹 또는 페팅이 적어도 가끔 하는 것은 괜찮다고 답했지만, 1952년 퍼듀대학교 여론조사에서는 고등학교 학생의 57퍼센트(남학생 47퍼센트, 여학생 67퍼센트)가 "미혼 남녀에게 적용되는 도덕이나 규칙을 따르지 않는 친구들이 있다면, 친구 관계를 끊을 것"이라고 응답했다.

좋다고 믿는 10대 남녀가 45퍼센트라고 밝히고 있다.[17]

대학생들은 교과서에서 규범적 통계 수치를 얻는 경우가 많았다. 1950년대 93퍼센트의 대학생들은 오래 사귀는 연인이면 네킹을 해도 좋다는 데 동의했고, 1946년 설문조사에 따르면 87퍼센트의 고학년 대학생들은 사랑하는 연인의 경우 혼전 섹스가 정당화될 수 있다고 생각했다.[18]

이와 같은 통계 수치가 얼마큼 현실을 반영하는지는 분명치 않다. 51퍼센트의 미국 고등학생들이 첫 번째 데이트에서 키스를 했다거나 87퍼센트의 여대생들이 혼전 섹스를 했다는 것은 가당치 않은 말이다. 전자는 그럴 수 없었을 테고, 후자는 그러지 않았을 것이다.(물론 《마드모아젤》은 1950년대 엄밀한 의미에서 흰색이라고 할 수 없는 웨딩 가운, 즉 "한 겹의 흰색 천을 푸른색 천과 겹치도록 하여 신비스러운 색깔을 띤" 웨딩 가운이 가능하다는 점을 은근히 암시한다.[19]) 그럼에도 불구하고 많은 여론조사 결과들이 젊은이들의 성적 경험을 승인할 뿐만 아니라, 그들의 관습이 얼마나 확고한 것인지 젊은이들에게 확인시켜 준다. 이와 같은 여론조사와 연구들로 인해 섹스는 이제 대중의 지대한 관심사가 되었고, 그럼으로써 사적 영역에서 분리되는 한편 한 개인이 또래 집단에 얼마나 순응하는지를 가늠하는 규범적 척도의 기능을 담당하게 되었다.

기성세대는 성에 대한 규제적 관습에 따르지 않겠다며 공공연하게 반항하는 청년 세대의 모습에 위기감을 느끼고, 젊은이들의 성을 통제할 방안을 강구했다. 여러 세대의 부모들이 이에 관여했고, 그들 대부분은 한때 젊은 세대였다. 그러나 젊음을 경험했다고 해서 그것이 용인이나 타협으로 이어지는 것은 아니다. 성에 관한 기존 정책은 19세기 성도덕에 바탕을 두고 있었고, 이는 20세기 들어서도 크게 변하지 않았다.

촘촘한 통제

성적 실험을 통제하려는 기성세대의 노력은 다각도로 이루어졌다. 대중잡지들은 진한 애무(그리고 혼전 섹스)가 일반적인 관습으로 굳어졌다는 여론조사 결과를 보도하면서도, 이에 '해석'을 가미함으로써 충격을 완화시키려 했다. 이 와중에 1953년 '킨제이 보고서'로 일컬어지는《여성의 성적 행동Sexual Behavior in the Human Female》(미국 하버드대학교의 앨프리드 킨제이 박사가 1만 8천 명을 면접해 집필한 인간 성생활 보고서. 1948년《남성의 성적 행동》과 세트─옮긴이)이 출간되었다.

　대중잡지들은 이 내용을 결코 무시하지 않았지만,《타임》의 커버스토리〈5,940명의 여성〉은 "숫자에 도덕이 있다는 위험한 생각"에 대해 경고한다.《레이디스 홈 저널》은 "보고서에 나온 행동 패턴을 개별 행위에 대한 도덕적·사회적 정당화로 해석해서는 안 된다"는 짤막한 안내문과 함께 기사를 내보낸다.《룩》은 (그 파격적인 내용에) 분노한 독자들의 편지를 한 페이지에 걸쳐 소개하는데, 그중에는 "킨제이 박사의 연구가 과학적이라는 견해에 분노한다. 바름과 댄스홀에 출입하는 5,940명의 여성들은 미국 여성의 심리적·도덕적·정신적 정직성을 대변한다고 볼 수 없다"고 비난하는 독자도 있었다.[20]

미국 여성의 도덕적 정직성을 사수하는 일은 실로 엄청난 작업인 것 같았다. 한 전문가는 딸들이 "애무하는 사람"이 되지 않게 만들려면 태어날 때부터 교육을 시작하는 것이 좋겠다고 말한다. 그러려면 아기를 지나치게 사랑하지 말 것이며, 아이에게 가르친 것과 똑같이 본인도 가정생활의 모든 측면에서 자제심을 발휘해야 한다. 지나친 애정은 사랑에 대한 과도한 욕망을 불러일으키고 나중에 신체적 애정 표현을 갈망하도록 만들기 때문이다.[21]

전문가들은 제인 애덤스(1931년 노벨평화상을 수상한 미국의 여성 기독교 평화주의 운동가—옮긴이)의 전통을 이어받아, 젊은이들이 건전한 여가 활동 기회가 부족하기 때문에 성에 탐닉하게 된다고 주장한다. 20세기 초반 시카고 교육위원회는 이와 같은 논리를 정책에 반영했다. 22개월 동안 600명의 시카고 공립고등학교 학생들이 성병 치료를 받았다는 보고를 받은 교육위원회는, 이 정보를 은폐하고 문제 해결을 위해 아홉 곳의 사회센터에 1만 달러를 지원했다.[22] 제2차 세계대전 동안 많은 정부 관계자들은 크고 작은 성범죄, 그리고 애국심의 발로에서 장병들과 성관계를 맺은 '빅토리 걸'의 문제를 해결하고자 이와 유사한 정책을 펼쳤다.[23]

섹스 문제를 완화하려는 간접적 접근 방법도 있었다. 1930년대 《패어런츠》지는 "페팅의 문제를 도덕보다는 에티켓의 관점에서 냉정하게" 다룰 것을 주문한다.[24] 남녀공학 고등학교에서도 예절과 도덕이 별개가 아니라는 점을 입증하듯, 예절과 도덕을 같이 다루는 부서를 새로 만든다.[25] 이 점에서 조언서의 접근 방식은 탁월하다. 레스토랑에서 식사할 때 지갑을 어디에 놓으라는 등의 데이트 에티켓의 세세한 요소를 주로 다루면서 중간중간에 네킹, 페팅, 성관계 등을 하지 말라는 강한 어조의 권고를 끼워 넣는 식이다.

기성세대가 섹스를 규제하는 가장 효과적인 방법은 젊은이들의 사생활을 제한하는 것이다. 고등학생 부모들은(보통 여학생 부모) 데이트 장소를 확인하고 부호인을 붙이는 한편, 통금 시간을 임수하노록 함으로써 데이트에 소요되는 자녀들의 사적 시간을 제한하는 방법을 취했다. 한 잡지는 데이트의 주요 이벤트가 끝나는 시간에 맞춰 통금 시간을 정하고, 추가로 식사 시간 45분을 주라고 권고한다.[26] 많은 부모들이 이와 비슷한 방식을 취했다. 도시의 모든 상점이 밤 11시 30분에 문을 닫는데, 12시 30분이 통금이라면 둘이서 무슨 일을 하게 될 것인가? 물론 간단한 식사 또는 영화를 생략해서(친구에게 줄거리만 얻어들어 두면 되므로) 둘만의 시간을 가질 수도 있겠지만, 일반적인 데이트에서 그런 일은 일어나지 않는다.

쌍쌍 또는 단체 데이트도 성적 사생활을 제한하는 효과가 있었다. 두 커플을 한 차에 태워 자기네들끼리 보호인 역할을 하도록 하는 것이다. 그렇다고 페팅과 네킹이 불가능하지는 않겠지만, 다른 커플이 앞 좌석에 앉아 있는 상황에서 통제 불능의 상태에 빠지지는 않을 테니까. 마지막으로 부모들은 사생활 감시 및 감독이라는 고전적인 방법을 취했다. 이전 시대의 여성들이 부모가 다른 방에 있는 동안 거실에서 방문객을 접대했던 것처럼, 20세기의 부모들은 집에서 사적인 시간을 갖도록 했다. 집 안에 어른들이 있는 걸 아는 상태에서 성적 실험을 감행할 청소년은 많지 않으므로.

학생들과 학교 측이 사생활 보장권을 두고 첨예하게 대립하던 대학에서는 학교가 부모를 대신하여 앞서 말한 모든 방법을 취했다. 대학 당국은 주로 학칙이나 벌칙, 개별 평가 등 다양한 제도를 이용하여 여학생들을 규제했다.

엄격하고 단순한 규칙들로 시작된 미국 대학의 학칙은, 시간이 지나면서 관대하고 복잡해졌다. 1915년 위스콘신대학교 여성 기숙사 학칙은 토요일·일요일·공휴일 오후부터 밤 10시까지 남학생 출입을 제한하고, 다른 시간대에는 10분간의 '용무 접견'을 허용했다. 실내 정숙에 관한 규칙도 매우 엄격한 편이어서, 저녁 10시 이후에는 학생들이 반드시 슬리퍼를 착용해야 했다.[27]

대학 학칙은 해가 갈수록 그 숫자가 늘고 더 복잡해졌다. 1962년 미시간대학교 공식 《학생편람》은 전체 15쪽 중 9쪽을 여학생 규칙에 할애했다. 제도가 상당히 복잡해서 그만큼의 분량이 필요했던 것이다. 통금 시간은 요일마다 달랐지만 저학년 학생들에게 좀 더 엄격했고, A.L.P.(Automatic Late Permissions, 자동외출허가증) 발급 횟수를 조절하여 외출 허가를 엄격히 통제했다. 통금 위반 벌칙은 품행 규제가 얼마나 철저했는지를 증명한다. 지각 횟수가 11번이 되면 벌칙이 부과되는데, 한 학기 걸쳐 누적될 수 있다.◆

20세기 초기에는 학칙이 구체적이거나 정교하지 않았다. 규칙이 딱히 관대하거나 중요하지 않아서가 아니라, 굳이 말로 설명하지 않

◆ *University Regulations Concerning Student Conduct* (Ann Arbor: University of Michigan, 1962), esp. p. 13. 지역에 따라, 그리고 사립·종교·공립 등 학교 종류에 따라 통금 시간은 약간 변할 수 있지만, 학생들은 이에 상관없이 학칙을 완화하고자 다른 대학의 학칙을 인용하기도 한다.

아도 되는 것들은 제외되었기 때문이다. 젊은 여성은 적절한 보호인이 없는 경우 방문객을 받아서는 안 된다는 점, 진중하고 교양 있는 여학생이라면 밤늦도록 남학생들과 어울려 돌아다니지 않을 것이라는 점을 당연하다고 생각했던 것이다.

물론 규칙이 항상 옳은 것은 아니었다. 그러나 사회 선반적으로 용인 가능한 행동양식이 변하고 학생 기구의 성격도 바뀌면서, 당연히 알아서 잘하리라는 막연한 믿음이 흔들리기 시작했다. 복삽한 학칙과 그에 수반되는 세밀한 구분들은 당연하다고 여겼던 것들이 이제 당연하지 않게 되었음을 증명했다. 학교 측은 학생들이 가정과 건전한 오락 장소에서 마땅히 지켜야 할 사회적 도덕에 따라 행동해야 한다고 주장하며, 학생들이 이를 준수하는지 확인할 수많은 규칙들을 고안해야 했다.◆

시대가 바뀌면서 학생들은 다양한 분야에서 학교가 정한 규칙을 따라야 했다. 1920년대 미시간대학교의 유머 칼럼니스트는 짐짓 과장된 수사를 동원하여 세레나데(사교클럽 회원들이 한 회원의 애인을 찬양하는 의식)의 "비탄과 불협화음"과 같은 비극적 사건들을 열거하고, 학교 측에서 심각한 부상을 막으려면 세레나데를 규제해야 할 수도

◆ 매사추세츠대학교《학생편람》에서 인용. 1956~57년《학생편람》은 "부적절한 춤과 눈살을 찌푸리게 하는 친밀 행위"를 금지하는 조항을 삭제했지만, "모든 행사에서 학생들의 가정과 건전한 오락 장소의 행동 규범이 정한 바 신사 · 숙녀에게 어울리는 품행이 요구된다"(p. 24)고 덧붙임으로써, 학생들이 실제로는 제대로 행동하지 않을 것이라는 생각을 무심코 드러낸다. 1950년대 미시간대학교의 여학생 규칙집은 '착한 주디가 돼라'는 별칭이 붙어 있다. 1940년대 노스웨스턴대학교 규칙집은 '읽고 올바른 행동을 하라'는 이름이 붙었고, 남학생들도 이 규칙집을 배부받았다.

있다고 꼬집었다.

실제로 1962년 미시간대학교 《학생편람》은 세레나데를 규제하는 규칙을 한 페이지에 걸쳐 상세하게 소개한다.[28] 노스웨스턴대학의 경우, 1951~52년 《학생편람》에 세레나데에 관한 규칙이 처음으로 등장한다. 세레나데는 월요일 저녁 9시 이전에 열려야 하며, 학생처를 통해 사전 등록을 마쳐야 한다.[29]

1947년 미시간대학교의 학장 행정실은 라디오를 통해 미시간 - 노스웨스턴 미식축구 경기를 청취하는 두 명 이상의 '남녀혼성' 단체는 그 전 주 목요일까지 '파티'로 등록해야 하며, 허가된 보호인의 숫자를 확보해야 한다고 발표하여 학생들의 불평을 산다. 학생들은 이 새로운 규칙을 또 다른 사생활 침해로 인식했다. 남녀 대학생들 사이에 자연스러운 접촉 기회가 줄어들고, 이와 함께 성적 사생활의 기회가 사라질 거라고 생각했기 때문이다. 미시간 《데일리》는 '수도원인가 대학인가?'라는 제목의 사설을 통해 학교의 조처를 신랄하게 비판한다.[30]

프라이버시를 찾으려는 노력은 대학 캠퍼스 데이트의 중요한 일부분이었지만, 쉽게 얻기는 힘들고 추운 날씨에는 더욱 힘들었다. 기숙사 휴게실과 데이트 룸이 있었지만 그다지 안전한 장소가 아니었다. 1950년대 미시간대학교 여학생들은 스탁웰하우스 휴게실 사용을 둘러싸고 기숙사 사감과 힘 대결을 벌였다. 학교 측이 압박을 가하자 학생들은 휴게실에서 "페팅 또는 소파에 눕는 것"에 반대하는 결의안을 통과시켰지만, 그 다음 학기 기숙사 관리 책임자는 지나친 애정 표현을 일삼는 커플들의 문제가 여전히 지속되고 있다며 '휴게실 순찰대'

를 구성하겠다고 말한다. 학생들은 "편안하게 할머니나 고모할머니를 만날 수 있는" 방문소를 만들겠다는 역제안으로 반격을 가했다.[31]

래드클리프의 《학생편람》은 기숙사 거실이 개인용 거실이 아니라고 주지시키고, "많은 사람들이 보고 있으니까 행동거지를 조심하라"며 경고한다.[32] 1947년 "작별 인사 과정이 타락했다"는 학장의 말에 압박을 느낀 학생들은, 주중 10시 이후 남학생의 래드클리프 기숙사 출입을 금지하겠다고 결의한다. 이에 대해 하버드 남학생들은 다음과 같이 위협적으로 대응한다.

> 기숙사 바깥 차디찬 돌계단은
> 블라우스 입은 여학생이 내 가슴에 일깨운
> 그런 따사로운 분위기는 아니라네
> (삭제됨 – 편집자)
> 시계를 멈출 수가 없다면
> 우리는 휘튼으로, 그래 맞아, 휘튼으로 가겠네![33]

찾아보면 캠퍼스 내에 은밀한 장소가 없지 않았다. 1937년 시카고대학교 학생잡지 《펄스Pulse》는 캠퍼스 내 "확실히 믿을 만한" 아홉 개의 네킹 장소를 소개한다. 그러나 여기에는 학교 당국의 눈초리를 피할 수 있긴 해도 완전히 은밀한 공간은 아니라는 단서가 붙어 있다. 언제나 안전한 추천 장소는 자동차였다.◆

◆ "Where People Go When They⋯ Take a Date," *Pulse*, September 1937, p. 20. 이 기

자동차는 일반적으로 성적 프라이버시를 확보하는 데 최고의 공간
이었다. 당시《마드모아젤》에 실린 단편소설은, "기숙사 뒤편 주차장
에 여학생의 자동차가 세워져 있고, 화장지와 깨끗한 시트 덮개가 갖
춰진" 차 안에서 대학생 커플이 사랑을 나누는 모습을 그리고 있다.[34]
그러나 당시 많은 대학들은 학생들의 자동차 소유를 학칙으로 금지
했다. 1963년 한 중서부 대학의 학생은 이러한 금지 조항에 반대하
는 캠페인을 주도했다. 이 학생이《뉴욕 타임즈 매거진》에 밝혔다시
피, 문제는 이동이 아니라 프라이버시였다. "우리는 차에 문이 달려
있기만 하면 바퀴가 달려 있는지 아무런 관심이 없습니다."[35]

제도적 규제도 없고 공식적인 감시도 없는 대학 바깥에서도 자동
차는 연인들이 성적 프라이버시를 확보하고자 즐겨 이용하는 수단
이었다. 몇몇 도시에서는 일종의 감시된 프라이버시를 제공함으로
써 자동차의 과도한 프라이버시를 원천적으로 봉쇄하려 했다. 뉴저
지 경찰서장은 공공 주차장의 야간 주차를 허용한다고 발표하면서,
연애하는 커플들은 보호하지만 자동차등을 켜 놓아야 하며 불법 주
차는 허용하지 않는다는 단서를 달았다.

1953년 애틀랜타 시의회는 애틀랜타 시의 전통적인 주차 장소인
피드먼트 공원에서 해질녘부터 해 뜰 때까지 주차를 금지한다고 발

사는 "학생들은 놀기를 좋아하고, 그들의 넘버원 놀이는 섹스"라는 문장으로 시작한
다. 관심 있는 학생들은 "고전학과 서쪽 출입문(히터가 있고 항상 열려 있음), 야외
설교단의 채플 계단, 고전학과 16호실(열쇠를 갖고 있는 철학과 학생들), 사회과학
대학 건물(10시 30분에 문을 닫을 때까지 구석에서 숨어 있을 것. 나갈 수는 있지만
들어올 수는 없음)" 등을 참고할 수 있다.

표한다. 이 같은 행정명령은 전국적인 이목을 끌었다. 순찰이 가능하고 섹스를 제한할 수 있는 특정 주차장을 만드는 것이 오히려 낫다는 지적이 나오자, 시의회는 만장일치로 이 명령을 취소했다.[36] 커플들은 어쨌거나 주차를 할 것이고, 그럴 바에는 오래전 옆방에서 감시한 부모들이 그랬던 것처럼 '성적 표현에 어느 정도의 제한을 두는 편이 차라리 낫다고 본 것이다.◆

당시 정부와 학교 당국 및 각종 제도를 통해 마련된 대부분의 규제책은 직접적으로 섹스를 규제하지는 않았다. 정교한 규칙 시스템은 섹스 그 자체를 통제하지 않으며, 그 대신 성적 욕망의 표현 시간과 장소 및 상황을 규제했다. 그럼으로써 섹스를 기술적으로 불가능하게 만들고자 한 것이다.

'자연의 순리' 이데올로기

이러한 규제적 시스템의 이면에는 좀 더 근본적인 기성세대의 이데올로기가 자리하고 있었다. 남성과 여성의 역할 그리고 가치와 교환

◆ 위스콘신대학의 사회학 교수는 "책임감 있고 성숙한 대학생들이 합리적인 감독 하에 방해받지 않고 약간의 낭만을 즐길 수 있는," 안락한 벤치와 적절한 조명을 갖춘 "연인의 파라다이스" 설치를 제안한다. 이 제안을 논의한 미시간대학교의 학생들은 여기서 '감독'이라는 용어가 가장 핵심적이라는 사실을 간파했다.(Vernon Emerson, "Supervised Woo Plan Gets Cold Shoulder Here," Michigan *Daily*, 20 October 1951)

시스템에 대한 역사적·문화적 관점에 기반한 이 복잡한 이데올로기는 궁극적으로 청년문화의 확산 방지를 그 목적으로 삼고 있었다.**

청년기를 독자적인 범주로 생각한 젊은이들은 이 시기에 남녀를 갈라놓는 관습적 규제들을 철폐해야 한다고 주장했지만, 기성세대는 남녀 구분은 철저하게 지켜져야 하고 그에 따라 섹스도 엄격히 통제되어야 한다고 믿었다. 청년기와 섹스를 동일시한 젊은이들의 태도가 못마땅했던 기성세대는 상당히 완고한 방식으로 이에 대응했다. 기성세대는 그들이 신봉하는 이데올로기를 '자연의 순리'로 포장했으며, 조언서와 칼럼은 이 이데올로기를 수사적으로 대변할 뿐만 아니라 젊은이들의 성 경험에 실질적인 규제를 가하는 명실상부한 기성세대의 이데올로기적 창구가 되었다.

규제적 시스템이 여성을 통제함으로써 섹스를 통제하고자 했다면, 기성세대의 이데올로기는 여성 스스로가 섹스의 통제자가 되도록 했다. 그에 따르면, 여성은 자신의 본성에 맞게 그리고 자기 이익에 부합하는 방식으로 성적 자제심을 발휘해야 한다. 그러려면 남성은 데이트상의 주도권을 여성에게 양도해야 한다. 남자는 어떤 식으로든 성적 행위를 원한다.(그리고 관습에 따라서 "남자는 그리고 싶어도 예의상 페팅의 기회를 마다할 처지가 아니다.")[37] 이런 상황에서 성적 표현을 통제하고 제한하려면, 여성이 남성 파트너에게 절대적인 거부권을

** 이것은 분명한 출처가 없는, 관념의 복합적 결합이다. 이와 같은 관념들은 새로운 것이 아니고, 이것들이 20세기 미국에만 국한된 것이라고 주장하는 것도 아니다. 내가 주장하는 바는, 이러한 의미 체계들이 젊은이들의 성적 표현을 통제하고자 20세기 미국에서 기능했다는 것이다.

행사해야 한다. 여성의 "노No"가 남성의 "예스Yes"를 압도해야 하며, 여성의 "노"가 남성의 "예스"와 마찬가지로 자연스럽고 당연한 것으로 인정되어야 한다.

남자들이 성적 통제권을 포기하거나 성적 책임을 기꺼이 부담하는 경우는 아주 드문 편이다. 이 같은 남자들의 마초적 태도는 때로 폭력으로 이어지기도 한다. 계몽된 오늘날에는 이를 강간으로 규정한다. 하지만 성적 통제를 둘러싼 다툼이 반드시 폭력과 같은 극단적인 방식으로만 표출되는 것은 아니다. 가령 14세 소년이 첫 데이트에서 서로 좋아하는 마음을 확인했다고 여기고 키스를 했는데 뺨을 얻어맞는 경우가 그렇다.

어쨌거나 남자가 여자에게 상호 간의 성적 경험을 통제할 수 있는 권력을 부여하지 않는다면, 성적 통제 시스템은 제 기능을 발휘할 수 없다. 말하자면, 권력은 본질적으로 남자에게 있는 셈이다. 경험상으로 이를 입증하는 증거는 상당히 많다. 그러나 기성세대는 남녀의 권력이 근본적으로 불균등하다는 점을 인정하지 않았다.

성적 제한을 두는 것이 여성의 책임이라고 믿는 관습은 일종의 조건문 형식을 취한다. 만약 정숙한 여성이 섹스를 거부한다면, 남성은 이를 수긍할 것이다. 이 관습의 문법에 따르면, '주절主節'의 실패는 오직 '조건절條件節'의 실패에서 기인한다. 정숙한 여성이 내리는 명령이라면 남자는 '언제나' 굴복하기 때문이다. 따라서 시스템의 논리상 승인되지 않은 모든 성적 행위는 여자의 잘못이다. 여자가 거부권을 행사하지 않았거나 정숙하지 않았거나 둘 중의 하나이다.

19세기 후반이었다면 이 같은 터무니없는 논리가 점잖은 사회 관습에 얽매인(물론 하층계급의 '정숙하지 않은' 여성을 대할 때에는 관습이 필요 없었다.) 미혼의 젊은 남녀들에게 충분히 설득력이 있었을 것이다. 그러나 20세기로 접어들며 이와 같은 논리는 설득력을 잃었을 뿐만 아니라, 기성세대가 성에 대한 통제권을 유지하고자 안간힘을 쓰는 과정에서 더욱 추한 방식으로 왜곡되었다.

진보의 시작은 부드러웠다. 1905년《레이디스 홈 저널》의 조언 칼럼 〈필라델피아에서 온 부인〉은 무슨 말을 해도 아랑곳하지 않고 계속 손을 잡으려는 남자를 어떻게 하면 좋겠느냐는 여성에게 이렇게 대답한다. "집에 초대해도 좋을 만한 괜찮은 남자라면 진심으로 부탁했을 때 손을 잡으려 하지 않을 것이다."[38] 그녀의 조언은 수십 년간 되풀이되어 온 공식이지만 한 가지 점에서 차이가 있다. 남자의 무례함이 여성의 잘못이 아니라는 점이다. 진짜 정숙한 여자인데도 남자가 제멋대로라면, 그것은 남자가 "집에 초대하기에 적합하지 않은 사람"이기 때문이다. 그러나 이와 같이 진보적인 조건절은 곧 사라진다.

1914년《레이디스 홈 저널》의 조언 칼럼 〈여성 문제〉는 남성의 역할을 무시한다. 남녀공학 대학교에 재학 중인 한 여학생이, '특권'을 허락하지 않는 여자와는 데이트하지 않으려는 남자들을 어떻게 하면 좋겠냐고 질문한다. 조언자 파크스 여사는 대답한다. "이 문제에 있어서 남자들의 태도에 대한 책임이 여자에게 있다고 생각한다. 좋아하고 친해졌다는 이유로 남자가 생각 없이 저지르는 행동에 대해 여자가 즉각적인 반대 의사를 표명한다면, 남자는 점잖은 예절의 선을 넘어설 때마다 어떤 상황이 일어나는지 금방 배우게 될 것이다."[39]

1919년《여성의 친구》칼럼니스트는 어떤 남자와 사랑에 빠진 여자("값싼 부류"가 아닌)의 슬픈 연애사를 통해 규칙을 설명한다. 남자는 가끔 여자를 만나러 왔는데, 여자는 약혼하지 않았지만 결국 남자의 부적절한 행동(키스)을 허락하고 말았고, 남자는 곧 떠나 버렸다. 칼럼니스트는 이 과정을 이렇게 설명한다. 만약 여자가 남자가 제멋대로 행동하도록 용인한다면, 남자는 자신의 노력적 자아를 배반하는 잘못을 범하게 되고, 이 배반의 원인을 제공한 여자에게 질리게 된다. 한 마디로, 약혼할 때까지 약간의 허튼 행동도 허락하지 않는 관습의 법칙이 인간 본성과 사랑에 관한 불변의 법칙과 유사하다는 것이다.[40] 통제는 여자의 책임이고, 남자의 실수는 여자의 잘못이라는 이 같은 주장은 꾸준히 설득력을 얻었다.

손을 잡는 것과 키스하는 것(이보다 더 심한 경우까지)이 적절한가에 집착하는 기성세대의 모습을 보면, 기존의 관습이 젊은이들의 실제 모습에서 얼마나 동떨어져 있는지를 알 수 있다. 조언자들은 마치 잃어버린 세계를 되찾으려는 것처럼 보인다. 그러나 여성에게 책임이 있다는 입장은 젊은이들의 성관계를 용인하는 후대의 논의에도 여전히 등장한다.

1930년대 후반 바사대학교 교수들은 결혼을 다룬 인기 과목의 강의들을 한데 묶어 결혼 교과서를 출간한다. 성 경험에 관한 장은 낙태 합법화를 주장하면서, 혼전 성 경험의 경우 어느 지점에서 선을 그어야 할지에 대한 선택은 순전히 개별적인 상담을 통한 개인의 도덕적 결정이라고 말한다. 그러나 이 교과서의 편집자는 여전히 이 같은 개인의 도덕적 결정이 여자만의 것이라고 믿었다. 그래서 섹스가 통제 불가능해졌다면 이는 여성의 책임이라고 주장한다. 여자가

남자의 "허튼 행동"을 허락한 것이다.[41]

1945년 남성 저자가 쓴 여성을 위한 남편 사냥 조언서는 좀 더 직설적이다. 〈연애, 사랑, 애무〉 장을 보자. "보통의 남자는 허락하는 만큼만 다가온다는 것을 명심하라. 남자는 같이 있는 여자가 허락하는 그만큼만 나쁜 남자가 된다."[42] 1946년 《시니어 스콜래스틱》은 네킹에 관한 칼럼 〈남자, 여자와 데이트하다〉에서 "어떤 남자라도, 늑대 무리의 우두머리일지라도 '강한 부정'에 직면하면 애정 표현을 강요하지 않는다"라고 잘라 말한다.[43] 1960년대 10대 청소년 데이트 조언서 《데이트북Datebook's Guide》은 "노"라고 말할 필요조차 없다고 말한다. "숙녀처럼 행동하면 숙녀 대접을 받을 것이다."[44]

여기서 문제는, "숙녀처럼 행동하라"는 '조건절'이다. 이런 식이면 아무리 정조 관념이 투철한 숙녀라도 빠져나오기 어렵다. 여성에게 책임이 있다는 관습이 버티고 있기 때문이다. 남자가 성적 이득을 취한다면(초기에는 손을 잡는 것이었지만 나중에는 성폭행까지 포함되는) 또는 그렇게 하려고 한다면, 여사는 '진짜' 숙녀가 아닌 것이다. 어떤 식으로든 남자를 꼬드겼거나 부추겼으므로.

여성의 행동이 문제라는 인식은 시간이 갈수록 더욱 심해졌다. 겉으로 점잖아 보이고 스스로도 그렇다고 여기지만, 실제로는 은밀하게 '값싸다'는 신호를 보낸 것이다. 1916년 《레이디스 홈 저널》기사는, 제멋대로 구는 남자의 행동은 여자의 잘못이라는 고정관념을 드러낸다. 여성 기자는, 남자들은 값싼 여자에게는 값싸게 굴고 품위 있는 여자에게는 품위 있게 행동하는 카멜레온이 아니라면서, 남자도 자신의 성적 행동에 책임을 져야 하지만 문제가 발생했을 때 결정적인 잘못은 여자에게 있다고 말한다. 기사는 남자가 못된 행동을 하는 세 가지 상황(이 중 세 번째 상황은 사무실에서 어떤 남자가 애정 어린 손길로 어깨를 만졌을 때 남자가 제정신을 차리도록 따끔하게 훈계하는 교양 있는 고학력 여자의 이야기)을 설명하면서 이렇게 결론 내린다. "이 글을 읽는 교양 있는 여성이라면 내가 지금 인용한 세 여자의 행동에서, 심지어 마지막 여자의 경우까지도, 뭔가 잘못되고 있다는 느낌, 뭔가 조금 유혹적인, 살짝 자유롭고 쉬운 느낌이 든다고 생각하지 않을 수 없을 것이다. 그렇지 않다면 남자들이 그렇게까지 막 나가지는 않았을 것이다."[45]

이 기사에서 예로 든 사무실의 훌륭한 여성조차 잘못이 있다면, 적절한 행동을 취하는 것만으로는 충분치 않다는 얘기다. 이는 완전 무결하게 순결하지 않은 여자는 값싼 여자이고, 따라서 만만한 상대가 된다는 말과 같다.

도덕의 가면을 쓴 성 정치학

여성에게 문제가 있다는 시각은 시간이 지날수록 더 공고해졌다. 1950년대에 한 여학생이 일리노이대학교 학생회 사교부 부장에게 데이트하는 남자가 "자기 맘대로 행동하려고 하는" 상황을 어떻게 슬기롭게 대처해야 하는지 묻자, 사교부 부장은 그러한 상황이 발생한 것 자체가 여자의 잘못이라고 가정한다. "신체 접촉을 좋아하는 여자라는 소문이 날 수 있고, 그럴 경우 남자들은 앞으로도 그런 여자겠거니 생각할 것이다."[46] 평가가 좋았던 결혼 교과서도 비슷한 입장을 취하고 있다. 선을 넘는 행동을 저지른 남자 때문에 충격에 빠진 여자들은, 먼저 자신의 품행을 돌아보고 스스로 조심해야 한다. "여자는 내가 무엇을 했길래 남자가 그런 행동을 해도 좋다고 생각했는지 스스로 물어야 한다."[47]

이 논법은 끝이 없다. 1947년 미시간대학의 한 2학년 남학생이 파티가 끝나고 19세 여대생을 집에 데려다 주려다 옆길로 빠져 차를 세웠다. 남자는 여자를 협박하고 기절할 때까지 때린 다음 성폭행을 저질렀다. 경찰은 다음 날 남자를 체포했다. 대학 당국은 남학생과 여학생 모두에게 무기정학 처분을 내렸다. 여학생의 품행이 그녀 자신에게나 대학 측의 입장에서 전혀 명예롭지 못했다는 것이 처분 사유였다.[48] 여성에게 문제가 있다는 생각은 이 정도로 그치지 않았다. 그것은 제도적인 결정, 심지어 사법적 판단에도 영향을 미쳤다. 문제의 남학생은 폭행죄로만 기소됐고, 재판 과정에서 성폭행 피해자는 스스로 무죄를 입증해야 했다.

여자가 뭘 했느냐가 아니라 어떻게 했느냐가 문제라고 여기는 사회적 분위기에서 여성이 무죄를 입증하기란 어려운 일이다.◆ 무죄를

◆ "Is the Younger Generation in Peril?" *Literary Digest* 69 (14 May 1921): 10. 1921년 YWCA 언론 · 홍보부는 "옷과 행동의 도덕"을 설명하기 위해 포즈를 취한 모델 사진 몇 장을 여러 신문과 잡지사에 보냈다. 본문의 격언은 뉴욕 《이브닝 월드》의 사진을 소개하는 헤드라인에서 따온 것이다. 사진에는 "오른쪽의 여성은 실제로 책을 읽고 있다. 그녀는 얌전하고 내성적이며 자기 일에만 집중하고 있다. 잘 보면 《문학 리뷰》를 읽고 있다. 남자들이 무서워하며 도망칠 법도 하다"는 설명이 붙어 있다.

입증하려면 신중한 행동만으로 충분하지 않다. 아무리 올바른 품행을 유지하더라도 "자유분방하고 쉬워 보인다"는 뒷말이 언제든 나올 수밖에 없다. '여성이 성폭행을 도발하는가?'(1960)라는《코스모폴리탄》기사는 그렇다고 답한다. 다만, 도발이 의식적인 것은 아닐 뿐이다. 성폭행은 여성의 잠재의식적 충동과 환상의 결과이다 성폭행은 "두 가지 신경증, 즉 피해자의 무의식적 경향과 가해자의 신경증적 정신세계가 상호 보완적으로 결합"함으로써 발생한다.[49]

이 논리에 따르면 잠재의식적으로 성폭행을 원하는 여성들도 있기 때문에 강간은 남자의 잘못이 아니게 된다.《코스모폴리탄》의 기사는 "젊은 남성의 욕망이 돌이킬 수 없는 지점까지 자극되는 경우가 많고, 여성이 저항해도 남성이 물리력으로 욕정을 채우려 한다면 이는 놀랄 일이 아니"라면서, 성폭행의 원인을 여성의 "애무 패턴"에서 찾으려 한다.[50] '성범죄 전문가' 리처드 호프만 박사까지 나서서 이같은 주장을 뒷받침한다. "공격 성향을 자극하는 어떠한 행동도 하지 말라." 많은 성폭행 범죄자는 자제력을 잃기 전까지 또는 성적으로 흥분하기 전까지는 순하고 안전하다. 그들은 다만 옷을 제대로 입지 않은 여성을 잠깐이라도 보면 흥분할 뿐이다. "요즘 여성들이 길거리에 돌아다니는 모습을 보면 일을 자초하고 있다는 생각이 든다."◆

이 모든 것은 남성에게, 심지어는 성폭행 가해자에게 면죄부를 주

◆ Alan Hynd, "How to Protect Your Family," *Cosmopolitan*, January 1962, p. 47. 1949년 조언서는 어느 날 밤 공원 지름길로 걸어가다가 "깜짝 놀란" 경험이 있어서 밤에 나가는 게 무섭다는 여학생의 이야기를 전한다. 저자는 "밤에 나다니는 철없는 여자라면 깜짝 놀랄 만도 하다"고 말한다. Van Evera, *Happy While Single*, p. 82.

는 것으로 끝나지 않았다. 수많은 행정 관계자와 '전문가'들은 남성들에게 여성을 성적으로 착취하라고 노골적으로 권하는 짓까지 서슴지 않았다. 이들이 제안한 행동은 실로 광범위하다. "모든 여자를 다 시도해 보는 것이 남자들의 권리"라고 말하는 10대 조언 칼럼들이 뜻하는 것은 네킹 정도지만, 그런 조언이 그 정도에서 그친다는 보장은 없다.[51] 좀 더 과감한 제안을 하는 전문가도 있다.

특히 심리학자 앨버트 엘리스Albert Ellis 박사는 남성의 성적 공격성을 적극 옹호하였다. 그는 직접 조사했다는 구강·삽입 성교 연구로 심리학 연구자 집단의 열렬한 환영을 받고, 베스트셀러 《섹스와 독신남 Sex and the Single Man》(1963)으로 일반 독자들에게도 인기 있는 연구자였다.[52] CCNY 학사, 컬럼비아대학교 석사 및 박사(임상심리학), 럿거스대 및 뉴욕대 교수, 뉴저지 기관·단체 부서 수석 심리학자, 미국 심리학자연합회 상담심

앨버트 엘리스 박사

리학 분과 전前 회장, 과학적 섹스 연구협회 전前 회장, 국립 가족관계 위원회 산하 결혼상담부 의장, 《결혼과 가정생활 저널》《국제 성학지性學誌》《최신 성 연구》등 여러 학술지의 부편집장, 22권의 저서와 연구서 집필 등등 책에 소개된 그의 경력은 화려하기 그지없다.[53]

그런 그가 고전적인 학술지 논문의 형식을 빌려, 남성의 성적 절제는 반드시 신체적·심리적 '건강 손실'을 일으킨다는 주장을 펼친다.[54] 뿐만 아니라 남성들에게 성적 욕구를 만족시키는 방법을 적극

제시한다. 그가 추천하는 방법은 "조용하지만 끈질기고 강력한" 설득이다. 이 방법이 가장 일반적으로 입증된 결과를 가져오기 때문이다. "오늘 당신이 성관계를 긍정적으로 고려해 보라고 설득한 여자는 내일 다른 남자와의 잠자리를 좀 더 적극적으로 고려할 것이다."[55] 그러니 육체적인 설득도 말리지는 않는다. 한 여자에게 성적 접근을 시작했다면, 성적인 측면에서 나갈 수 있는 데까지 나가 보라는 것이다.

당신은 곧 여자를 가까이 끌어당겨 밀착시키고 손가락 끝으로 그녀의 노출된 몸을 구석구석 빠짐없이 어루만질 것이다. 한편 애무하는 손으로 여자의 옷을 풀어헤치고, 빠른 손길로 그녀의 벌거벗은 몸이 드러나도록 한다. 이때 능숙함과 속도가 있다면 더욱 좋다. 여자의 가슴을 완전히 드러내거나 스커트를 벗기거나 속옷을 빼내었다면 여자로서는 다시 일어나 몸을 가리기가 힘들 것이다. 가릴 것이 전혀 없다는 것과 당신이 열정적으로 계속 키스하고 애무하고 있다는 것을 느끼는 한, 여자는 어쩔 수 없다고 체념하고 받아들인다. 다시 옷을 더 벗기고 다소 저항이 있더라도 끈덕지고 힘차게 계속해야 한다. 비록 옷을 찢어 버리고 강제로 범하지는 않더라도, 여자를 알몸으로 만들겠다는 당신의 확고한 의지를 보여 주어야 한다.◆

◆ Albert Ellis, *Sex and the Single Man* (New York : Lyle Stuart, 1963), p. 83. 엘리스는 "문자 그대로" 강간을 옹호하지는 않지만, 강간이 남성의 자유로운 성적 표현을 억제하는 사회에서 흔히 있을 수 있는 반응이라고 주장한다.(Albert Ellis, *The Folklore of Sex* [New York: Grove Press, 1951], p. 170) 엘리스는 강간이 그 자체로는 "위험하거나 건강을 해치는" 성적 행위가 아니라며, 오히려 "사회가 강간을 그런 식으로 바라보

완강한 저항에 직면했을 때 과감한 행동을 주문하고, 제한적이지만 물리력을 행사해도 좋다는 것은 이미 다른 조언자들이 당연하게 받아들이고 있던 생각이다. '블루진 생물학'이라는 제목의 〈애비 여사〉 조언 칼럼은 모든 남자들을 강간범에 가까운 잠재적인 늑대로 본다. 그녀는 "강력한 후려치기" 한 방이면 "광분한 남자"도 정신을 차릴 거라면서, 남성의 무력에 폭력으로 대항하라고 조언한다. 남자가 여자를 정말 사랑하면 "한 대 때려도 화를 안 낼 것이고, 오히려 존중하는 마음이 들 것이다".[56] 이와 같은 관습적 패턴은 실제로도 확인 가능하다. 어느 대학의 남성 공격성 연구에 따르면, 설문에 응한 남녀공학 여학생의 절반 가량이 적어도 1년에 한 번 정도는 파트너의 행동(네킹, 페팅, 때로는 폭력을 동반한 성관계 시도) 때문에 기분이 상한 적이 있다고 답한다.[57]

이와 같은 성적 통제 시스템은 여러 가지 결과를 초래했다. '정숙'이라는 사회적 기대에 부응하려는 과정에서 여성은 성에 대해 두터운 장벽을 쌓게 될 가능성이 높다. 여성이 정숙할수록 저항은 더욱 강해진다.(물론 사회적으로 정숙한 여성은 바람직한 결혼 상대자로 여겨진

고 또 그렇게 만들고 있다"고 말한다. 그는 "강간을 가볍게 여기도록 교육 받는다면, 강간은 실제로 피해자가 성인일 경우 아무런 해를 끼치지 않는다. 자라면서 강간이 끔찍한 폭행이라고 배웠다면, 피해자들은 그로 인해 심각한 손상을 실제로 입을 수 있다"고 설명한다. 그는 강간이 "바람직스럽지 못하지만" 변태적인 것은 아니라고 주장한다. "가령 어떤 사람이 은행 강도짓을 하거나 사람들과 주먹 다툼을 한다고 해서 그 사람이 신경증이 있다거나 변태적이라고 말할 필요는 없을 것이다. 적어도 어떤 상황에서는 그렇다. 그러나 보통 우리는 그런 행동을 장려하지는 않을 것이다. 비슷하게, 내가 가진 편견으로 인해 나는 강간범을 변태라고 여기지 않지만, 강간과 성폭행 같은 행위는 당연히 막아야 한다고 생각한다."(Albert Ellis, *The American Sexual Tragedy* [New York: Lyle Stuart, 1954], p. 81).

다.) 1938년 결혼 교과서 《결혼 준비하기Preparing for Marriage》는 미래의 남편들은 신부의 무의식적 저항이 수그러들 때까지 며칠을 기다려야 한다고 조언한다. "절대 하지 말아야 할 것이 남자의 요구에 굴복하는 것이라고 평생 귀에 못이 박히도록 들어 왔는데, 이제 남편이 있다고 해서 한순간에 그 모든 가르침을 다 버릴 수는 없다."[58]

아이로니컬하게도 여기서 여성은 다시 비난받는다. 1947년 꽤 영향력 있었던 책 《근대 여성 : 잃어버린 섹스Modern Woman : The Lost Sex》는 신혼 첫날밤 신부에게 부드럽게 대하라는 결혼 매뉴얼을 비판한다. 그런 태도를 주문하는 여자는 남자의 남성성을 빼앗는 셈이다. "우리는 그 옛날 강건한 강간범의 후예인데, 오늘날 저자세의 신랑 시대를 살고 있다."(물론 힘이 넘치는 과거의 신랑들이 진짜 강간범은 아니다. 강간은 신부의 환상이거나 남자가 약간 무례하거나 술에 취한 경우를 일컫는다는 설명이다.)[59]

여기에 성적 희롱의 책임을 노골적으로 여성에게 전가하는 조언자들까지 성적으로 무감각한 여성들을 비난한다. 남성의 성적 공격을 초래한 원인을 자신에게서 찾지 않고 남자들을 비난하는 여성들이 싫다면서, "지나치게 감정 표현을 꺼리고 지나치게 점잔빼거나 비협조적 성격이어서 상대방의 적극적인 애정 표현을 참을 수 없는 사람은 데이트할 때마다 공격적으로 애무에 몰입하는 사람만큼이나 큰 문제가 있다"는 말이 또 다른 사회학자의 입에서 나온다.[60]

10대를 위한 조언서 《데이트북》은 숙녀처럼 행동하면 남성의 성적 공격을 피할 수 있다는 좀 더 직설적인 견해를 피력한다. 조언을 구하는 여학생은 말한다. "전 괜찮은 여자예요. 첫 번째 데이트에서도 키스를 안 했어요. 네킹도 거의 안 해 봤고, 페팅은 한 번도 한 적이 없습니다. 남자애들이 저보고 너무 차갑다고 하는데, 제 생각에도 제가 좀 차갑게 대하는 것 같기도 합니다. 소문 안 좋은 여자애들처럼 안 보이려면 무슨 다른 방법이 있나요?"

여학생의 의중을 간파한 저자는, 안 좋은 소문이 날까 봐 걱정하고 있다고 말하지만 진짜 문제는 다른 데 있다고 지적한다. "좀 더 깊이 들여다볼 용기가 있다면, 섹스에 대한 두려움과 혐오감을 발견할 수 있을 것이다." 그러면서 페팅이 지혜롭지 못하고 위험한 행동인 건 맞지만 더러운 행동은 아니라고 덧붙인다. 저자의 조언은, 상담을 받아 보고 데이트의 엄격한 규칙들을 지켜야 한다는 강박에서 벗어나라는 것이다.[61] 한 마디로, 여성들이 행동할 수 있었던 범위가 지나치게 좁았던 셈이다.

성 정치학에서
성 경제학으로

도덕의 가면을 쓴 성 정치학은 그 자체의 무게를 못 이기고 무너졌다. 여성이 절대로 승리할 수 없는 게임을 제시했기 때문이다. 그러나 실제로는 무너진 게 아니다. 여성의 정조virtue(이전 시스템의 '조건절'에 해당)와 여성의 가치value를 동일시하는 성 경제학이 그 논리를 이어받았기 때문이다.◆ 이 논법의 경제 논리는 매우 분명하다. 여성이

◆ 성경의 시대부터 여성의 가치는 여성의 정숙함과 동일시되었다. 그렇기 때문에 이

섹스를 통해 단기적 이득(데이트, 인기)을 취할 수 있지만, '공짜' 키스와 섹스는 '값이 싸고' 그런 만큼 높이 평가받지 못한다. 반면에 여성이 정숙함을 유지함으로써 섹스를 희소 상품으로 만든다면 그녀의 가치는 상승할 것이고, 다른 여자들의 값싼 행운을 능가하는 장기적 이득을 실현시킬 수 있을 것이다.

여기서 드러나는 경제원칙과 비유들은 도덕적 또는 중립적 언어로 위장되어 있지 않다. 이 경제 논리가 당시 어느 정도의 영향력을 발휘했는지를 살펴보자.

"키스는 다른 세상의 좋은 것들처럼 희소성에 비례한다." - 1950년대 결혼 교과서

"공짜로 준 키스는 싸고 가치가 없다." - 10대 조언서(1954)

"사탕 주듯이 키스를 나눠 주는 여자는 사랑의 값을 아주 낮게 매기고 있는 셈이다." - 《시니어 스콜래스틱》(1949)

"페팅은 공급 부족이 없는 상품이다. 평범한 여자는 줄 것이고, 비싼 여자는 안 줄 것이다. 이를 안다면 할인 판매 상품이 되기보다 수집가용 희귀품이 되는 게 낫지 않겠는가?" - 여성 조언서(1937)

"남자는 자신의 가치를 높이 평가하는 여자를 더욱 가치 있다고 여긴다." - 여성 조언서(1950)

"누가 중고품을 원하겠는가?" - 《시니어 스콜래스틱》(1945)

러한 관념은 모순적이기는 하지만 여성의 자유와 자율성이 늘어나는 상황에서도 여전히 강력한 힘을 발휘하고 있다.

"특가 판매장에서 거칠게 다루고 아무렇게나 내던져서 색이 바래고 구겨지고 때가 묻고 해어진 물건처럼, 페팅과 포옹은 하면 할수록 값이 떨어진다." -《에밀리 포스트》(1937)

"자신의 값을 싸게 매기는 여자를 소중히 여기는 남자를 찾기는 어렵다." - 10대 조언서(1965)

"여자가 스스로의 가치를 높게 보지 않으면 남자는 그 여자를 쉽게 얻을 수 있는 여자로 여긴다. 옷은 비싼 옷이지만 머리를 그렇게 젖히면 값이 싸 보인다. 손가락으로 찌르고 몸으로 밀치는 신체 행위, 늦은 시간의 잦은 외출, 이런 것들이 가치를 낮추는 지름길이다. 스스로를 귀하게 여겨라. 그러면 가치가 올라갈 것이다." -《레이디스 홈 저널》10대 조언 칼럼(1942)[62]

이 모든 얘기들은 모두 같은 말을 하고 있다. 정숙함에 대한 장기 투자는 높은 투자 이익을 가져다줄 것이다!

이와 같은 관습의 조정자들에 따르면, 장기 투자는 두 가지 이득이 있다. 첫 번째, 가장 직접적인 이익은 지속적인 관계와 결혼이다. 만약 이 논리대로 수요·공급의 법칙이 미국의 성 경제학에 완벽하게 적용된다면, 섹스의 '가격'은 희소성에 비례하여 상승할 것이다. 1948년에 출간된 어느 조언서가 직설적으로 지적하듯이, 섹스는 남자가 돈을 주고 사는 것이다. 권장 판매가가 가장 높은 것은 물론 결혼이다.[63] 또 다른 저자는 남자에게 결혼 프로포즈를 이끌어 내려면 절대로 섹스 요구에 응하지 말아야 한다고 말한다. 반대로 혼전 성관계를 허용한 여성들은 이 같은 높은 대가를 요구해서는 안 된다고 경고한다. 저자가 고전적인 방식으로 표현한 바에 따르면, "왜 공짜로 얻을 수 있는 것을 돈을 주고 사겠는가?"[64] 또 다른 저자는 모든 걸 넘겨주기 전에 계약금 이상의 것을 요구하라고 조언한다. "약혼반지는 결혼반지를 대신할 수 없다. 아무리 구두쇠 같은 남자라도 보증금 정도는 포기할 수 있다."[65]

정숙함에 대한 장기 투자의 두 번째 이익은 간접적이지만 좀 더 근본적이다. '공짜' 혼전 섹스를 제한하는 것이 여성의 사회적 지위를 유지하는 유일한 방법이라는 것이다. 이 논리에 따르면, 여성의 가치는 순결에 바탕을 둔다. 또한, 여성은 순결을 통해 남성에게 공급할 수 있는 여성 고유의 상품(이성애적 섹스)에 희소성을 부여한다. 그렇기 때문에 가치를 떨어뜨리지 않으려면 반드시 희소성을 유지해야 한다. 1932년 《패어런츠》에 실린 기사는 '인종화된 여성'이라는 논법을 통해 이와 비슷한 논리를 펼친다. "여성이 남성의 욕구를 만족시키는 상품으로, 시장에서 사고파는 물건으로 취급되는 나라도 있다." 미국 여성들은 오직 남성들의 존경을 받음으로써, 다시 말해 페팅과 혼전 섹스에 빠지지 않음으로써 현재의 위치를 유지할 수 있다. "자기 자신을 값싼 존재로 취급하는 여성은 스스로를 시장으로 내모는 셈이다."[66]

다른 조언자들은 '공짜' 섹스가 남성의 난봉꾼 기질을 꺾고자 오랜 세월 "공들여 만든 방어막"을 파괴한다고 경고한다.[67] 새로운 성적 자유가 여성의 유일한 안전장치를 파괴했다는 말이다.[68] 결국 "성적 자유가 만연한 사회에서, 여자는 힘센 남자의 쉬운 먹잇감이 될 뿐이다."[69]

이와 같은 주장은 결국 불평등한 통제 시스템을 유지하는 근거가 된다. 여성은 자신의 이익을 위하여 정숙함(성적 희소성)으로 가치를 평가받아야 한다. 정숙함을 저버리는 여성은 성적 권력 또는 남성과의 평등을 유지하지 못하며, 오히려 성적 신뢰를 깨뜨리고, 그럼으로써 불안정한 여성의 사회적 지위를 더욱 위험에 빠뜨린다. 여기서 우리는 개인적 가치 저하(중고품)와 집단적 가치 저하(노예 상태)의 위협으로 인해 결혼의 가치라는 '인센티브'가 더욱 높아지고 있음을 알 수 있다.

이러한 위협적 상황을 고려해 볼 때, 그리고 그러한 위협들 때문에 더욱 굳어지는 남녀 구별을 생각해 볼 때, 젊은이들의 상징적인 섹스 요구는 더더욱 놀라워 보인다. 사실상 젊은이들의 성적 경험은, 페팅과 네킹 및 '올바른' 성적 태도 등을 필수 기준으로 규정한 청년문화의 규범적 관습과 기성세대와 정부가 정한 규제적 관습, 이 두 가지 관습에 지배된다. 서로 상충하는 이 두 가지 관습은 모두 공적이고 보편적이며 지극히 노골적이다. 이 두 시스템은 젊은이들의 행동양식을 결정하는 매우 강력한 요인으로서, 청년과 노년 / 권위의 갈등 관계 속에서 체험적 관습을 형성한다. 페팅이 젊음의 특권이라는 주장과 죄악이라는 주장이 치열한 접전을 벌이는 가운데, 개인의 결정은 개인적 성애의 차원을 넘어서는 사회적 상징성을 띠게 된다.

자동차는 청춘 남녀가 가족과
공동체의 감시에서 벗어나 해
방감을 만끽하는 데 크게 기여
한 일등공신이었다. 저자 소장
사진.

1920년대 젊은이들은 그들만
의 패션, 그들만의 음악과 언
어 및 관습으로 된 문화를 만
들고 향유하는 것으로 기성세
대에 대한 거리감을 표출했
다. 저자 소장 사진.

IT'S A GREY LIFE IF YOU DON'T WEEK-END

NOTHING ODD ABOUT THIS

1920년대 많은 미국인들은 젊은이들의 성적 자유에 우려의 눈길을 보내면서도, 대학가의 이국적 문화에 매료되는 모순을 보였다. *Purple Parrot* (Northwestern University Magazine), January 1927, Reprinted courtesy of Northwestern University.

공식 무도회에서 여자들이 앞가슴에 꽂는 코르사주는 그 여자가 지닌 '가치'의 시각적 표지였다. 여자들은 10달러짜리 난초나 치자꽃 한 송이를 자랑스럽게 달고 다녔다. Northwestern University Archives. Photograph by James L. Bixby.

화장품 광고는 '현명한 소비'를 통해 다른 여성 경쟁자를 이길 수 있다고 유혹했다. *Purple Parrot*, March 1941. Reprinted courtesy of Northwestern University.

여대생 기숙사 안에서 늦게까지 이어지는 데이트는 여사감의 갑작스런 등장과 점등으로 당황스럽게 마무리되었다. Northwestern University Archives. Photograph by James L. Bixby.

광고 속 여성이 생각하는 연애의 목표는 제대로 된 남자, 제대로 된 결혼, 미래의 드림 하우스이다. *Woman's Home Companion*, May 1941. Reprinted courtesy of Chesebrough-Pond's, Inc.

전쟁의 불확실성에 직면하여, 수많은 젊은이들이 징집되기 전에 서둘러 결혼했
다. 저자 소장 사진.

THIS IS WORTH FIGHTING FOR

These girls didn't win — but they stand high in the ranks of Northwestern Glamour Girls and should go far in the future.

Poignant, poised Margaruite Bunge, one of the brighter starlets of Northwestern's alluring creatures. Unknown a few weeks ago her name is now on the tip of everyone's tongue. We don't have to explain why—look at this picture.

B. J. Allen is a compact, lush bit of femininity. Her dark hair and fair skin attract the average, red-blooded male. She recently caused some talk by dating both Perry Winsberg and Sig Hanson.

Jane Munson, smooth, sultry manikin, has been enamouring men long before she attained her recent fame. Her svelte figure and enticing mien were suffice to bring her into the limelight. Alas, for the rest of mankind, her heart is the private property of the U. S. Navy.

This Contest,

different from most of the publicity contests at Northwestern, is one with real meaning. At this time when most Northwestern men are preparing to go out and fight for their country, a contest of this kind is very apropos. The SYLLABUS deserves much credit for illustrating the kind of girls men fight and die for. This democratic contest represents the American ideal—liberty, these girls, especially Nancy Berthold, represent the American way of life. This is indeed worth fighting for.

일부 여대생들은 남학생들이 전쟁터로 가 버린 뒤에도 '순위평가' 게임을 계속하려 했다. 제2차 세계대전 기간의 서로 다른 경험은, 전쟁 후 남학생들이 학교로 돌아왔을 때 남녀 학생 사이에 미묘한 긴장감을 만들어 냈다. *Purple Parrot*, February 1943. Reprinted courtesy of Northwestern University.

기숙사 휴게실에서 '네킹'
을 즐기는 남녀. Northwestern
University Archives. Photograph by
James L. Bixby.

우정반지 등 애정의 표식
이 곁들여지는 '코카콜라 데
이트'는 '진짜 데이트'로 가
는 중요한 연애 의식이었다.
Northwestern University Archives.
Photograph by James L. Bixby.

전쟁이 끝나자 대중매체들은 결혼을 찬양하고 나섰다. 결혼율은
급등했고, 평균 결혼연령은 극적으로 떨어졌다. *Recensio*, 1951, Miami
University yearbook, Oxford, Ohio.

약혼반지는 남자와 여자 모두에게 '성공'의 상징이었다. 1957년 무
렵, 미국의 3백만 대학생 중 16퍼센트가 기혼이었다. *Recensio*, 1951.

현대 미국에서 남성성과 여성성이 갖는 의미에 대한 광범위한 우려는 남성과 여성 역할에 대한 극단적인 고정관념을 낳았다. *Daily Northwestern*, October 24, 1962.

5장

+++

데이트와
에티켓

여자답게/남자답게
코드

"남자에게 훌륭한 에티켓이란 여자를 연약하게 만들지 않고도 여자답게 만드는 것이다. 여자에게 훌륭한 에티켓이란 남자에게 당했다는 느낌을 주지 않으면서 남자를 남자답게 만드는 것이다."

1959년 당시 매너를 다룬 어느 책에서 나온 말이다.[1]

이와 같은 다소 특이한 에티켓 개념은 20세기 중반 미국 사회에서 쟁점화된 정체성의 문제, 특히 젠더 정체성이 어떻게 형성되고 규정되는지를 집약적으로 보여 준다. 젠더 정체성은 미리 결정된 것이 아니라 유동적이다. 그렇지 않다면 남자에게 "남자답고자 하는 욕구"가 왜 군이 필요하겠는가? 그와 동시에 여성과 남성에 따르는 속성, 즉 "연약하다" "괴롭힘을 당하다"도 고정불변이 아니다. 이러한 젠더의 불확실성과 관련하여 에티켓은 부분적으로나마 일종의 해결책을 제시한다. 즉, 몇 개의 규칙을 잘 지킴으로써 불확실성을 해소하고 확고한 젠더 정체성을 얻을 수 있다는 말이다.

20세기에 들어서면서 남성성과 여성성이 신 또는 자연이 빚어낸 존재적 양태가 아니라 문화적·역사적 상황으로 만들어지는 가변적 행동양식이라는 새로운 인식이 생겨났다. 젠더의 가변성은 미국인들에게 불안감을 불러일으켰다. 젠더가 선천적이고 불변하는 것이 아니라 문화적으로 구성된다면, 남성과 여성의 정체성은 언제든 뒤바뀔 수 있기 때문이다.

많은 사람들이 남성과 여성 사이에 존재하던 장벽이 서서히 무너지면서 '남성성과 여성성 또한 붕괴되고 있다고 주장했다. 부정적인 사람들은 여자들이 여성답게 행동하는 법을 모르기 때문에, 남자들도 어떻게 해야 남성이 되는지를 잘 모른다고 비판했다.[2] 그 반대의 경우도 마찬가지다. 간단히 말해, 남성성과 여성성은 서로에 의해 규정된다는 말이다. 이 둘은 그 자체로 완결된 개념이 아니기 때문에 오직 상대방과의 대조를 통해서만 규정이 가능하다. 이와 관련하여 《콜리어》(1952)에 실린 글에서 한 전문가는 이렇게 밝힌다. "우리는 아이들에게 사람은 동물이 아니기 때문에 사람답게 행동하는 게 중요하다고 가르치지 않는다. 그런데 남자는 여자가 아니기 때문에 남자답게 행동하는 게 중요하다고 가르치고 있다."[3]

상호 대립적 관점에서 구성된 20세기 중반의 남성성과 여성성은 사실 성 역할에 대한 전통적인 인식과 대동소이하다. 남성적인 남자는 강력하고 지배적이고 공격적이고 야망에 넘친다. 그들은 바깥세상에 있어야 마음이 편하고 아내와 자식을 부양한다. 여성적인 여자는 의존적이고 순종적이고 세심하며 가정에 충실하다. 그러나 이 같은 관념은 남성과 여성의 영역이 서로 겹쳐지는 변화된 사회 현실에는 잘 들어맞지 않는다. 젠더의 영역을 모호하게 만드는 바로 그 현실 때문에 거꾸로 미국 사회는 남성적·여성적 행동 방식, 즉 남성과 여성의 '전통적인' 차이를 증명하고 강화하는 행동 방식에 집착하는

지도 모른다. 남녀관계에 관련된 에티켓, 특히나 젊은이들의 연애에서 이러한 강박관념이 가장 극명하게 드러난다고 할 수 있다.

내가 말하는 남성성과 여성성의 에티켓은 1930년대부터 1960년대까지 미국인의 관습을 주도했다. 남성과 여성 각각의 행위·능력·본성에 적합한 분리된 영역이 존재한다는 19세기적 세계관은 무너졌다. 그와 더불어 남성성과 여성성이 가변적인 상품이라는 인식이 확산되었다. 남성성과 여성성의 에티켓은 바로 그러한 역사적 변화에 대한 지적·사회적 반응이다.

여성성과 남성성은 이제 자연적으로 주어지는 속성이 아니라 후천적 노력을 통해 획득되어야 하고, 끊임없이 증명되어야 하는 정체성이 되었다. 다시 말해, 남성성은 남자라는 자연적 성maleness에서, 여성성은 여자라는 자연적 성femaleness에서 나오는 것이 아니다.[4] 에티켓, 특히 남녀관계에 관련된 에티켓은 '어떻게' 남자가 되고 '어떻게' 여자가 되는지를 알려주는 것을 주목적으로 삼는다. 에티켓은 또한 젠더에 적합한 행동 규범을 제시함으로써, 사람들에게 남자임(또는 여자임)을 증명하는 방법을 가르친다.

남성성과 여성성의 에티켓은 젊은이들의 연애 의례에서, 그리고 젊은이들의 자기규정에 핵심 역할을 담당하는 정교한 코드이다. 이 복잡한 코드를 직접 들여다보기 전에 이 코드의 성립 조건, 그리고 에티켓을 둘러싼 개념적 혼동을 동시대 사람들이 어떻게 인식했는지부터 살펴보는 것이 좋겠다.

남성성과 여성성의
역사

1958년《마드모아젤》에 기고한 글에서 문필가 엘리자베스 하드윅 Elizabeth Hardwick은 "해부학만으로는 성 개념을 충분히 정의할 수 없게 된 세상을 맞아 인생의 많은 즐거움이 사라져 버렸다"고 썼다.[5]

하드윅이 무슨 말을 하려 했는지는 모호하다. 젠더 사회학에서는 성이 젠더(또는 성 역할)와 달리 해부학적으로 결정된다고 규정하고 있다. 성sex(남성 또는 여성)은 생물학적 특성에 기초한 개념적 용어이 며, 젠더gender(남성성 또는 여성성)는 '습득된 지위', 즉 사회화의 결과이 다. '남성성'과 '여성성'은 "사회적으로 규정되고 개인적으로 습득된" 일련의 특성들을 가리킨다. 젠더는 선천적인 것이 아니라 문화적으 로 생성된 것이기 때문에 젠더 개념은 가변적이다.[6] 이처럼 남성과 여성의 역할이 변하고, 전통적으로 남성이 맡던 역할을 여성이 맡게 된 문화적 상황에서, 해부학은 당연히 젠더를 규정하는 충분조건이 될 수 없다.

하드윅의 논의가 사회학적으로 정확한 진단인지 아닌지의 문제 는 일단 논외로 접어 두자. 중요한 것은 하드윅이 성과 젠더를 구분 하고 있으며, 이 둘 사이의 거리가 점점 더 커지고 있다는 것이다. 20 세기 후반에 들어서 사람들은 이러한 구분, 즉 여성은 반드시 여성 적이지 않고 남성은 반드시 남성적이지 않다는 사실을 인식하기 시 작했다. 이는 상대적으로 새로운 '젠더' 개념이라고 할 수 있다.

영국과 유럽에서와 마찬가지로 18세기 초 미국에서도 젠더에 대한 인식은 상대적으로 매우 낮았다. 역사학자 피터 스턴스Peter Stearns가 설명하듯이, "산업화 이전 시대에는 명확한 젠더 기준이 있었다. 젠더 관계가 진화한다는 인식이 없었을 뿐이다. 젠더는 말하자면 신이 창조한 것으로, 세월이 흘러도 불변하는 것으로 여겨졌다."⁷ 사람들은 성경에 의거하여 남성과 여성의 구분이 신이 정한, 불변의 구분이라고 믿었다. '존재의 사슬Great Chain of Being' 모델에 따르면, 여성은 남성과 유사하지만 그보다는 열등한 능력과 특징을 지닌 일종의 '열등한 남성'이었다. 그러다가 18세기 말부터 젠더 관념이 급격히 바뀌면서 남성과 여성의 '차이'가 강조되기 시작했다. 남성다움manhood과 여성다움womanhood의 의미에 관한 많은 논의가 쏟아졌고, 이는 주로 '분리의 메타포'를 통해 설명되었다.⁸ 이 논리에 따르면, 신이 부여한 선천적 성적 본질 때문에 여성은 "독특한 여성적" 본성을 소유하게 되었고, 그에 따라 남성보다 더 연약한 성격과 정신 및 신체를 갖게 되었다.⁹

젠더의 차이에 관심을 가진 19세기 미국인들은, 이를 남성과 여성은 천성적으로 서로 다르며 고유의 영역을 갖는다는 분리된 영역 이론으로 발전시켰다. 성경의 자의적 해석을 바탕으로 여성을 사악함과 유혹의 상징으로 보았던 과거와 달리, 19세기 중반이 되자 이제는 여성의 천성을 선과 도덕의 상징으로 간주하기 시작했다. 남성의 천성은 이와 반대되는, 공격적이고 행동지향적이고 지적이고 성적인 것으로 규정되었다. 남성과 여성의 젠더에 적합한 행동은 교육을 통해 습득되어야 하는 부분도 있지만 근본적으로 자연적이고 선천적인 것으로 여겨졌다.¹⁰ 이에 따라 자연의 섭리에서 벗어난 여성들은 "부자연스럽다"거나 "제3의 성"으로 불렸다.

19세기에 접어들면서 복음적 청교도주의, 여성을 종교와 도덕의 상징으로 보는 관점, 도시화·산업화에 따른 젠더 영역의 분화, 여권 신장을 비롯한 강력한 개혁운동 등 다양하고 때로는 모순적인 사회직 입력으로 인해 '신이 정한' 여성의 열등함에 대한 믿음은 점차 쇠퇴하게 되었다. 그러나 성경을 바탕으로 한 젠더 이론이 힘을 잃으면서, 자연적 차이 개념을 떠받치는 새로운 이론이 등장했다. 바로 다윈의 진화·자연선택 이론이다. 이 이론은 전문화가 진화의 목적이고, 따라서 진화는 남성과 여성에게 각각 다른 기능을 발전시켰다고 주장했다.[11] 결과적으로 천성주의, 즉 남성과 여성의 자연적 차이를 주장하는 이론(그리고 성과 젠더가 인과적으로 밀접하게 연관되어 있다는 생각)이 다시 생명력을 얻은 셈이다.

물론 같은 시기에 남성성과 여성성의 선천론에 대해 우려하는 목소리가 없었던 것은 아니다. 무엇보다 선천주의 이론은 경험에 반하는 내용이었다. 남북전쟁(1861) 이후부터 남성성 문제에 관한 글들이 쏟아져 나왔다. 19세기 후반에 폭증했던 조언서는 독자들에게 남성적 행동의 지침을 제시했다. '계집애 같다sissy'는 단어가 이때 널리 사용되었다. 시어도어 루스벨트(재임 1901~1909) 대통령의 '강건한 삶'은 당시 처음으로 등장한 보이스카우트와 마찬가지로 남성성 개념을 중심으로 전개되었다.[12]

20세기에도 그렇듯이, 19세기 미국에서 남성성의 위기는 여성의 책임이라는 것이 일반적 견해였다. 비판자들은 선천적으로 약하고 수동적이고 비세속적이고 도덕적인 여성이 가정을 지배하고 자녀를 기르는 일만 하고 있다고 지적했다. '점잖은' 중산층 가정의 남자아이들에게 모범이 되는 것은 '기독교적 신사'였다. 그 당시 사람들은 남성에게 선천적으로 결여된 완벽한 도덕과 예의범절을 강조하는 엄마의 가정교육이 남아의 남성성 개발을 저해하거나, 엄마의 도덕적 기준에 맞출 수 없는 남자아이들에게 남성성을 증명해야 한다는 강박감을 심어 줄 소지가 많다고 생각했다.[13] 이러한 심리적 설명이 맞든 틀리든 남성성이 위협받고 있으며, 선천적인 특성이라 할지라도 파괴될 수 있다는 우려가 사회적으로 확산되었다.

19세기 후반~20세기 초반이 되자, 여성들이 선천적 여성성 이론에 도전하기 시작했다. 수없이 많은 여성들이 '선천적으로' 본성에 맞지 않는 일들을 하기 시작했다. 많은 여성들이 대학을 졸업하고 체육 활동을 했으며, 이전 시대의 점잖은 여성들과 달리 직장에 진출하기 시작했다. 비판자들은 1890년대 신여성들이 "남성의 영역으로 몰려들고 있다"고 보았다.[14] 제인 애덤스처럼 남성의 (공적) 영역에 진출한 유명 여성들은 자신들이 가정의 수호자로서의 역할도 충실히 수행하고 있다고 말했지만, 여성의 자유 확대가 가정의 영역을 넘어선다는 점은 분명했다. 많은 평자들은 여성이 제 영역을 떠날 경우 여성성, 또는 여성으로서의 정체성까지도 심각한 위기에 봉착할 수밖에 없다고 우려를 표명했다. 그들은 19세기 후반 여성 개혁가와 여성의 동등한 권리를 옹호하는 사람들에게 '무성無性의 존재들'이라는 딱지를 붙였으며, 여성이 평등을 얻는 유일한 방법은 '탈성화unsex'라고 주장했다.[15] 선천주의의 관점에서는 불가능했던 탈성화는, 여성에게 더 많은 행동의 자유가 부여된 상황에서 충분히 가능한 일로 비쳐졌다.

단순한
프로이트주의

아이로니컬하게도 경험에 근거한 젠더의 유동성은 20세기에 또 다른 선천주의 이론에 의해 더욱 강화된다. 자연적 성이 운명을 결정한다는 프로이트의 주장은 좀 더 세련된 방식으로 젠더를 자연에 위치시키지만(대중적인 프로이트 해석은 제2차 세계대전 이후 여성성을 전통적인 여성다움으로 퇴보시키는 데 일조했다.), 개개인이 성숙한 성적 정체성을 '성취'해야 한다는 그의 믿음은 대중적으로 중요한 의미를 지닌다.

복잡한 이야기를 좀 더 단순화해서 말하자면, 프로이트 이론은 인간의 '원초적 양성성'을 전제로 한다.[16] 프로이트는 진화 이론, 내분비학, 발생학적 발견(태아가 처음에는 남성과 여성의 성기를 모두 갖고 있다는 것) 등을 결합하여 진화의 무성적^{無性的} 단계에서 태아는 기본적으로 남성이라는 결론을 도출한다. 이처럼 프로이트는 각 개인이 사춘기 전까지 남성지향적이라고 주장한다. 여아의 경우 생식선^{生殖腺}이 제대로 기능하기 전까지는 "작은 남자"로 규정된다.◆

◆ 이와 관련된 대부분의 주장은 프로이트의 《정신분석학 입문》에 나온다. 근래 프로이트 이론을 페미니스트적 관점에서 분석한 중요한 글들이 많이 나오고 있지만, 여기서는 다루지 않기로 한다. 나의 주된 관심사는 대중문화에 파급되어 남성성과 여

226

정신·신체·성격의 발달 패턴은 생물학적으로 결정되기 때문에, 여아는 여자가 되기를 '의지'하지만 '정상적 여성성'에 도달하려면 두 가지 위기를 극복해야 한다. 자신이 '불완전하다'는 것을 발견하는 첫 번째 거세 콤플렉스 단계에서, 여아는 초기의 '남성적 단계'에서 벗어나 새로운 심리의 여정을 시작한다. 그리고 사랑이 엄마로부터 아빠로 이동하는 두 번째 오이디푸스 콤플렉스 단계에 이르러, 생물학적 여성성이 최종적으로 형성된다.

여아가 이 두 가지 위기 상황을 해소하지 못하면 정상적인 여성성에 도달하지 못하고 불감증이나 '남성성'으로 빠질 수 있다.(바로 이 점이 20세기 중반 대중적 프로이트주의자들에게 매우 중요하다.) 남성적인 여성은 사춘기의 새로운 수동성을 받아들이기보다 사춘기 이전의 남성적 단계에서 나타나는 특징들을 강하게 드러낸다. 프로이트의 제자 헬렌 도이치는 남성적 여성이 '신경증적으로' 여성적 특성들을 회피하는 동시에 지적·신체적 발달을 추구한다고 주장한다.[17]

프로이트 이론, 또는 대중적 프로이트주의는 내분비학 및 발생학적 발견과 결합하여 성과 젠더의 관계에 대한 학술적·대중적 이해의 기초를 마련했다. 자연과학이 남성과 여성이 유전적으로 다른 성호르몬을 갖고 있다는 점을 증명했다면, 정신분석학은 '정상적 여성성'이 자동적으로 형성되는 것이 아니라 다양한 위기 상황으로 인해 실패로 끝날 수 있다는 점을 입증했다. 대중적 이론가들은 이 젠더

성성에 대한 대중의 생각에 영향을 끼친 단순한 프로이트주의이기 때문이다. 이와 같은 생각들이 1920년대 미국의 자유로운 성적 행동양식에 근거를 제공한 대중적 프로이트주의(부정확한 프로이트)라고 할 수 있다.

유동성을 남성과 여성에게 적용했다.

존경받던 결혼교육가 로런스 프랭크Lawrence Frank는 1939년 동료들에게 고등학교의 결혼 과목이 학생들이 성 역할을 이해하는 데 도움을 주어야 한다고 말한다. "모든 사람이 양성적이기 때문에, 고등학생 시기의 청소년은 아직 분화 과정에 있고 따라서 부분적으로만 남성 또는 여성일 뿐이다."[18]

결혼교육자들은 젠더가 후천적으로 습득되어야 한다는 점을 받아들여, 학생들이 정상적 남성성과 여성성이 무엇인지 이해하고 그러한 젠더적 특성들을 습득할 수 있도록 돕고자 많은 노력을 기울였다. 그들은 교과서와 교과목의 상당 부분을 남성적 남자와 여성적 여자의 차이를 규정하는 데 할애했다. 교육자 폴 포프노는 결혼교육의 가장 중요한 임무가 남성과 여성의 차이를 가르치는 것이라고 생각했다. 1944년 포프노가 가르친 서던캘리포니아대학교의 결혼 과목은 여섯 가지 기본적인 남녀 성차를 중심으로 구성되었다.[19] 1942년 출간된 사회학자 헨리 보우먼의 책 《현대인을 위한 결혼Marriage for Moderns》은 남성 여성의 차이들을 나열하고 '증명'하는 26쪽짜리 장으로 시작된다.[20] E. E. 르매스터는 1957년에 출간된 책에서 남성과 여성의 하위문화를 분석하면서, 각자 자신의 성에 적합한 삶의 방식을 받아들여야 한다고 강조하고, "여성의 역할을 거부하고 무의식적으로(또는 의식적으로) 남자가 되기를 갈망하는" 여성들에게 보내는 경고로 끝을 맺는다.[21]

교육자들이 정상적인 남성성·여성성을 가르침으로써 젠더 정체성을 재확립하고자 했다면, 미국의 지식인들은 불안정한 젠더 정체성의 문제가 심각하다며 깊은 우려를 표명했다. 1940년대 중반, 마거릿 미드는 "미국의 남성다움은 완벽하게 규정되지 않았으며, 매일매일 관리하고 다시 획득해야 한다"고 주장한다.[22] 1958년 역사학자이자 대중적 지식인이었던 아서 슐레진저 주니어는 《에스콰이어》에서 "오늘날의 남성들은 남성다움을 사실이 아니라 문제로 의식한다. 미국의 남성이 남성성을 확인하는 방식은 매우 불안정하고 모호하다"고 주장한다.[23] 1962년 노먼 메일러는 "남성성은 날 때부터 가지고 있는 것이 아니라 살면서 얻는 것이다. 미국인의 삶 속에는 미국 남성들의 남성성을 파괴하려는 경향이 내재해 있다"고 말한다.[24]

이 같은 주장들은 모두 남성성을 주로 논하고 있다. 20세기 중반의 젠더 정체성에 대한 두려움이 '미국 남성의 위기'를 중심으로 표출되었기 때문이다. 제2차 세계대전부터 1960년대에 이르기까지 미국은 남자들이 역사상 처음으로 "남성적 역할을 수행하기 위해 무엇을 하고 무엇을 하지 말아야 하는지에 대한 혼란을 겪고 있다"고 주장하는 기사들로 뒤덮였다.[25]

남성의 위기에 관한 두 가지 학파가 있었다. 그러나 둘 다 "행동과 책임에서 남성과 여성을 가르는 장벽의 붕괴"를 위기의 원인으로 지목했다는 점에서 큰 차이가 없다.[26] 양자 모두 위기의 책임을 직접적으로나 간접적으로 여성에게 전가하며, 남성성이 위기에 처함으로써 남성들 사이에 정신병과 동성애가 증가하고 있다고 지적한다.

1956년 《여성의 친구》지에 실린 기사를 보자. 기사는 일요일 오후 교외 지역에서 '남성 포로'가 낙엽을 태우는 장면으로 시작된다. "비록 여자들이 풍요로운 동물원 관리자이고, 남자는 그 안에 갇힌

애완동물처럼 보이기는 하지만 매우 편하고 느긋한 광경이다." 기사의 요지는 낙엽을 태우는 사람들이 전쟁 중에 허용되었던 폭력지향성, 외설적 행위, 포르노그래피, 일부다처제, 모험 등과 같은 "심층에 내재하는 정상적인 남성적 충동"을 모두 상실했고, 남성적 충동의 지나친 억제는 심각한 결과를 초래한다는 것이다.

"일요일에 조용히 정원을 가꾸는 사람도, 회색 정장을 차려입은 성실한 직장인도 야망과 모험의 꿈으로 불타는 사람들일 수 있기 때문이다. …… 이러한 꿈을 가진 남자는 아내와 가족에게 이방인이 될 수 있고, 영웅주의의 기회가 사라진 세상에서 불편한 삶을 살고 있을 수도 있다. 남자는 이처럼 꿈과 일상적 현실의 차이를 깨달을 때 내가 남자인 걸까 질문을 던진다."[27]

1957년 《뉴욕 타임즈 매거진》의 한 논자 역시 '남성성' 억제의 파장에 우려를 표명한다. "안보, 사회적 책임, 안락 등에 대한 여성적 본능이 모험과 창의적 독창성에 대한, 불편하지만 꼭 필요한 남성적 본능을 억누르게 내버려 둔다면, 우리 문화는 황폐해지고 우리 사회는 몰락할 것이다."[28]

폭력, 외설, 포르노, 일부다처제에 대한 욕망이 지극히 정상적이라는 주장은 다소 지나치다고 할 수 있겠지만, 이 주장들은 사실 남성의 역할 변화에 나름 대처하고 있는 것이다. 19세기 중반 이후 미국의 남성성은 산업자본주의 사회와의 관계 속에서 규정되었다.[29] 남자는 식구들을 먹여 살리고 가정이라는 안식처를 유지하기 위해, 매일매일 치열한 무한경쟁의 세계에서 투쟁하는, 공격적이고 독립적인 직장인이 되어야 한다. 비록 이 같은 견해는 사실이 아니었지만,

적어도 당시 대중의 마음속 깊이 뿌리박힌 생각이었다.

전후 시대의 미국인들은 사회·경제의 격변으로 인해 전통적인 남성성이 사라지고, 미국문화의 활력이 위협받는 상황에 대처해야 했다. 기업 또는 조직 세계에서 남성들은 성공에 필요한 자질을 길러야 했다. 팀워크, 순응, 협력, 사회윤리 등 직장에서 성공하는 데 필요한 기능적 행동들은, 그러나 공격적 남성성과는 정반대되는 행동, 즉 전통적으로 '여성적'인 행동이었다. 남자는 이제 가족을 부양하기 위해 여자들이 잘하는 행동을 해야 하는 상황이 되었다.

20세기 중반 미국의 경제·사회구조에 일어난 두 번째 변화는 전통적인 남성성의 위기를 가중시켰다. 경제적 부양자로서 남성의 역할이 무너지기 시작한 것이다.

제2차 세계대전 이후 미국인들은 부인이 직장을 가지면 그 남편은 경제적 부양자로서(그리고 남자로서) 실패한 것으로 여겼다. 기혼 여성이 월급을 받고 직장에서 일하는 것이 큰 문제라는 고백체 기사들은 당시 여성잡지의 단골 메뉴였다. 기사들은 여성이 자신의 잘못을 깨닫는 과정과 함께, 남편이 남성성에 대한 도전에 어떻게 대처하는지도 보여 준다. 그리고 전반적으로 아내의 수입이 없어도 경제적으로 안정된 가정이나 커플을 주로 다루었다. 그러나 현실은 기혼 여성 중 소수(1930년 12퍼센트)만이 직장이 있었고, 그나마 그중 대다수는 절대적인 경제적 필요 때문에 일을 했다.[30]

그럼에도 '행복한 가정주부' 이데올로기는 쉽게 수그러들지 않았다. 그러다가 제2차 세계대전이 발발하고, 그 이후에 더 많은 여성, 특히 기혼 여성들이 경제활동에 참여하면서 양상이 바뀌었다. 1940

년 미국 직장 여성 중 기혼 여성이 차지하는 비율은 3분의 1일까지 치솟았고, 10년 사이에 기혼 여성의 비율은 52퍼센트까지 대폭 확대되었다.[31] 생활비 때문이 아니라 행복한 삶을 위해, 그리고 늘 새롭고 끝없이 펼쳐지는 미국의 물질적 풍요를 누리기 위해, 맞벌이 수입의 필요성이 점점 커져 갔다. 직장 여성들이 여전히 가사와 양육까지 맡았다는 것은 부인할 수 없는 사실이지만, 여성의 경제활동은 남성 부양자 모델에 기초한 성 역할의 고정관념을 깨뜨렸다. 아직 그 기세는 미미했지만, 남성 지배의 경제적 토대는 무너지고 있었다.

남성성의 위기

남성성 위기에 대한 두 번째 (좀 더 강력한) 설명으로는, 경제활동 참여로 인한 여성의 역할 변화를 들 수 있다. 비판은 비단 결혼한 직장 여성에게 국한되지 않았다. 비판의 주된 요지는, 여성이 남성적인(공격적인) 역할을 맡음으로써 남성의 남성성을 박탈했다는 것이다. 1957년 결혼 관련 교과서는 한 장의 대부분을 할애하여 남성의 하위문화를 다루면서, 이 하위문화에 침입하려는 여성에 대해 논한다.[32] '미국의 여성화' 포럼이 열렸고, 이 자리에서 《플레이보이》지 토론 참여자는 "남녀가 같이 일하는 환경이 성 역할의 구분을 말살하고 있다"며 개탄한다.[33]

심리학자들은 공격적인 여성들이 남성들을 압박하여 남자들이 겁을 먹고 이성애를 기피하게 되면서 남성 동성애자가 증가한다고 설명했다. 이러한 압박이 더 가중되는 까닭은 "직업적으로나 사회적으로, 심지어 의상에서도 성차가 사라지면서 남성이 성 역할에 근거해서만 남성성을 규정하게 되었기 때문"이다.◆《에스콰이어》는 남성 지배의 회복에 관한 기사들을 자주 게재한다. 한 남성 의학박사는 미국 사회를 병든 사회로 규정하고, 남성·여성의 역할을 재설정하는 것이 치료책이라고 주장한다. "문명이 우리에게 지식을 가져다주었지만 동시에 정글의 지혜를 빼앗았다. 우리는 숫사자가 암사자를 지배하듯이, 무력을 사용하지 않고 거칠게 굴지 않으면서도 절대 흔들리지 않는 지배의 기술을 재발견해야 한다."[34]

결국 남성성뿐만 아니라 미국의 여성성 또한 위기라는 것이다. 다만, 여성성 문제는 수면 아래에서 거론되지 않았을 뿐이다. 그러나 젠더의 불안정성이 문제의 근원이라는 점에서는 의견이 모두 일치한다. 마땅히 있어야 할 장벽이 무너졌고, 여성들은 남성의 남성성을 억누르거나 남성적인 특성들을 소유함으로써 지나친 권력을 행사하고 있다. 남성성의 핵심이라 할 권력을 여성이 점유하는 것은 올바른 젠더 관계에 큰 위협이 된다.

1962년《에스콰이어》는 "남성성의 위기가 아니라 여성성의 위기

◆ David Boroff, "Sex: The Quiet Revolution," *Esquire*, July 1961, p. 99. 또 다른 설명에 따르면, 동성애는 '여성적' 행동에서 유발될 수 있다. '예쁜 것들'을 좋아하는 남자 아이는 "외모, 의복, 매너의 측면에서 동성애를 하지 않을 수 없는 상황에 빠지게 된다".(Leslie B. Hohman, M.D., "As the Twig Is Bent," *LHJ*, January 1941, p. 60). 호만 박사는 존스홉킨스 의과대학의 정신과 연구원이다.

가 진짜 문제"라고 선언한다.[35] 남성성과 여성성은 상호 규정적이라고 말한 것으로 보아, 여성잡지들도 간접적이지만 이에 동의했다고 할 수 있다. 《코스모폴리탄》의 공식 견해는, 여성은 "살면서 접하는 남성성에 정비례하여 여성성을 조절한다"는 것이다.[36] 《마드모아젤》은 "여성들이 여성해방 과정에서 여성성을 잃어버린 것은 슬프고 괴로운 일이다. 여자들도 안다. 여성성이란 스스로를 남자로 느끼는 남자로부터 여성이 받는 선물이기 때문이다. 그 반대의 경우도 마찬가지"라며 거든다.[37]

그렇게 남자들이 위기를 겪으면서 다시 한 번 남자들을 "박제된 호랑이"가 아니라 진짜 '남자'가 되게 해 달라고 애원하는 동안, 전문가들은 여성을 위한 회복 프로그램을 시작한다.♦ 그들은 여성이 남성을 구원하기 위해, 다른 한편으로는 자기 자신을 위해 여성성을 되찾으려는 노력을 기울여야 한다고 말한다. 여성은 여성성을 연구해야 하며, 그럼으로써 남성이 다시 남성적일 수 있도록 만들어야 한다. 1950년대에 제안된 여성을 위한 교육은 모두 이와 같은 '연구'의 일부이다.♦♦ 직설적인 조언이나 은근한 설득이나 다 마찬가지였다.

♦ Katharine Fullerton Gerould, "Treat 'Em Rough," *Harper's*, October 1922, p. 611. 제2차 세계대전 이후로 남자들에게도 이와 비슷한 문구가 많이 적용되었다.

♦♦ 예를 들어, Lynn White, Jr의 *Educating Our Daughters* (New York: Harpers, 1950). 밀스 칼리지 총장이었던 화이트는 "가족 관련 핵심 교양 과목"이 필요하다고 지적한 바 있다. 이 과목은 "바스크 파에야 이론과 실제, 양념 시시 케밥, 백포도주에 살짝 볶은 양 콩팥 요리" 등과 같은 주제를 포함한다. 이 운동에 대한 개괄적 논의로는 Marion Nowack, "How to Be a Woman': Theories of Female Education in the 1950s," *Journal of Popular Culture* 9 (Summer 1975): 77-83; 또는 이 책 6장 〈과학적 진실, 그리고 사랑〉 참조.

그런데 불확실하다고 여겨진 남성성과 여성성은 모두 존재의 핵심보다는 주로 외관에 연관되어 있었다. 여성성을 고취하려는 대부분의 시도들은 주로 외관, 즉 모방이 쉬운 특성 또는 구매 가능한 물건에 초점을 맞춘다. 대학원 여학생을 다룬 1960년 《마드모아젤》 기사는 이들을 '무성적'으로 묘사한다. 지적 수준이 높거나 포부가 크기 때문이 아니라, 돈은 물론이고 여성을 여성적으로 만들어 주는 향수나 옷, 기타 여러 가지 물건들이 없기 때문이다.[38]

1946년 《레이디스 홈 저널》 결혼 조언자 애덤스 박사는 여성 독자들에게 "당신은 남자들에게 얼마나 여성적으로 보일까요?"라는 퀴즈를 낸다. 첫 번째 질문은 "손톱에 색을 칠하는가?"였다. 그 뒤를 이어 의학·법학·저널리즘 분야에서 경력을 쌓고자 하는지, 치마보다 바지를 더 좋아하는지, 남자들과 비즈니스 또는 세계정세를 얘기할 때 자연스러운 감정이 드는지를 묻는다.[39] 여기서 적절한 '여성적' 답변이 무엇인지는 쉽게 알 수 있다. 퀴즈는 어떻게 하면 여성적으로 보일지에 대한 암시적인 조언을 제공한다.

여성의 불안정한 여성성이 태도와 외모를 고치고 바꾸는 눈속임과 계책을 중심으로 한다면, 남성성의 함양을 위한 처방도 그에 못지않게 외관에 골몰한다. 1950년 《미국의 비즈니스Nation's Business》가 낸 퀴즈 '당신은 얼마나 남성적일까요?'를 통해서 미국의 남성들은 음악보다 스포츠를 좋아하고, 슬픈 영화를 보고도 눈물을 흘리지 않아야 남자라는 사실을 알게 된다.[40] 1959년 《코스모폴리탄》에서 배우 오스카 호몰카는 남자라면 "남자답지 못한 느낌이 들게 하는 잡다한 집안일"을 하지 말아야 한다고 주장한다.[41]

여성의 노동이 남성성을 없애는 결과를 초래한다고 두려워한 것은 호몰카만이 아니다. 《시니어 스콜래스틱》은 1944년 '당신의 가장 큰 문제는 무엇인가?'라는 주제의 에세이 대회를 열어 한 고등학생의 편지를 수상작으로 결정한다.

"나의 가장 큰 문제는 학생이면서 시간제 근무로 가사도우미 일도 해야 한다는 것이다. 어느 쪽이 더 힘들다고 하기는 어렵다. 하지만 문제는 가사도우미 일도 바쁜데 공부도 하고 남자가 되는 데 필요한 시간이 있는지 의문이다. 여자애들이 하는 일을 해야 하니까 남자로서 자존심이 너무 상한다. 정말 속상하다. 나중에 결혼해서 아내는 일하러 나가고 나는 부엌에서 일을 하는 모습이 그려진다. 아내가 나의 끔찍한 과거를 알 테니까."[42]

이 남학생은 부모가 둘 다 전시노동에 동원되어 보잉 사에서 일을 했기 때문에, 방과 후에 어린 남동생들을 돌보고 아침과 저녁 설거지를 해야 했다. 그것뿐이었다. 그로부터 20여 년 전인 제1차 세계대전(1914~18)이 끝난 후 《레이디스 홈 저널》은 여자가 전쟁 때문에 일터에 나가 일해야 할 때 '남자한테 집안일을 시켜라'라는 구호를 내걸었던 "가정주부 같은 남편들"을 찬양했다. 기사는 애리조나 주지사가 뜨개질하는 사진을 실었으며, 그런 일이 남성성을 말살하는 일이라고는 조금도 생각하지 않았다.[43]

그런데 제2차 세계대전이 끝났을 때, 강산이 불과 두 번 바뀌는 사이에 남성성은 사면초가에 빠졌다. 그것은 이제 젠더에 적합한 행동 규범을 엄격하게 지켜야만 유지되는, 이른바 '여성적'이라고 여겨지는 행위를 하는 것만으로도 위협받는 취약한 것이 되었다.

남성성 문제에 대한 대중적인 해결책은 남녀 분리 정책, 즉 독립된 남성적 세계로 후퇴하는 것이었다. 1961년 《코스모폴리탄》은 "남자의 은밀한 세계"를 들여다보는 특집을 마련한다. 여기서 "남성이 남성적 정체성을 유지하려는 투쟁"을 대표하는 상징으로 남성 전용 클럽과 포커게임이 소개된다.[44] 광고업자를 다룬 《플레이보이》 기사 〈조작자들〉은 남자들이 시가 같은 상품(남성의 전유물)에 특별한 관심을 기울인다고 보도한다. 이 기사는 구레나룻을 영구히 제거하는 상품(실제로는 존재하지도 않는)에 관심이 있는지 묻는 뉴욕 광고대행사의 설문조사 결과를 실었는데, 모든 남성 응답자가 관심 없다는 답변을 내놓는다. 구레나룻은 "여자가 아무리 모방하려 해도 할 수 없는 남성만의 상징"이기 때문이다.[45]

그러나 이와 같은 투쟁은 대부분 현실이 아닌 자유로운 판타지의 세계에서 이루어졌다. 여성들은 여성성을 흉내 낼 수 있지만, 남성은 생활의 모든 영역에서 공간과 책임을 여성과 나누어야 하기 때문에 남녀 공존의 문화를 피할 수 없다. 남성성을 연구한 역사학자 조 더버트Joe Dubbert는 1950년대에 데이비 크로켓(19세기 미국의 변경 개척 영웅―옮긴이) 스타일이 유행하고, 1960년대에 미 개척시대 남성들을 주인공으로 내세운 TV 드라마들이 인기를 끈 것은 "남자가 남자였고 이를 증명했던 영웅적 과거"를 그리워하기 때문이라고 분석한다.[46] 실제로 1960년대 중반, 남성 독자들을 대상으로 한 마초적 모험잡지 《트루True》가 발간 한 달 만에 2백만 부 이상의 경이로운 판매

부수를 기록한다. 편집장은 이 잡지가 "남성적 자아"를 자극하기 때문이라고 했다.[47]

　그러나 분리주의의 대가는 역시 《플레이보이》 창립자인 휴 헤프너다. 《플레이보이》의 핵심이 "남성적 정체성 문제"에 있다고 생각한 헤프너는, 잡지의 편집 정책을 남성과 여성의 '분리된' 정체성으로 잡는다. 《플레이보이》는 성 역할이 모호해지고, 여성과 더불어 사는 삶으로 인해 숨이 막히는 세상에서 남성적 정체성을 개발하는 데 전념하겠노라 다짐한다.[48] 미국 작가 바버라 에렌라이크가 《남자의 가슴The Hearts of Men》에서 지적하듯이, 《플레이보이》는 남성적 정체성을 제시하겠다고 천명하지만, 실제로는 책임의 압박에서 벗어나는 도피의 전망을 제시하고 있으며, 잃어버린 남성의 개척지를 대체할 소비의 개척지를 제공한다.[49]

　그러면서 《플레이보이》는 남자들에게 별천지 세상을 제공한다. 여자가 없는 세계가 아니라 남자가 지배하는, 모두 옆집 아가씨처럼 편하지만 하나같이 섹시한 여자들('버니bunnies')이 사는 세상이다. 뉴욕의 라디오 토크쇼에서 한 참석자가 분석하듯이, 헤프너의 《플레이보이》 철학은 미국 사회의 "균형을 회복하는 것"이다. 《플레이보이》의 맥락에서 남자는 남성성을 다시 수립할 수 있다. 그 남성성은 휴 헤프너라는 특정인에 의해 시카고라는 특정 지역에서 인위적으로 만들어진 것이지만, 결국 남성성은 누군가의 도움이 절실했던 것이다." 헤프너는 맞장구를 치며 이 분석을 적극 지지한다.[50]

　당시 사람들에게는 남성성의 위기, 그리고 문화적 구성물에 '불과한' 남성성과 여성성 인식이 새로운 돌파구를 제공해 주지 못했던 것 같다. 그래서 대부분은 과거로 회귀하여 전통적인 규칙들을 복구하고 강화해 나가기를 희망했다. 물론 이를 비판한 나름 겸손한 영웅들이 있었다. 아서 슐레진저 주니어는 1958년 남성성의 위기에 관한 글에서 남녀 분리를 부분적인 해결책으로 제시하지만, 그의 결론은 약간 다르다.

정체성의 획득, 자아의식 회복 등 이런 것들이 과학 실험실의 온갖 호르몬보다도 더 효과적으로 미국의 남성성을 회복시켜 준다. 랄프 왈도 에머슨(미국 시인 겸 사상가—옮긴이)은 "남자가 되고픈 이는 사회적 이단자가 되어야 한다"고 말한다. 내가 '남자'를 강조한다고 해서 에머슨의 의도를 왜곡한 것은 아닐 것이다.(원문의 'man'은 '남자'가 아니라 일반적인 의미의 '사람'을 가리킴—옮긴이) 사회를 구성하는 개개인의 차이를 서서히, 고통 없이 말살하는 동질화된 사회에서 남성성이든 여성성이든 그 무엇이든 과연 살아남을 수 있을까?[51]

베티 프리단Betty Freidan(미국 작가 겸 여권운동가—옮긴이)은 더 현실적인 관점에서 "딸이 매릴린 먼로가 되지 않아도 여성성을 가질 수 있도록, 아들이 남성성을 걱정하지 않고 여자들을 두려워 않도록, 엄마들이 모범을 보이는" 그런 미래를 그린다.[52]

그러나 위기가 이미 상당히 진행된 상황에서 이런 이야기들은 해결책이 되지 못한다. 오히려 문제가 생각보다 심각하다는 점만을 확인해 줄 뿐이다. 분명한 것은, 일방적으로 여성성을 선언하거나 분리주의를 주장하는 것이 능사가 아니라는 점이다. 위기 상황에서 남자와 여자는 '더불어' 살아가야 한다.

이 같은 20세기 중반의 깨달음, 즉 남성성과 여성성은 선천적인 특성이 아니며, 따라서 생물학적 성차에 자연적으로 수반되는 부속물이 아니라 현대 문명에 위협을 받는, 그래서 젠더 관습을 엄격히 따라야만 얻을 수 있는 유동적인 특성이라는 점은 젊은 남녀의 연애 경향에도 큰 영향을 주었다. 젊은 남녀들은 연애 관계에서 새로운 자유를 얻고 있었지만, 동시에 에티켓의 규칙과 관습적 권위의 목소리에 더욱 주의를 기울이고 있었다. 그들의 주된 관심사는 감사의 답장, 호칭의 격식, 만찬의 테이블 세팅이 아니었다. 젊은이들은 남녀관계의 규칙들, 어떻게 남성적일 수 있는지, 어떻게 여성적일 수 있는지에 관한 규칙들을 알고 싶어 했다.

에티켓에 담긴
성 역할

이 주제를 다룬 책의 숫자와 대중잡지의 기사량을 볼 때, 이와 같은 에티켓 문제는 1930년대부터 1960년에 이르기까지 미국 젊은이들의 첨예한 관심사였음을 알 수 있다. 에티켓에 관해 젊은이들이 실제로 말하고 행동한 바를 살펴보면, 당시 에티켓이 매우 중요했음을 확인할 수 있다.

1930년 《시니어 스콜래스틱》의 여론조사에 따르면, 4,495명의 여학생 중 90.6퍼센트가 남자가 차에서 나올 때 문을 열어 주는 것이 전혀 "바보 같은 짓"이 아니라고 생각했다.[53] 대공황 때 미시간 주 플린트의 YMCA가 젊은이 대상 프로그램을 시작했을 때 공예반 강의는 반응이 시원찮았던 반면, 남녀관계의 에티켓에 관한 강의에는 188명의 남성과 187명의 여성이 등록했다.[54] 《시니어 스콜래스틱》의 여론조사 '여학생이 좋아하는 남학생 유형'에 응한 학생들은 "좋은 성격"보다는 "적절한 에티켓 지식"을 가장 중요한 요소로 꼽았다.◆ 대학 핸드북에는 '자세' '사교적인 재치' '남자와의 데이트' '해야 할 것과 하지 말아야할 것' 등 에티켓 관련 글들이 학생들이 직접 쓴 글까지 포함해서 많이 등장했다.[55] 그리고 제2차 세계대전 이후 10대들을 위한 시장이 새로이 형성되면서, 10대 소녀들의 고민을 상담해 주는 수많은 잡지와 에티켓 조언서들이 쏟아져 나왔다.

사실 에티켓 칼럼은 수십 년 동안 여성 대중잡지의 단골 메뉴였고, 젊은이들을 타깃으로 하는 조언서도 새로운 현상은 아니었다. 그러나 20세기 중반 이후에 등장한 에티켓 칼럼과 조언서들은 달랐다. 저자들은 에티켓을 좀 더 넓은 범위의 조언과 동일시했으며, 새로운 용어를 사용하여 답변을 제시했다. 관습 규칙과 올바른 행동 규범을 집안 교육 문제로 파악한 이전 시대의 조언서들과 달리, 새로운 조언서들은 에티켓의 규칙을 젠더의 언어로 설명했다.

남자가 여성적이고 여자가 남성적인 경우 상대방에게 혐오감을

◆ "The Kind of a Boy That Girls Like," *SS*, 25 March 1940, p. 32. 여학생의 경우 "예의 바른"이 3위, 에티켓이 4위, "존중하는"이 6위를 기록했다. 남학생들은 외모에 관심이 가장 컸고, 에티켓은 6위였다. 에티켓에 관한 학생들의 관심은 1930~40년대 《시니어 스콜래스틱》에 빈번하게 등장한다.

불러일으킬 수 있다고 여기는 사회, 에티켓을 철저히 지키는 것이 남성성과 여성성을 증명하는 중요한 수단이라고 믿는 사회는 에티켓이라는 난해한 코드에 강조점을 둘 수밖에 없다.[56] 규칙에 젠더의 언어를 입히는 것은, 단순히 관습을 말로 표현하고 기록하는 일이 아니라 그보다 훨씬 중대한 함의를 갖는 수행적 행위라고 할 수 있다. 이 세계에서 통용되는 에티켓은 예의범절보다는 성 역할에 연관되어 있으며, 이 세계에서 젊은이들은 정해진 규칙을 위반하는 것이 남성성 혹은 여성성에 중대한 위협이 된다는 것을 다양한 경험을 통해 터득하게 된다.

통상 에티켓 용어로 남성성은 '지배'로, 여성성은 '복종'으로 번역된다. 이 같은 특성은 에티켓의 다양한 의례와 관습으로 수행되며, 이를 통해 여성은 자신이 보호받을 필요가 있다는 것을 증명하고 남성은 여성을 보호하는 능력을 증명한다. 일부 관습들은 옛날부터 있던 것들이다. 겹겹이 두른 긴 옷들과 꽉 끼는 코르셋 때문에 거동이 불편하고, 꽉 조이는 스커트와 허리받이 때문에 다리를 절뚝거려야 했던 그 옛날에나 통했을 법한 것들이다.◆ 그런데 코르셋과 허리받이가 사라졌어도 그에 수반되는 의례들은 살아남았다.

이에 따르면, 자동차에서 내리는 데이트 파트너에게 도움을 주지 않는 남성은 도움이 필요한 여성을 무시하는 무례를 범하는 셈이다. 그는 남성으로서 여성을 통제하고 보호한다는 것을 '증명'하지 못했

◆ 물론 꽉 조이는 옷은 19세기 순종적 여성의 극단적 상징이다. 20세기 여성들은 전반적으로 그러한 상징과 함께 행동을 제한하는 규제들도 벗어 버렸지만, 상징적인 의미의 제한들은 계속되길 바란다는 점에서 19세기 여성과 다르지 않다고 할 수 있다.

기 때문에 남성답지 못한 것이다. 데이트할 때 도움을 받지 않고 차문을 열고 내리는 여성은 비록 어려운 묘기를 부린 것은 아니지만, 남성의 역할을 선취함으로써 공격적이고 비여성적인 모습을 보이는 셈이다. 아무리 사소한 일일지라도 남성의 영역에 속하는 역할을 수행하는 여성은 그 남성의 지배권, 또 그의 남성성까지도 위협하는 것이 된다.

이러한 '선취'는 여성의 역할 변화와 직접 관련된 영역에서 주로 일어나므로 더더욱 위협적이다. '더치(페이) 데이트'는 이 에티켓에 어긋나는 것 중 가장 많이 비난받는 관습일 것이다. 관습상 남자가 데이트 비용을 대기 때문에(데이트는 일반적으로 돈을 내야 할 수 있는 것이다.), 데이트에서 남자의 돈은 그에게 권력(그리고 데이트 주도권)을 부여한다. 여자가 돈을 낸다는 것은 여성도 경제활동에 참여한다는 것, 그래서 남성의 세계를 침범하고 심지어는 그와 경쟁하고 그의 통제권에 도전한다는 의미다. 상징적으로든 직접적으로든, 더치 데이트는 근대 미국에서 발달한 연애 시스템 전체를 붕괴시킬 만큼 강력한 파괴력을 갖고 있었다.

이 시대의 조언서와 에티켓 서적은 거의 대부분 이 관습을 비난하며, 각자 돈을 내는 행위의 위험성을 적나라하게 묘사한다.

더치 데이트는 멋있게 들리지만 실패로 끝날 수밖에 없다. 남자는 처음에는 반색하다가, 들러리 서는 듯한 느낌의 데이트를 몇 번 하고 나면 여자 같은 연약한 남자가 된 것처럼 느끼게 되고, 남자가 돈을 내게끔 하는 몸매 좋은 여자(돈을 밝히는 여자가 아니라)에게 눈을 돌리게 된다.

여자도 처음에는 자존감도 느끼고 보람도 느낀다. 그러나 세 번만 그렇게 하고 나면 내가 대단한, 남자다운 남자가 아니라 캐스퍼 밀크토스트(1940년대 《The Timid Soul》에 연재된 만화 주인공―옮긴이) 같은 연약하고 보잘것없는 남자를 만나고 있는 건 아닌가 의심이 들게 된다. 이런 종류의 남자를 존경할 수 있을까? 아니다! 절대 아니다! 곧 그녀는 남자를 얕잡아 볼 것이며, 바빠서 데이트할 시간도 없지만 모든 것을 주도해 나가는 남자를 더 좋아할 것이다. ―1954년 10대 조언서◆

여기서 가장 핵심적인 문제는 분명 남성성과 여성성이다. 1936년 출간된 《여대생의 에티켓Co-ediquette》을 보자. "각자내기는 성공하지 못했다. 여자의 독립심이 과다하면 남자의 자존심은 손상을 입기 마련이다. 데이트에 나갔는데 아무것도 할 수 없기 때문이다. 남자는 주도권을 가진 여자를 무의식적으로 싫어한다."[57]

'놀기 좋아하는 젊은이들'을 겨냥한 1948년 조언서는, 여자가 돈을 내도록 놔두는 남자는 "여성의 존경을 받을 자격이 없다"고 단호하게 말한다. 1954년 《여자가 되는 법How to Be a Woman》은 "남자가 돈을 내는 것은 관습이며, 그렇게 해야만 남자는 남자답다고 느낄 수 있다"고 조언한다.[58] 1955년 《매사추세츠 칼리지언》에 실린 필립 모리스 담배 광고는 상상할 수 있는 가장 끔찍한 상황을 보여 준다. 광

◆ Brandow, *Date Data*, p. 56. See also Helene Wright, "Teens of Our Times: Let Him Pay," GH, June 1945, p. 11; Dorothy Dayton, "Proposing Is a Proposition," *Mademoiselle*, January 1983, p. 66. 데이튼은 더치 데이트에 관해 "남자는 절대로 우리 여자처럼 나눔을 사랑하지 않았다"고 한다.

고의 주인공은 "각자내기의 공평함을 받아들이는" 여자를 찾아다니다 드디어 만남에 성공한다. "오늘 핀스터는 드디어 온 세상을 돌아다니다 반반씩 돈을 내겠다는 매리 앨리스 헤마토마를 만났습니다. 구레나룻을 기르고 다리가 셋인 아름다운 여성이죠."[59] 다리가 셋?

1940년대 인기를 끈 만화 주인공 캐스퍼 밀크토스트.

젊은이들의 생각도 대체로 조언자들과 비슷했다. 1939년 4,557명의 여학생과 4,177명의 남학생을 대상으로 실시한 《시니어 스콜래스틱》의 설문조사에 따르면, 여학생 65.2퍼센트와 남학생 71.5퍼센트가 더치 데이트에 반대했다.[60] 그로부터 약 10년 후인 1948년 퍼듀대학 여론조사에 응한 1만 명의 학생 중 37퍼센트는 더치 데이트가 "괜찮다"고 했지만, 1957년에는 찬성률이 다시 25퍼센트까지 떨어졌다.[61] 더 중요한 사실은 더치 데이트를 비난하는 젊은이들의 언어가 조언자들이 사용한 언어와 일치한다는 점이다.

1940~50년대 더치 데이트에 관한 '종합 토론회'에서 《시니어 스콜래스틱》은 더치 데이트가 남성성에 끼치는 악영향에 대한 열 통 이상의 편지를 싣는다. "멀쩡한 여자가 자기가 돈을 내겠다고 하는 건 상상도 안 해 봤어요. 여자가 남자한테 기댈 때 남자는 남자라고 느끼는 게 맞지 않나요?" "돈을 내면 내가 책임감도 강하고 중요한

사람이라는 느낌이 듭니다. 여자보다 더 우월한 느낌을 주거든요."
이 둘은 각각 여성과 남성의 시각을 대변한다.◆

　더치 데이트가 문제가 되면서, 논쟁의 와중에 남성성과 여성성을
증명하는 매우 다양한 상황들이 같이 제시되었다. 에티켓 서적과 조
언 칼럼들은 걸어야 할지 앉아야 할지, 주어진 상황에서 누가 주도
권을 가져야 하는지 등 남성과 여성이 지켜야 할 적절한 예의 규범
을 사세하게 설명했다. 당시 이야기된 수많은 규칙들은 남성과 여성
의 역할을 각각 상세히 규정하고 있다. '에티켓'에 따르면, 여성을 에
스코트할 때에는 언제나 남성이 이를 주도해야 하고, 연약한 여성에
게 친절과 예의를 베풀 수 있는 지배자로서 다양한 보호자적 행위를
통해 주도권을 입증해야 한다. 1953년《에스콰이어》의 에티켓 책자
는 "남자와 같이 있을 때 여자는 연약한 여자다. 남자가 곧 제왕"이
라고 말한다.[62] 같은 시기의 10대 조언서는 남학생들에게 권위적인
태도를 취하고, 여성을 "깃털 베개를 베고 누운 동화 속 공주"처럼
대하라고 충고한다.[63]

　그러한 보호와 지배는 여성의 자율성과 발언권을 박탈하는 효력
을 지녔다. 한 에티켓 서적의 '보통 젊은이가 보는 바람직한 여성'이

◆ "Boy Dates Girl Jam Session," *SS*, 9 January 1948, p. 32; 11 April 1951, p. 24. 1937
년《시니어 스콜래스틱》은 '부끄럼 없는 더치 데이트'를 젊은이들을 위한 조언의
목표로 삼았지만(teachers' pages, 15 May 1937), 〈남자, 여자와 데이트하다〉 칼럼
의 교훈적인 이야기에서 "내가 구식인지는 몰라도 데이트의 주도권은 내가 갖고 싶
다"(3-8 April 1944, p. 28)거나 "내가 대장이 되겠다"(14-19 February 1944, p. 24)
는 남성 인물들을 어렵지 않게 찾아볼 수 있다. 같은 칼럼의 한 일화에서는 '로미오'
가 돈을 내는 동안 '줄리엣'이 잠깐 '화장실'에 다녀오겠다고 하는 장면이 나온다.(9
January 1937, pp. 22-23)

라는 제목의 장은 "웨이터에게 시키지 말고 저한테 말하세요. 제가 알아서 주문할게요"라는 문장으로 시작된다.[64] 1941년 하버드대학에서 1만 명의 남성을 대상으로 조사한 결과에 따르면, 여성이 하지 말아야 할 여덟 번째 항목은 데이트할 때 웨이터에게 주문하거나 택시 기사에게 어디에 가 달라고 먼저 말하는 것이다.[65] 1938년 《마드모아젤》 칼럼에는, "당연하다는 듯" 레스토랑에서 주문을 하는 "기센" 여자들에 대한 남성들의 불평이 등장한다.[66]

에티켓 규칙에 따르면, 여성은 남성의 뜻에 복종해야 하고 남성의 보호를 필요로 한다는 점을 끊임없이 증명해야 한다. 비록 혼자서 잘하는 일이라 할지라도, 남성과 같이 있을 경우에는 공격적인 인상을 줄 수 있으므로 잘하지 말아야 한다. "데이트 상대에게 최고의 칭찬은 남자의 주도권을 인정해 주고, 그가 다 알아서 하도록 놔두는 것"이기 때문이다.[67] 일리노이대학교 학생회 사교부 부장에 따르면, 여자는 남자와 있을 때 혼자서 문을 열어서는 안 된다. 여자가 그렇게 적극적으로 행동하면, 남자는 다른 친절도 베풀지 않아도 된다고 생각할 수 있다. 게다가 여자가 문을 열면 남자가 그 문으로 들어가야 하는 기묘한 상황이 벌어지는데, "여자가 열어 준 문으로 들어가는 걸 좋아할 남자는 하나도 없다."[68]

그러니까 여성은 나서는 행동을 피해야 하고, 남성의 주도권에 도전해서 그 남성성에 손상을 입힐 수 있는 일을 해서는 안 된다. 여자가 먼저 데이트를 신청하는 것은 용서할 수 없는 공격적 행동으로, 이 경우 남자가 말을 중간에 자르고 가 버려도 전혀 문제가 되지 않는다.[69] 이보다 더 사소한 일에서도 여성의 독립은 용인되지 않는다.

메릴랜드대학교 에티켓 설명서는 "남자가 담배를 피우지 않으면 여자도 피우지 말아야 한다. 남자에게 무능하다는 느낌을 주기 때문"이라고 말한다.[70] 1959년 '당신은 얼마나 사랑스러운가?'라는 제목의《레이디스 홈 저널》기사의 남성 저자들은, 짐을 혼자 들겠다고 하거나 의자에 혼자 알아서 앉겠다고 하는 "과도하게 능력 많은" 여성들을 비판한다.[71]

여성의 지적 능력조차도 남성의 지배에 해가 되는 경우, 에티켓의 관점에서 비판받는다. 여성은 신체적으로 약하기 때문에 남성에 의존하는 '여성적' 특성을 가져야 하며, 당연히 지적으로도 남성에 의존해야 한다. 1960년 남자들을 위한 에티켓 서적《남성의 매너Male Manners》는 고등학교 과학 수업에서 홍일점이 된 어떤 여학생의 이야기를 전한다. 이 여학생은 연약한 여성이라는 이미지를 불식시키기 위해 남학생들처럼 행동하는, 다시 말해 재능 있고 똑똑한 학생처럼 행동하는 오류를 범한다. '씩씩한' 남학생들은 그 여학생이 '여자답지 않은' 말이나 행동을 할 때마다 점수를 깎는 식으로 점수카드를 만들어 여학생의 실수를 바로잡는다.[72]

대부분의 조언자들은 여성들에게 나서지 말고 가만히 있으라고 대놓고 이야기하지는 않지만, 여성의 지적 우위를 드러내는 행동은 '남성적 자아'에 상처를 입힐 수 있다고 강조한다.[73] 1940년대 한 조언서는 남자가 지적인 여성을 싫어한다는 과거의 고정관념을 일축하고 지적 동반자 관계를 제안한다. 그러나 그 다음 단락에서 여성들에게 다음과 같은 경고를 날린다. "남자보다 더 똑똑해 보이지 않도록 하라. 남자 못지않게 똑똑하다는 것과 남자보다 더 똑똑하다는 것은 완전히 다른 이야기다. 그것은 일종의 터부이다."[74] 또 다른 조언서도 지적인 여성은 똑똑한 남성을 찾아야 한다고 조언한다. "가볍고 명랑한 기분으로 시작하라. 남자는 그게 연기라는 걸 알게 된다. 그러나 곧 당신은 남자의 품 안에서 별것 아닌 작은 소녀가 된 후 결혼하게 될 것이다."[75]

권력과 실리의
맞교환

사회과학자들의 연구에 따르면, 당시 평균적인 보통 남자들은 자신보다 지적 능력이 떨어지는 여자와 결혼하길 희망하고 실제로 그러했다.[76] 그러면서 여자보다 지적으로 우월하지 않아도 에티켓 규범에 담긴 남성의 지적 우월감을 기꺼이 받아들였다. 한 고등학교 3학년 남학생은 《레이디스 홈 저널》에 "여자가 저보다 더 많이 알고 똑똑해도 괜찮습니다. 여자가 아는 척만 안 하면 돼요"라고 털어놓는다.[77]

남녀관계에 적용되는 모든 규칙은 일종의 가식이다. 1951년 《콜리어》에 기고한 '전문가'는 설명한다. "여성은 실제로 순종적이고 연약하든지, 아니면 그렇게 보이도록 하든지 둘 중 하나를 선택해야 한다."[78] 당연히 여자들도 문을 열 수 있고, 음식 주문도 하고, 데이트할 때 돈을 낼 수 있다. 남자들도 돈이 없거나 부끄럼을 탈 수도 있고, 상황에 어떻게 대처해야 할지 난감한 경우도 있고, 모든 일을 떠

맡기 싫을 수도 있다. 조언서와 에티켓 서적도 이 점을 충분히 인정한다. 그러나 규범을 유지하는 것, 지배함으로써 남자가 남성성을 획득하고 순종함으로써 여자가 여성성을 획득하는 것'처럼' 행동하는 것, 이것이 이 책들이 전하는 가장 중요한 메시지, 미국의 남성과 여성이 명심해야 할 메시지였다.

남성과 여성이 이와 같은 남성성과 여성성의 규정들을 받아들이고 그에 맞추고 있음을 증명하기 위해 그러는 척 위장해야 하는 이유는 많고도 복잡하다. 그중 눈에 띄는 몇 가지를 소개하면 다음과 같다.

이 시스템은 다양한 공포감에 기대어 권력을 유지한다. 미국 사회는 오랫동안 거대한 변화와 혼란을 겪어 왔고 지금도 겪고 있다. 근대사회는 성 역할에 지대한 영향을 끼쳤다. 또한, 피임을 하지 못해 생기는 대로 자녀를 낳고 길러야 하는 상황에서 탄생하여 산업화 시기에 더욱 공고해진(생산이 가정과 분리되는 이 시기의 역사적 조건이 바로 분리된 영역이라는 개념의 형성에 크게 기여했다고 할 수 있다.) '분리된 영역'은 20세기 중반에 서서히 와해되고 있었다. 이러한 변화는 대중의 인식 변화로 인해 더 복잡한 양상을 띠었다. 20세기 미국은 변화하는 사회에 대한 대중매체의 보도와 전문가의 분석으로 넘쳐나고 있었다. 이처럼 많은 사람들이 사회의 가치와 제도 변화를 예민하게 '인식'하는 경우는 별로 없었다.

이런 상황에서 20세기 미국의 남성들은 자신들의 영토를 침범하는 여성들을 두려워했고, 여성들도 그러한 침범의 결과를 두려워했다. 남성과 여성이 똑같은 과제를 수행하고 똑같은 특성을 보인다면 어떻게 둘을 구분하는가? '탈남성화된' 남성과 '탈여성화된' 여성의 사회에서 무슨 일이 일어날 것인가? 이에 대한 반대 의사를 가장 강력하게 표명한 사람들은 남자가 남자다웠고 여자가 복종적이었던 과거로 돌아가자고 주장했다. 다른 관점에서, 현대 미국의 소외와 정체성 상실 문제를 심각하게 고민하는 이들도 있었다.

경험적 반응과 학문적 분석에서 똑같이 엿보이는 이 같은 두려움은 다른 종류의 두려움과 연결되었다. 1930년대 대공황은 부양자로서의 역할을 수행한다는 남성의 자부심을 여지없이 무너뜨렸다.[79] 이후 제2차 세계대전 기간에 이 두려움은 더욱 커졌다. 남성이 할 일을 능숙하게 해내는 여성들의 모습에 남성 노동자들은 다음과 같은 노래를 만들어 불렀다. "여자-여자-여자-여자, 전쟁이 끝나면 어떻게 되는 걸까? 남자들이 일을 다시 할 수나 있을까?"[80] 이 노래를 다르게 표현하면, '남자들이 남성성을 회복할 수 있을까'이다.

여성들도 제2차 세계대전 이후 새로운 두려움을 느끼고 있었다. 미국 역사상 처음으로 여성 인구가 남성 인구를 앞질렀다. 전문가들은 대중매체를 통해 성비 불균형으로 인해 상당수의 젊은 여성들이 결혼하지 못할 것이라는 암울한 전망을 내놓았다. 여성들은 이 전망에 과잉반응을 보였고, 남성 부족 현상은 온갖 종류의 비이성적 행동들을 정당화하는 이유가 되었다. 심지어 미국 남성들은 유럽 여성들에 비해 '비여성적인' 미국 여성들을 비난했다.(1946년 9만 명의 미국 병사들이 외국 여성과 결혼했다.)[81] 수가 적다는 이유로 남자들은 연애에서 더 유리한 입지를 갖게 되었다. 아예 대놓고 복종적이고 여성적인 여자를 원한다고 말하는 남자들이 많아졌다. 갑자기 치열해진 남편 구하기 경쟁에서 '여성성'이 장점으로 대두되자, 많은 여성들이 기꺼이 대세를 따르겠다고 선언했다.

남성적/여성적 역할 수행으로 남성만 이득을 본 것은 아니다. 위장이 잘 먹혀들면, 즉 남자가 주도권을 갖고 친절을 베풀 경우 여자는 그야말로 '동화 속 공주'로 살 수 있으니까. 어려울 것은 없었다. 남성성과 여성성의 에티켓을 자연스럽고 세련된 방식으로 지키기만 하면 되었다. 그저 주어진 역할을 잘 수행하면 문제가 없었다. 완벽한 에티켓은 매력 없는 이성과의 데이트도 참을 만하게 만들고, 괜찮은 파트너와의 데이트는 이상적인 데이트로 만들어 주었다. 급격한 사회 변화로 성 역할이 혼란에 빠진 시기에, 규범적 성 역할을 제시하는 에티켓은 남녀 모두에게 만족감을 선사했다. 좀 더 실용적인 차원에서, 남자들은 '남자답게' 주도권을 가졌다는 만족감을, 여성은 데이트하는 동안 (성적인 의무를 제외한) 모든 책임에서 면제받고 저녁 식사와 영화, 춤을 '공짜로' 즐기는 만족감을 얻었다.

미국의 연애제도에서 남성성과 여성성의 에티켓은 권력 다툼의 싸움터 역할을 담당한다. 20세기에 접어들면서, 특히 1940~1965년에 여성은 남성의 유약함을, 남성은 여성의 남성스러움을 비난했다. 어조는 모두 거칠고 적대적이었다. 남성들은 비난을 반박하지 않고 남성성 상실을 인정하기도 했지만, 그 이유가 여성들이 여성성을 상실했기 때문이라고 비난했고, 여성들은 피장파장이라며 남성들을 힐난했다. 이 같은 상호 비난이 조언자, 전문가, 수백 개의 잡지 기사 및 책 등을 통해 끊임없이 되풀이되었고, 이는 연애제도의 권력 균형을 이해하는 데 큰 역할을 담당했다.

여성성과 남성성의 에티켓을 통해 남성은 연애에서 남성 지배를 유지하는 이익을 얻었다. 정해진 에티켓 규범에 따라 남자에게 고개를 숙이지 않는 여자들을 '남성적'이라고(따라서 매력도 없고 데이트할 만한 상대가 아니라고) 비난함으로써, 남자들은 여성의 순종적 태도(여성성)를 데이트제도에 참가할 수 있는 선결 조건으로 삼았다. 데이트를 신청할 자격은 남자에게만 있기 때문에, 남자들은 '비여성적인' 여자들을 배제할 수 있고 그럼으로써 통제권을 유지했다.

당시 여성성 에티켓에 위반되는 모든 행위를 '공격성'으로 규정하고 이를 비판해 온 각종 에티켓 서적과 조언성 기사의 저자들(이 중 상당수는 여성이다.)은 이 같은 배제를 공식적으로 승인했다. 1950년대에 출간된 10대 청소년을 위한 조언서의 저자는 여성의 공격성 또는 남자 같은 주도권 행사를 비난함으로써 "왜 남자들이 여자들을 버렸나?"라는 질문에 답한다. "바람직한 남자들은 단짝 친구 같은 관계를 싫어하며, 지배하고 보호하고 가르칠 수 있는 여성다운 여자를 찾는다. 남자를 '남자'로 느끼게 하는 여자를 원한다."[82]

그러면서 공격적인 여자와 데이트하게 됐을 때 어떻게 해야 할지를 알려 준다. "약간의 전략과 탁월한 유머 감각을 갖춘다면 저녁을 무사히 마칠 수 있다." 그리고 적극적으로 애정을 표시하는 여성은 다음과 같이 다루라고 제안한다. "영화관 앞에 차가 멈추면 가만히 앉아 있는다. 몇 초 후에 여자가 '안 가요?' 물으면, 놀란 표정을 짓고 '내려서 차 문을 열어 주실 줄 알았죠'라고 말한다. 한 번 크게 웃고 차 문을 열어 준다. 그러면서 '오늘 밤엔 내가 대접 받는 날이라고 생각했어요'라고 한마디 한다." 이 여성 조언자의 마지막 조언은 "다음번에 다른 여자를 구하라"는 것이다.[83] (여자가 즉시 문을 직접 열고 차 밖으로 나올 만큼 공격적인 태도를 취할 거라고는 절대 가정하지 않는다.)

다른 조언서들도 비슷한 메시지를 전한다. 여성의 공격성을 심각하게 여기거나 남성성에 대한 중대한 위협으로 생각하지 말고 그 여자 개인의 문제로 간주하고, 그 여자가 여성성이 부족했다고 인식하라는 것이다. 그리고 대부분 상대 여자를 당황하게 해서 실수를 깨닫도록 하고, 다음에는 데이트하지 말라고 조언한다.

여성 권력에 대한
두려움

여성이 젠더 에티켓을 사용하는 방식은, 여성이 연애제도에서 권력과 통제를 얻는 방식과 마찬가지로 간접적이다. 여자들이 남성에 도전하기 위해 젠더 에티켓을 사용하는 한 가지 방법은, 에티켓을 철저하게 지키는 것이다. 여자들이 지나치게 여성적이고 순종적이면, 남자들은 그 순종적 태도가 요구하는 모든 조건을 만족시킬 수 없기 때문에 자신이 충분히 남성적이지 못하다고 여길 수 있다.◆

차 문을 늦게 연다거나 예의범절에 약간 어긋나는 행동을 한다거나 우유부단한 모습을 보이는 등 남자는 어딘가에서 실수를 하게 마

◆ 1935년 《에스콰이어》 기사는, 여자들이 가끔 남자들로 하여금 보살펴 줘야겠다는 생각이 들도록 힘없고 연약한 태도를 보임으로써 "수동적"으로 남성과 경쟁한다고 주장한다.(W. Beran Wolfe, M.D., "Men, Women, and Marriage," *Esquire*, June 1935, p. 137)

런이고, 그에 따라 나약함 또는 비남성성의 비난을 받을 위험이 있다. 또, 아무리 세심한 남자라도 너무 격식을 차리거나 반대로 지나치게 부드럽다면 문제가 생길 소지가 다분하다. 단지 남자가 더 강하기 때문에, 그래서 여자에게 호의를 베풀 수 있기 때문에 남자가 "말과 생각과 행동에서 여성을 보호해야 한다"는 에티켓의 핵심은, 바로 통제된 권력이라는 요소이다.[84]

잡지 기사들은 흔히 미국의 일반 남성들의 남성성을 클라크 게이블 같은 영화배우의 남성성과 비교하지만, 대부분의 조언서들은 할리우드 스타들이 지닌 남성적 매력과 멋진 모습을 가르칠 수 없다는 점을 인정하고 가장 기초가 되는 요소들에 집중한다. 1960년대 10대 남학생 조언서인 《남성의 매너》는 여학생들이 남성적이고 "힘세고 감싸 주는" 남자들을 원한다고 끝없이 강조한다. 그리고 젊은 남자들에게 주는 교훈의 일환으로, 저녁 식사 데이트에서 남자가 차 문을 열어 주지 않아 끝까지 차 안에 버티고 앉아 있던 여자의 이야기를 전한다. 여자가 15분간 꼼짝도 하지 않고 기다리니, 레스토링에 들어샀던 남자가 무슨 일인지 알아보려고 밖으로 나온다.[85] 이 여성은 여성적 에티켓을 위반하지 않으려 외로운 싸움을 불사함으로써, 즉 여성적 수동성을 과장함으로써 상대 남자에게 남성다운 보호 능력이 부족하다는 점을 입증한 셈이다. 그러나 저자는 그래서 어떻게 하라는 것인지 말해 주지 않는다. 극단적인 여성성을 끝까지 밀고 나가라는 것인지, 포기하고 다른 남자를 찾으라는 것인지 오늘날의 우리로선 알 수가 없다.

실상, 젠더 에티켓을 통해 여성은 연애에서나 삶의 다양한 측면에서 더 많은 권력을 누릴 수 있었다. 대중적인 남성 및 여성잡지를 통해 많은 여성들이 공격적이거나 남성적이기를 원하지 않지만 선택의 여지가 없다고 토로한다. 남자들이 부족하고 남자답지도 못하니까 여자들이 주도권을 가질 수밖에 없다고 말한다.[86] 남녀 구분이 분명했던 옛날 방식을 더 좋아하는 듯한 모습도 보이지만, 그런 발언에는 다른 목적이 감춰져 있었다.

남성성에 대한 끊임없는 문제 제기로 결국 남성의 통제권은 무너졌다. 남자들은 스스로 부족한 것은 아닌지 자문하기에 이르렀다. 실제로 1950년대에 미국 남성성의 위기는 세계적으로 큰 주목을 받았다. 여자들의 불평을 통해 남자들은 그들이 성취할 수 없는 남성 지배의 이상에 비추어 끊임없이 평가받고, 그들이 실패할 때마다 여자들이 그 실패를 '남성'으로서의 근본적 정체성을 공격하는 빌미로 삼는다는 것을 뼈저리게 실감하게 되었다.

연애의 주도권 다툼은 본질적으로 보수적인 틀 안에서 이루어졌다. 엄격한 행동 규칙과 규정들을 통해서 미국인들은 젠더 개념이 더 안정적이었던 과거를 재현하려 했다. 남성성과 여성성의 에티켓은 분명 여성에게 데이트 권력을 부여했다. 그러나 반대로 남성성과 여성성의 에티켓은 여성의 권력에 대한 근본적인 두려움을 보여 준다. 직업과 교육이라는 공적 영역에서 남녀 간의 장벽이 허물어지는 상황에서, 젠더 에티켓은 사적 관계와 공적 생활 사이의 선을 다시 분명히 하려 했다. 공적 영역과 사적 영역은 궁극적으로 분리할 수 없는 것이지만, 젠더 에티켓은 새롭게 생겨난 규정과 행동을 억누르는 하나의 장벽으로 기능했다. 에티켓은 변화의 충격을 막는 완충제였다.

6장

♦♦♦

과학적 진실,
그리고 사랑

연애 관습을 생산한
전문가 집단

주도권, 경쟁, 소비, 성 경제학, 에티켓과 젠더 등 이 책에서 다룬 연애의 주제들은 변화하는 미국 사회의 모습을 반영한다. 변화를 주도한 것은 다름 아닌 근대화이다. 모든 이데올로기들을 가차 없이 파괴한 근대화의 거대한 물결이 연애제도에 크고 작은 파장을 일으키고, 새로운 연애 관습을 배태한 근본 원인이다.

근대라는 이 거대한 흐름을 막거나 진로를 바꾸려는 시도가 없었던 것은 아니다. 관습은 변화하는 사회 현실의 투명한 반영이 아니다. 사회의 흐름은 여러 가지 요소와 동인으로 매개된다. 다시 말해, 관습은 '생산'된다.

관습을 생산하고, 관습에 일관성과 정당성을 부여하는 작업은 학자, 특히 사회과학자들이 주도했다. 그들은 젊은이들의 연애와 결혼 경험을 교육자 혹은 전문가의 관점에서 분석하고, 공식 교육제도를 통해 결혼준비교육을 주도했다. 1930년대부터 1960년대 중반까지 미국의 대학에서 활발하게 펼쳐진 '결혼교육운동'의 창시자와 신봉자들은 미국의 연애와 결혼을 발전시키는 데 헌신을 다했다. 그들은 학생들에게 과학적 연구에 기초한 실용적 '기능적' 교육을 제공함으

로써, 변화된 행동 그리고 "더 행복하고, 더 건강한 삶"이라는 궁극적 목표를 달성하고자 했다.[1]

연구를 수행하는 전문가들과 학자들은 상당한 문화적 권력을 행사했다. 수십만 명의 학생들이 그들의 수업을 듣고 교과서를 읽었다. 그들의 과학적 전문 지식은 결혼 전문가들이 직접 쓴 기사 또는 칼럼 형태로 대중잡지를 통해 일반 대중에게 널리 퍼졌다. 수십 년 동안 결혼교육자들은 미국의 젊은이들이 참고한 규범적 행동을 규정했으며, 연애 관습의 조정자 역할을 담당했다.

전문가 집단이 그토록 강력한 영향력을 행사했다면, 이들의 역할을 철저하게 검토할 필요가 있다. 그들의 연구, 교육, 글쓰기를 구조적으로 뒷받침하는 관심사와 이데올로기는 연애의 관습을 이해하는 데 중요한 맥락을 제공한다.

'가족과학'의 탄생

20세기 중반 미국에서 펼쳐진 결혼교육운동을 대표하는 학자는 어니스트 버제스Ernest Burgess이다. 시카고대학교의 저명하고 존경받는 사회학자였던 어니스트 버제스는, 1952년 미국 학술단체협의회 모임에서 미국의 연애와 결혼의 기원을 설명한다. 그에 따르면, 제2차 세계대전 이후 연애와 결혼에 대한 미국인들의 시각은 실로 엄청나게 변화했다. "미국이 농촌사회에서 도시사회로 변모하고, 자동차와 대중매체로 인해 인구와 관념의 이동성이 증가하면서 생활 조건이 바뀌고, 그에 따라 대중의 인식도 바뀌었기 때문"이다.[2] 그러나 여기서 버제스는 단순히 사회현상을 설명한 것이 아니다. 이 발표문은 그의 학문적 업적과 마찬가지로 사회 변화에 대해 '뭔가 하지 않으면 안 된다'는 급박함으로 점철되어 있다.

그 세대의 다른 사회과학자들처럼 어니스트 버제스는 20세기 미국에서 발생한 변화들이 어떤 파장을 불러올지 깊이 고민하고 있었다. 그는 "가족이 자족적이었고 친족, 교회, 학교, 이웃의 보호를 받던" 과거를 회고한다. 그리고 이와 같은 과거의 안정적이고 안전한 가족을, 20세기의 가족, 즉 "이른바 '위대한 사회'라고 일컬어지는 미국 사회에서 생활의 압력과 긴장, 자극과 좌절, 보호와 위험에 개인적·집단적으로 노출되어 있는 사회적 구성단위"와 대조시킨다.[3] 버제스가 보기에 미국의 가족은 몰락의 길을 걷고 있었다.

1946년 많은 사람들이 버제스와 마찬가지로 미국의 가족이 위험에 처해 있다고 생각했다. 20세기 초부터 미국인들은 도시 생활이 가져다준 '매너와 도덕의 새로운 자유'가 전통적인 도덕과 결혼을 위험에 빠뜨린다고 걱정했다.[4] 여기에다 대공황은 기존의 가족제도에 경제적·심리적 압박을 가하는 한편, 새로운 결혼을 막거나 늦추는 결과를 초래했다. 실제로 대공황기인 1930~1932년에 혼인율은 13.5퍼센트 하락했고, 혼인 연령은 급격하게 상승했다.[5]

이 같은 추세는 1940년대 전쟁으로 인해 반전되었다. 이 기간에 미국 역사상 가장 거대한 결혼 열풍이 불었고, 뒤이어 전무후무한 이혼율 증가가 이어졌다. 많은 사회 평론가들은 결혼제도가 불안정해졌고, 젊은이들이 바람직한 연애와 가족생활이 무엇인지 배울 수 있는 적절한 모델을 찾을 수 없게 되었다고 걱정했다. 그들은 가족의 건강이 위험에 처했고, 그와 함께 미국의 건강 또한 심각한 위기에 봉착했다고 믿었다.

사태의 심각성은 버제스에게 기회를 가져다주었다. 그는 행동을 촉구하는 문구로 발표문을 끝맺는다. 미국인이 근대에 적응하는 과정은 "본질적으로 대중적 현상이었지 지식인에 의한 예측과 계획의 산물은 아니었다"는 것이 그의 진단이다.[6] 버제스는 구시대의 연애와 결혼제도가 해체되고, 새롭지만 문제적인 연애와 결혼제도가 등장함에 따라 '전문가'가 주도하는 합리적 '계획'의 필요성이 명백해졌다고 믿었다. 버제스와 결혼교육자들은 높은 수준의 사회과학 연구로 무장한 전문가들이 젊은이들에게 가장 성공적인 연애 및 가족생활을 가르칠 날이 오기를 희망했다.

대체로 결혼 전문가들은 시민들의 가족생활에 개입하는 것을 정당화하고자 학자로서의 권위를 적절히 활용했다. 한 결혼 전문가는 "우리 사회의 급격하고 광범위한 사회 변화로 인해 부모들은 더 이상 자녀들의 연애·결혼 문제를 해결하는 데 도움을 줄 수 있는 상황이 아니"라고 쓴다. 과거에는 부모, 조부모, 교회, 공동체 등이 세상을 충분히 가르칠 수 있었지만, 20세기의 변화는 감당하기 힘든 거대한 흐름이 되어 버렸다는 것이다. 이제 젊은 세대는 그 이전 세대와는 전혀 다른 인생을 살게 되었다. 농촌사회의 지혜는 도시 및 기술사회에 별 효력이 없었다.[7]

이들은 자신들이야말로 현대사회의 요구에 맞는 신뢰할 수 있는 답변을 내놓았다고 주장했다. 현대사회는 농촌사회의 지혜가 아니라 과학적인 지식을 요구한다. 과학적인 지식은 "행복한 결혼 생활과 가족 경험에 절대적으로 중요하다".[8] 버제스가 시카고대학교 학생들에게 말했듯이, "정밀한 연구를 통해서만 확실한 사실의 토대가 마련되고, 변화하는 미국 가족의 문제를 해결할 현실적 대책을 세울 수 있다."[9]

그런데 전문가들의 해결책은 교육의 측면에서 가족과 공동체의 영향력을 더 축소하는 결과를 가져왔다. 20세기 사회학은 대부분의 결혼교육 전문가들에게 일종의 모태 학문이었다. 따라서 이들은 사회학의 전반적인 연구 경향에 따라 과학적 조사 방법을 채택했고, 과학적 모델에 따라 경험을 해석하려 했다.[10] 그 결과, 정작 필요한 과학적 지식은 갈수록 일반 대중이 접근하기 어려운 것이 되었다. 전문가들이 전문적인 사회과학 언어와 방법(매우 계량적인)에 의존한 탓도 있지만, 연애와 결혼에 대한 연구의 양이 너무 많았진 이유가 가장 컸다.

시간이 지날수록 계량적 방법은 더욱 정교해졌고, 그에 따라 축적되는 데이터의 양도 많아졌다. 1945~1954년 불과 9년 사이에 연애와 결혼에 관한 1,034건의 연구 결과가 쏟아져 나왔다.[11] 그러면서 1950년대 어느 결혼 교과서의 저자가 주장했듯, "전문 교육을 받은 사람만이 연애, 결혼, 양육, 가족 관계에 관한 사회의 수많은 연구 자료들을 효과적으로 다룰 수 있기 때문에" 연애와 결혼이 고등학교와 대학교의 정규 교과과정에 들어가게 된다.[12] 전문가들은 관습과 도덕의 새로운 조정자, 이른바 '가족과학'의 해석자 겸 설교자를 자임했다.

1952년 학술회의에서 어니스트 버제스는 과학적 연구 결과가 "성적 행동에 관한 도덕적·종교적 승인"을 대신한다고 강조한다. 성직자조차도 해답을 얻기 위해 과학자를 찾는다.[13] 버제스의 주장은 상당 부분 옳다고 할 수 있다. 수많은 영향력 있는 미국인들이, 과학이야말로 새로운 사회에 부합하는 적절한 길잡이라는 전문가들의 의견에 동의를 표했다.[14] 당시 젊은이들은 전통적인 도덕률이 자신들의 생활 방식과 너무나 다르다고 느꼈다. 1937년 《아메리칸 매거진》에 따르면, "연애와 결혼을 과학으로 접근함으로써 결혼 생활의 행복도는 더욱 높아질 것이 확실"했다.[15] 미국 사회에 닥친 위기에서 출발한 결혼교육운동은, 과학·계획·미래의 가능성에 대한 미국인의 신뢰가 높아지면서 큰 호응을 얻었다.

결혼교육자들이 결혼교육이라는 새로운 분야가 왜 절실한지 그 정당성을 피력하는 글들을 보면 이와 같은 위기와 기회의 양면성을 잘 포착할 수 있다. 그들은 경제적인 관점에서 가족이 생산 '단위'에서 소비 '단위'로 기능이 바뀌면서, 젊은이들의 도덕과 실용 교육의 중심점도 생산에서 소비로 이동했다고 설명한다. 학술지인 《결혼과 가정생활 저널》의 기사를 보자.

가족이 예전 같지 않다면, 이제 가족이 그 구성원들을 교육시킬 수 없는 것이 아닐까? 대부분의 사람들은 사회 발전 계획을 세우는 것이 사회가 중구난방으로 발전하도록 놔두는 것보다 더 낫다는 데에 동의할 것이다. 결혼 및 가족과 관련해서도 이와 비슷한 관점이 필요하다. 결혼과 가족생활에 대한 준비를 우연 또는 막연한 희망에 맡겨서는 안 된다. 자원·용기·통찰을 통해 많은 사람들에게 영향을 끼칠 수 있는 분야에는 지도·훈련·계획이 필요하다.[16]

물론, 구역 설정이나 세법을 통해 도시 발전을 규제하는 것과 연애와 결혼을 계획하는 것은 완전히 다른 일이다. 그러나 이제 이 둘의 유사성을 이해하는 것이 결혼교육운동을 이해하는 데에 핵심이 되었다. (연애와 결혼에 교육이나 상담 활동이 필요하다거나, 확대가족의 중요성을 널리 알려야 한다는 주장이 아니라) 관습을 지도하고 조정할 정당성과 권위 그 자체를 위해 계획을 세워야 한다는 저자의 주장은 결혼교육운동의 핵심이 무엇인지 짐작케 한다.

그런데 전문가, 계획자를 자처하는 사회과학자들은 그들이 '조정'하고자 하는 새로운 관습만큼이나 사회 변천의 산물이다. 그들은 20세기의 중앙집권화 경향, 즉 새로운 전문가 및 전문직 종사자 계급에 권력을 위임함으로써 근대화의 혼란상을 통제하려는 사회적 운동의 일부분이다.

혁신주의 시대(미국에서 사회·정치개혁운동이 활발하게 전개된 1890년부터 1920년까지의 시기—옮긴이)부터 결혼 전문가들은 다른 전문가나 개혁가들과 마찬가지로 미래를 '우연'과 '맹목적 희망'에 맡기는 것은 매우 위험한 발상일뿐더러, 그러기에는 근대사회가 너무나 복잡해졌다는 인식을 공유하고 있었다.[17] 이 같은 우려는 원자폭탄의 공포가 확산되고, 미국이 초강대국으로 발돋움하던 1940~50년대에 더 증폭되었다. 1946년 결혼교육을 옹호하던 한 학자는 "인간이 빈번한 공황과 전쟁을 막고 자신의 운명을 통제하지 않으면 문명의 몰락을 초래할 수 있다"고 주장한다. 그러면서 전쟁이나 경제처럼 큰 사회적 격변이나 추세에만 관심을 둘 것이 아니라, "개인의 사생활 같은 친밀성의 영역"에도 아울러 관심을 가져야 한다고 강조한다. 조속한 해결이 필요한, 전문가의 도움이 필요한 복잡한 사안에 연애와 결혼이 포함된 것이다.[18]

결혼교육운동 창시자들이 표현한 대로, "가족생활에 관한 기술·과학" 전문가들은 근대 젊은이들의 연애 문제를 진심으로 걱정했다.[19] 그들은 연애와 결혼이 가족과 지역공동체에 깊이 연관되어 있던 안정적이고 목가적인 과거 사회를 감상적으로 회고했다. 그러나 근대화의 충격을 완화시키려는 노력에도 불구하고, 그들의 존재 자체가 가족의 근간을 뒤흔든 사회 변화의 산물이었고, 또 그들은 나름대로 자신들의 운명을 그러한 사회 변화에 적극 연결시키고 있었다.

이 전문가들이 결혼교육운동에 헌신하면서, 이 운동의 장점과 단점이 더욱 부각되었다. 인간의 생명과 자원을 위협하는 요소들을 통제하려는 욕망, 미국이 더 나아질 거라는 확고한 믿음 등 결혼교육운동의 장점은 안정적 가족을 재창조하려는 이 운동의 노력에서 충분히 확인할 수 있다. 반면, 무엇이 좋고 나쁜지 가르치려 드는 오만, 개인과 사회의 의견보다 전문가적 식견이 우선한다는 독선 등은 이 운동이 내세우는 드높은 이상과 분리해서 생각하기 어려운 결혼교육운동의 단점들이다.

공식적으로 결혼교육은 1927년 노스캐롤라이나대학교에서 시작되었다고 알려져 있다. 이 대학의 4학년 남학생들이 실용적인 결혼 과목의 개설을 요구했고, 심리학에 관심이 있던 가족사회학자 어니스트 그로우브스Ernest Groves가 이를 맡아 가르치면서 결혼 과목이 처음 세상에 나왔다.◆

그로우브스는 평생 결혼교육(연애도 포함하여)에 헌신했다. 과학적이지 않다는 이유로 그의 접근법을 비판한 후대의 학자들도 그를 결혼교육의 아버지로 추앙했다. 물론 이것이 기능적 결혼교육의 시초는 아니다. 젊은이들에게 '우생학적 짝짓기' 원리를 가르침으로써 배우자 선택을 '실험'에서 '과학'으로 승화시키고자 한 우생학 운동, 가정과 가사를 과학적 방법으로 체계화하려 한 가정경제학 운동, 보육과 영양에 관한 사회복지 과목, 논란을 불러일으킨 공립학교 성·위생 과목 등 혁신시대(1890~1920) 프로그램들도 이와 유사한 목표와 방법을 갖고 있었다.◆◆

◆　Donald S. Klaiss, "Ernest Rutherford Groves, 1877-1946," *M&FL* 8 (Autumn 1946): 93. Beatty, "Blinders," p. 22; E. R. Groves, "So You Want to Get Married?" *American Magazine*, April 1938, pp. 15-16, 151; and Joseph Kirk Folsom, ed., *Plan for Marriage* (New York: Harper & Bros., 1938), p. xi. 그로우브스는 노스캐롤라이나대학 부임 1년 전인 1926년 최초의 결혼 관련 대학 교과서를 집필했으며, 1934년 결혼교육운동의 전문 학술 기관인 결혼과 가족 보존 협의회를 결성했다.

◆◆　예를 들면 Charles B. Davenport, *Heredity in Relation to Eugenics* (New York: Henry Holt & Co., 1911; reprint ed., New York: Arno Press, 1972), pp. 4-7. 가정경제학에 관한 논의는 Helen Horowitz, *Alma Mater* (New York: Alfred A. Knopf, 1984), pp. 295-

1904년 아이오와 주 의회 하원은 주 내 학생들을 대상으로 '성공적인 결혼법'에 관한 무료 강습을 실시하는 법안을 상정했다. 1912년《굿 하우스키핑》은 다양한 분야의 전문가들을 강사로 초빙하여 잡지사 내에 결혼에 관한 '실용적 가이드 스쿨'을 개설했다.[20] 이처럼 새로운 결혼교육운동은 변화하는 미국의 연애와 결혼에 대처하려는 다양한 시도의 결과라고 할 수 있으며, 발전하는 미국 사회의 변화들을 수용하고 또 그에 적응하는 유연한 모습을 보였다.

1927년 노스캐롤라이나대학에서는 결혼교육이 특히나 활발하게 진행되었다. 그로우브스가 이 대학에 처음 왔을 때 사회학과를 지배한 인물은 계획과 문화 관계를 연구한 하워드 오덤Howard Odum이었다. 당시 오덤은 남부 지역주의를 중점적으로 연구하고 있었고, 이와 같은 실용적인 연구를 바탕으로 정책 관계자와 접촉하고 연구비를 가져왔다. 그런데 그의 이론적인 관심은 결혼교육과 직접 관련이 있었다. 어떻게 하면 사회과학자들이 현대사회에 적합한 방향으로 문화적 변화를 이끌 수 있을까? 오덤의 답은 연구·전문가·계획·교육이 네 가지였고, 이는 결혼교육운동의 대답과 일치했다. 오덤의 이론적 관심은 1930~40년대 정책 실행을 담당한 정부 관계자들의 공감을 얻었고, 이로써 미국의 결혼교육은 마침내 그 첫발을 내딛게

---

302. 성교육은 Gutowski, "High School," pp. 124-25. 시카고 공립학교 시스템은 1913년 성·위생 관련 강좌를 개설했다. 20회 강연으로 구성된 이 강좌는 영어, 폴란드어, 러시아어, 체코어로 되어 있었다. 첫해에 2,210명의 부모들이 참석했고, 이후 실시된 남녀 학생별 강좌에는 2만 1,534명이 참여했다. 이 강좌는 이듬해인 1914년 가톨릭교회의 반대로 중단되었다.

되었다.[21]

그 규모만 봐도 결혼교육의 출발은 거창했다. 어니스트 그로우브스는 1938년판《아메리칸 매거진》에서 30년 내에 미국의 모든 대학에 결혼 관련 과목이 개설될 것으로 내다보았다. 그 전해인 1937년에 이미 미국의 672개 대학 중 200여 곳이 결혼 관련 과목을 개설한 상태였다.[22] 실제로 1949년 조사에 따르면, 500개 대학이 결혼 관련 과목을 개설했다. 1958년《뉴욕타임즈》는 700여 개 기관에서 공식 인가된 결혼 관련 과목을 열었다고 보도했으며, 1961년《마드모아젤》기사는 "남부의 전문대학부터 아이비리그 명문 대학에 이르기까지" 1,200개 대학이 '자립식' 결혼 과목을 제공하고 있다고 밝혔다.[23]

그 결과, 전문대학에서 명문대학에 이르기까지 수십만 명의 대학생들이 결혼 과목을 공부했다. '결혼 준비'는 1940년대 마이애미대학 4학년생의 필수과목이었다. 1948년 미시간 주립대학교 기초교양대학 생활 관련 부처에서 개설한 결혼 과목에 3,350명의 학생이 등록했고, 같은 해 미네소타대학의 결혼 과목 수강생은 2천 명이었다. 바사대학과 미시간대학은 1930년대에 교외 활동 강좌 시리즈로 결혼 과목을 처음 개설하고 '전문가'를 강사로 초빙했다. 캘리포니아 버클리대학이 학생 및 일반인을 대상으로 개설한 결혼 강좌는 1939년부터 1946년까지 1만 2천 명의 수강생을 배출했다. 2년제 기능대학인 미주리의 스티븐스대학에서는 재학생의 60퍼센트가 결혼 과목을 선택했는데, 이 과목은 4년제 대학에 편입할 때에도 학점을 인정받았다. 퍼듀대학에서는 수강생 인원 제한 규정 때문에 담당 교수들이 약 4주에 걸쳐 지원서와 인터뷰, 기초 지식 필기시험을 통해 수

강생을 선발해야 했다.(퍼듀대학에서는 81퍼센트의 여학생과 74퍼센트의 남학생이 결혼 과목을 필수로 지정해야 한다는 생각을 밝혔다.) 1940년 레이크 이리 대학은 2학년 학생 전체(20명 정도)가 결혼 과목을 수강해야 했다. 노스웨스턴대학과 일리노이대학은 학내 YWCA-YMCA를 통해 결혼 과목 강좌를 제공했고, 시카고대학은 여름 학기에 결혼 과목을 개설했다. 스미스대학도 다양한 결혼 강좌를 개설했고, 이는 브루클린대학과 노스캐롤라이나 소재 애쉬빌 보통 사범대학도 마찬가지였다. 로욜라, 시러큐스, 하버포드, 코네티컷 여자대학, 코넬, 오하이오 주립, 스탁튼 전문대학, 유타대학에서도 결혼 과목을 개설했다. 1950년대 대부분의 주에서는 고등학교 교과과정에 일종의 결혼 교육 프로그램을 제도화했다.[24] 결혼교육운동의 파급력은 실로 광범위했다.

그럼에도 불구하고, 공식적인 연애 및 결혼교육의 혜택을 받은 젊은이들은 소수에 불과했다. 제2차 세계대전 이후 지 아이 빌G. I. Bill(제대군인에게 대학 교육 자금을 지원하는 법률)로 인한 폭발적인 대학생 증가 현상에도 불구하고, 18~24세 젊은이의 대학 진학률은 15퍼센트에 불과했기 때문이다. 1953년 《결혼과 가정생활 저널》은 미국 대학생의 약 2퍼센트만이 결혼 과목을 선택했다고 설명한다.[25] 그러나 과학적 지식이 연애와 결혼의 질을 향상시킨다는 결혼 과목의 밑바탕에 깔린 믿음에 공감하는 사람들은 그보다 훨씬 많았다. 대중매체는 일종의 무대를 제공했다. 결혼 과목과 주요 학자들을 소개하고 연구 결과를 보도하는 한편, 결혼 전문가를 조언 칼럼 저자로 이용하는 등 결혼 담론의 대중적 창구 역할을 톡톡히 담당했다.

1937년《아메리칸 매거진》이 대학의 결혼 과목과 사랑에 관한 과학적 접근법을 소개하는 기사를 신자 수천 명의 독자들이 잡지사로 편지를 보내와, 그로우브스 교수는 곧 후속 기사를 기고했다.[26] 같은 해《굿 하우스키핑》은 '결혼 관계 대학 강좌'를 지면에 게재했으며, 그 첫 강좌를 그로우브스 교수에게 맡겼다.《레이디스 홈 저널》은 1950년대에 '결혼 잘하는 법'이라는 자극적인 제목의 기사를 연재했다.[27] 1950년대 '엄마를 키우는 법'이라는 제목의《뉴스위크》기사는, "남자 대학을 포함하여 모든 대학이 결혼과 가족에 관한 과목을 개설해야 한다"고 한 바나드대학 사회학과 학과장 미라 코마롭스키 박사를 인용한다.[28]《마드모아젤》,《콜리어스》,《뉴욕타임즈》등도 1940~50년대 결혼교육에 관해 호의적인 기사를 싣는다.[29]

언론 매체의 관심과 주목은 효과가 있었던 것으로 보인다.《여성의 친구》가 1955년에 실시한 110번째 설문조사에 따르면, 대부분의 미국 여성들은 결혼 기회 확대를 위해 "결혼 과목을 수강하고, 부부 간의 사랑을 다룬 좋은 책을 적어도 한 권쯤 읽어야 한다"고 믿었다.◆

정식 결혼 과목의 내용을 잘 모르는 사람들도 그 영향력을 느끼고 있었다. 전문가들은 한층 전문적인 해답을 제시하고자 더욱더 과학적 연구에 매달렸다. 10대 조언자들도 이 분야의 연구를 참조했다.《세븐틴》의 한 칼럼니스트는 본인이 고등학생과 대학생의 데이트

◆ "Marrying Girls Need Experience with Men, Work," *WHC*, June 1955, p. 11.《여성의 친구》설문조사는 1941년에 실시되었다. 조사는 2천 명의 독자를 대상으로 실시되었고, 전체 독자(1953년 기준 434만 3천 명)가 현재 쟁점에 관해서 어떤 생각을 갖고 있는지 정확하게 파악하고자 자주 수정되었다.(*WHC*, January 1946, p. 7)

취향에 관한 사회과학 연구를 바탕으로 조언을 하고 있다는 점을 독자들에게 밝힌다.◆ 1940~50년대 가장 유명했던 조언자 모린 데일리는 퍼듀대학의 청년층 대상 여론조사 데이터를 자주 인용했다.[30]

결혼교육자들은 대중들을 위해 학술적 연구 결과를 쉬운 말로 풀이했다. 예를 들어《여성의 친구》에 '동반자 결혼 클리닉',《레이디스 홈 저널》에 '결혼 생활 잘하는 법'이라는 칼럼을 쓴 클리포드 애덤스 박사는 그의 조언이 상식이 아니라 연구와 전문가적 판단에 기초하고 있음을 분명히 밝힌다.◆◆ 대중잡지들은 이 밖에도 섹스어필, 결혼 적합성, 궁합 등에 관한 과학적 테스트를 제공했다.(이 테스트들은 사회과학적 연구를 기반으로 하지만, 본래 연구의 맥락이나 형태와는 다른 경우가 많았다.)

이처럼 대학 결혼 과목은 소수의 사람들에게 제공되었지만, 그 파급력은 매우 컸다고 할 수 있다. 결혼 강좌는 대중의 상상력을 자극하고 전문가들을 한데 결집시키는 역할을 했을 뿐만 아니라, '전문가'들이 어떻게 미국의 연애를 변화시키려 하는지를 분명하게 보여주었기 때문에 직접적인 영향력 이상의 광범위한 중요성을 가진다. 결혼 과목은 학생들뿐만 아니라 대학 바깥의 일반 대중들에게도 제공된, 당시 미국인들이 품은 '과학적 연애'라는 이상을 잘 보여 준다.

◆ Clifford Adams, Ph. D., "The Companion Marriage Clinic," *WHC*, July 1946, p. 34. 그는 조언을 구하러 찾아온 커플들에게 제공한 '테스트'를 소개한다. 그에 따르면, 이 테스트는 "연애 커플이 서로 잘 맞는지 아주 정확하게 판단할" 근거를 제공한다.

◆◆ Maureen Daly, ed., *Profile of Youth* (New York: J. B. Lippincott & Co., 1949). 데일리는 1945년《레이디스 홈 저널》에〈예비 숙녀〉칼럼 연재를 시작했다. 그전에는《시카고 트리뷴》에 '착실하고 건전한'이라는 제목의 10대 칼럼을 썼다.

결혼 과목에는 정해진 형식이나 내용이 따로 없었다. 각 기관이 개설한 결혼 과목은 다양했고, 담당 교수와 전문가들의 전공에 따라 우선순위와 이해방식도 달라졌다. 그렇지만 결혼교육은 분명한 프로그램이 있는 통일적인 운동이었다. 비록 과목마다 구체적인 내용은 달랐지만, 모두 이상한 공존과 갈등까지를 포함한 결혼교육운동의 주요 요소들을 충실하게 반영하고 있었다.

실용적인 결혼교육

당시 통용된 결혼 과목의 특징은 다음 세 가지로 요약된다.

첫째, 결혼 과목은 '기능적'이다. 즉, 학문적 교육을 거부하고 직업교육에 비견되는 실용적 프로그램을 주목적으로 삼는다.

둘째, 결혼 과목은 '개인적'이다. 각 과목은 교습자의 개인적 권위를 이용해 개별 학생에게 상담을 제공할 정도로 학생과 교습자 간의 관계를 증진시킨다는 목적을 갖는다. 이와 다소 다른 방식으로 결혼 과목은 개인의 중요성에 중점을 둔다. 즉, 학생이 제시된 바에 관심을 갖거나 그것과 개인적 연관이 있을 때에만 그 자료의 중요성이 인정되는 것이다.

셋째, '정상적'인 미국의 연애와 결혼에 관한 계량적 사회과학 연구는 젊은이들이 뭘 해야 하고 뭘 하지 말아야 할지에 대한 근거를 제공한다.

이 가운데 기능성은 결혼교육자들이 자신들의 과목을 규정하고 다른 결혼 과목과의 차별성을 부각시킨 가장 중요한 특성이었다. 교육자들은 자신들의 목적이 젊은이들의 결혼을 준비시키는 것이고, 결혼 과목이 실용적이고 기능적이라는 점, 결혼을 역사적·사회적 제도로 보는 학문적(비기능적·비실용적) 과목들과 혼동해서는 안 된다는 점을 끊임없이 주지시킨다.

1941년 결혼교육운동 학술 단체인 '결혼과 가족 교육위원회' 산하 대학교과과정 분과위원회는 대학의 결혼 과목에 관한 지침에서 이 점을 분명히 했다. 분과위원회는 "결혼 준비를 위한 과목의 목적은, 과학적 연구 결과를 제시하고 그럼으로써 성공적인 결혼 생활에 기여하는 태도를 배양하는 것"이라며 해당 과목의 '기능성'을 강조한다. 그들은 결혼 준비와 가족생활 교육은 결혼을 제도로 이해하는 것과는 전혀 다른 문제라고 주장한다. 기능적 결혼 과목은 가족에 관한 전통적인 사회학 과목과 경쟁하거나 이를 대체할 목적으로 만들어진 것이 아니다. "두 과목은 완전히 다른 목표를 갖고 있기 때문이다."[51] 결혼교육자들은 수많은 글을 통해 어느 쪽이 더 훌륭한 목표인지를 분명히 했다.

물론, 기능적 교육 분야에 결혼교육자만 있었던 것은 아니다. 미국에서 기능교육은 하나의 거대한 운동으로 발전하는 단계였고, 그중 결혼교육은 가장 대표적인 분야였지만 어디까지나 기능교육의 일부분에 지나지 않았다. 기능교육은 흔히 일반교육운동의 일부분으로 여겨지기도 했다.◆

◆ Christopher Jencks and David Reisman, *The Academic Revolution* (Garden City, N.Y.:

일반교육운동은 미국 대학에서 점차 공고해진 학문적 분파성과 과잉 전문화에 대한 반발로 시작되었으나, 그 스펙트럼이 워낙 광범위하여 교육 방법과 목표가 서로 상충되는 경우까지 있었다. 일반교육의 시초는 제2차 세계대전 이후 컬럼비아대학이지만, 가장 유명한 것은 1930~40년대 시카고대학의 허친스 교양대학이다.[32]

일반교육이라고 해서 모두 고전을 읽거나 대단한 학생들을 교육시킬 목적이 있었던 것은 아니다. 1930년대 미네소타대학은 전통적인 교양 교육 프로그램을 소화할 능력이 부족한 학생들을 대상으로 사회정보연구소(나중에 '일반교양대학'으로 개명)를 만들어 운영했다.[33] 이곳에서 학생들은 직업훈련 교육이 아니라 실용적 교육을 받았다. "복잡한 현대사회에 잘 적응할 수 있도록" 학생들은 실용적 과목을 주로 수강했다.[34] 다른 대학들도 이를 따라서 '일반' 또는 '기초'대학을 만들거나 그와 유사한 프로그램을 교과과정에 포함시켰다. 이 프로그램들은 "현대인의 다양한 업무와 기능에 관련된" 과목들을 제공하며, 학생들이 사회에 나가 기여할 수 있도록 구체적인 훈련 프로그램을 제공했다.[35]

제2차 세계대전 이후 제대군인 교육비 지원 법률인 지 아이 빌을 계기로 다양한 계층과 배경의 미국인들이 대학 교육을 받게 되면서,

---

Doubleday & Co., 1968), p. 494. 기능교육과 시카고대학의 일반교육이 한데 묶여 있는 모습이 다소 이상해 보일 수 있다. 허친스에 따르면, 기능교육의 두드러진 특징인 현재주의와 과학주의가 그가 만든 프로그램이 실패한 주원인이기 때문이다. 그러나 각자 다른 방식이긴 하지만 이 둘 모두 젊은이들이 민주사회에 잘 적응하도록 준비시키는 역할에 충실했다고 할 수 있다.

기능교육의 중요성은 더욱 커졌다. 1947년 대통령 직속 고등교육위원회는 '미국의 민주주의를 위한 고등교육'이라는 부제가 붙은 보고서를 발표한다. 이에 따르면, 대학은 더 이상 지식인 엘리트를 생산하는 도구 역할에 머물러서는 안 되고, "성인과 젊은이를 포함하여 모든 시민이 능력이 닿을 때까지 공식·비공식 교육을 계속할 수 있도록 장려하는 수단"이 되어야 했다.◆ 기능적 교육은 진정한 '민주적' 가능성을 제공하는 것처럼 보였다.◆◆

교육 이론이 흔히 그렇듯이, 기능교육에 관한 강령과 수사적 이념들만으로는 해당 프로그램의 실상을 예측하기 어렵다. 다만, 결혼교육에서 말하는 '기능'이란 기본적으로 학생 지향적·학생 주도적이라는 뜻이다. 결혼교육이 학생들의 불만과 요구를 수렴함으로써 성장했다는 점에서 학생 중심이라는 강령이 일리가 없지는 않다.[36]

대학생들은 과학적 지식에 대한 확고한 신뢰를 보여 주었고, 결혼 전문가가 제공한 새로운 전문 지식을 적극 수용했다. 노스캐롤라이나대학에 결혼 과목이 처음 개설된 것은 한 학생의 신청 때문이었다. 버클리대학의 인기 있는 결혼 과목은, 대학 행정 부처의 반발에도 불구하고 학생들의 투표를 통해 개설되었다. 다른 대학에서도 교수-학생 합동위원회의 노력으로 결혼 과목이 속속 신설되었다. 과

◆ Oscar Handlin and Mary F. Handlin, *The American College and American Culture* (New York: McGraw-Hill Book Co., 1970), p. 73. 러셀 쿠퍼는 일반교육이 '지식인 엘리트'를 위해 만들어진 것이 아니라는 점을 분명히 한다.("Marriage Courses in General Education," *M&FL* 8 [Spring 1946]: 32)

◆◆ Wilkening, "Purdue Marriage Course," p. 35. 그는 자신이 가르치는 과목의 주요 특징으로 '민주적'이라는 단어를 반복적으로 사용한다.

목 개설에 처음부터 간여했기 때문에, 학생들은 과목 설계에도 주도적으로 참여할 수 있었다.

퍼듀대학의 결혼 과목(나중에 개설되는 결혼학과의 바탕)을 주도했던 하워드 E. 윌크닝은《결혼과 가정생활 저널》에서 "학생들이 개설에 주 역할을 담당했기 때문에, 향후 과목의 방향을 결정하는 데 학생들이 발언권을 행사하는 것이 민주적으로 정당한 일"이라고 말한다. 결국 퍼듀대학은 학생 코디네이터 자리를 신설한다. 학생 코디네이터는 "균형 감각, 사람을 다루는 능력, 상황에 대처하는 태도" 등에 근거하여 교수-학생 합동위원회가 선발하는 것을 원칙으로 삼았다. "그러한 업무에는 품성과 사회성이 무엇보다 중요하다고 여겨지기 때문에" 학문적 수월성은 선발의 근거가 될 수 없었다. 학생 코디네이터의 주요 업무는 과목의 내용을 결정하는 일, "교육적·정서적 성숙도"를 근거로 40명의 수강생을 뽑는 일, 강의 노트를 작성하는 일, 교수와 협력하여 최종 학점을 결정하는 일 등이었다. 윌크닝에 따르면, 이 제도를 통해 교수는 "학생들이 무엇을 필요로 하는지, 또 무엇을 요구하는지를 항상 의식하게 된다."[37]

실제로 결혼 과목에서는 학생들이 상당한 영향력을 행사했다. '전문가'들은 학생들이야말로 무슨 자료가 좋은지 가장 잘 아는 당사자라고 치켜세우며, 과목의 주도권을 학생들에게 넘겼다. 1946년 고등학교·대학교 결혼 과목에서 사용된 교재와 교수법에 관한 설문조사에 따르면, 많은 교사와 교수들은 학생들에게 무엇이 배우고 싶은지 물어보는 방식으로 "과목의 기능성을 향상시키고자 했다."[38]

결혼교육운동에 가장 큰 영향을 끼친 책은 로라 드러먼드의《청춘 남녀를 위한 결혼과 가족생활에 관한 조언Youth and Instruction in Marriage and Family Living》(1942)이다. 박사 학위논문을 기초로 만들어진 까닭에 난해한 도표와 그래프가 많고 글도 읽기 힘들지만, 청춘 남녀가 결혼 과목에서 무엇을 배우고자 하는지를 규명하고자 나름 노력을 기울인 채이다.[39] 당시 결혼교육자들은 "학생들에게는 결혼 과목이 그들의 필요에 맞는지 판단할 자격이 있다"고 한 미시간 주립대학교의 저드슨 랜디스의 견해에 대체로 동의하는 편이었다.[40]

이 같은 믿음은 실제 수업에도 그대로 반영되었다. 미시간 주립대학의 결혼 과목에서는 교수의 판단보다 학생의 의견이 우선시되었다. 예를 들어, '결혼에 대한 종교적 견해'라는 과목이 교수 강의평가에서 2위, 학생 강의평가에서 10개 과목 가운데 9위를 차지하자, 이듬해 이 강좌는 다종교 결혼에 관한 더 '실용적인' 과목으로 교체되었다. 마찬가지로 태평양 지역 원주민의 결혼 풍속을 다룬 인류학 과목은 교수 강의평가에서 "사회학적 가치가 매우 높은" 과목으로 인정되었지만 "성공적인 결혼을 하는 데 별 도움이 안 된다"는 학생 강의평가 결과가 나오자 폐강이 결정되었다.[41]

결혼과 관련한 특정 안건이 제기될 때 학생들의 견해를 따라야 할지 교수의 견해를 따라야 할지 난감할 때가 있다는 랜디스의 토로는, 그것이 '전문가'의 입에서 나온 발언이기 때문에 더욱더 놀랍다. 미시간 주립대학의 결혼 과목도 그것이 내세운 실용성을 학생들이 느끼지 못했기 때문에 폐지된 것이다.[42]

결혼학, 연애학, 데이트학...

그러나 기능적 결혼교육은 민주주의 사회에서 흔히 겪게 되는 위험에 취약하다. 즉, 대중의 지지에 의존하다 보면 대중의 요구와 관심에 끌려가는 상황이 되는 것이다. 그런데 학생들은 단기적이고 자극적이고 손쉬운 해답만을 원한다. "오늘날 결혼 전 남녀는 서로 어떤 태도와 행동을 취해야 하는가?" "기혼 여성은 일을 해야 하는가?" 등의 단순하지 않은 질문에 대해서도 학생들은 단순하고 명쾌한 답변만을 요구한다. 그리고 '핵심'을 짚어 내지 못하는 강사는 불만의 대상이 된다.

학생들은 가족경제와 예산 문제에 대한 강의는 재미없다고 외면했다. '기능적'이라는 말을 '즉각적인 쓸모'로 받아들인 것이다. 심지어 미시간 주립대학의 한 학생은 수업에 쓰일 자료가 향후 5년간 본인에게 쓸모가 없을 거라는 이유로 해당 과목에 반대 의사를 표명했다.[43] 학생들은 무엇이 실용적인지에 대해 결혼교육 창시자들보다 훨씬 더 실제적인 견해를 제시했다. "남편을 구하는 방법, 즉 남자가 결혼하고 싶다는 생각이 들도록 매력을 가꾸는 방법에 대한 더 자세한 강의"를 원한다고 말하는 여대생도 있었다. 이와 관련하여 《마드모아젤》은 대학에 외모 가꾸기 강좌가 개설되어야 한다고 주장했다.◆

◆ Beatty, "Blinders," p. 182; Bernice Peck, "It Ought to Be Taught," *Mademoiselle*, August

흥미로운 것은, 이 같은 학생들의 요구가 반대에 부딪힌 적이 없다는 사실이다. 사회학적·역사적 분석을 강의에 포함시키고 수업을 엄격하게 통제한 교수들도 없지 않지만, 학술지나 독서계의 주목을 받는 교수들은 주로 협력자인 경우가 많았다. 결혼교육의 열렬한 지지자이자 1940년대 결혼 강의로 높은 인기를 얻은 폴 포우프노는 '남편감을 찾고 있나요?' '프로포즈를 하게 만드는 게 좋지 않을까요?' '그게 사랑인지 어떻게 알죠?' 등등의 소책자를 나눠 주곤 했다. 옥시덴탈대학의 결혼 과목 교수였던 포우프노는 1944년《마드모아젤》에 "나는 전혀 학술적이지 않다"고 대놓고 선언했다.[44] 일리노이대학의 주임교수는 학기 중 6시간 이상 아이를 돌본 학생에게는 기말 과제물을 면제해 주었고, 스티븐스대학에서는 결혼식 계획을 짜오면 그것을 기말 과제물로 대체해 주었다.[45] 시간이 지나면서 결혼 과목의 주된 관심은 연애나 신혼 생활과 같은 더 직접적이고 실용적인 주제로 바뀌었다. 데이트만을 중점적으로 다루는 과목을 제도화하자는 제안도 나왔다.[46]

결혼교육의 반학문적 경향은 대학 결혼교육위원회가 명시적으로 선언한 상태였다. 이 위원회는 1942년에 이미 일부 대학교수들이 "학문적 표현에 지나치게 경도되어 있어서, 이것이 본인들이 가장 잘하는 일이기는 하나 현실적인 문제를 해결해야 하는 학생들에게는 크게 도움이 되지 않는다"고 결론지은 바 있다.[47] 결혼교육자들

1955, p. 276. 《마드모아젤》은 1940~50년대 외모 관련 강의가 학점 인정 과목으로 개설되었던 스티븐스대학의 '실용적' 성향을 칭찬한다.

은 학생들이 실생활과 무관하다고 느끼는 추상적 이론에서 벗어나고자 개인적 특성을 강조하는 접근법을 사용하고 있었다. 이 추세에 따라 해당 자료가 학생의 생활에 직접 관계가 있는지, 정보를 실생활에 응용할 수 있는지, 교수자와 학생의 개인적 관계는 어떤지 등에 더 많은 관심을 쏟게 되었다.

이처럼 결혼교육이 사용한 개인적 접근법은 기능주의를 강조한 결과라고 할 수 있다. 과목 설계 단계에서부터 학생들에게 발언권을 부여함으로써 학생들의 좁은 세계관이 교과 내용에 고스란히 반영될 수밖에 없었다. 학생들은 자신들과 직접 관련이 있는 것에만 관심을 보이고, 사회의 제도적·역사적 맥락 따위에는 전혀 관심이 없었다. 추상적인 내용을 봐도 이를 개인적인 경험으로 환원해서 생각했다. 이는 분명 자기중심적인 태도에서 비롯된, 오늘날의 관점으로 보면 문제적 또는 반사회적 태도였지만, 결혼교육자들은 이를 그렇게 나쁘게 보지 않았다. 다음은 1941년 12월에 개최된 가족 관계 전국학술대회에서 어떤 교수가 자랑스레 설명한 내용이다.

전쟁이 선포되고 난 후 여학생 몇 명이 교실에 들어와서 책상에 고개를 푹 숙이고 조용히 앉아 있었다. 엄마도 아빠도 그들을 지켜 주지 못할 거라는 공포감에 휩싸인 것이었다. 여학생들에게 연애를 가르치고 결혼에 성공적으로 안착하도록 돕는 선생님은 다음과 같은 답을 주었다. "위험이 아직 닥치지도 않았는데 이렇게 심각한 반응을 보이면 나중에 진짜 결혼의 위기가 왔을 때, 가령 남편이 요리가 마음에 안 든다며 집을 나가면 어떻게 할 건가요?" 책상에서 고개를 든 학생들의 표

정은 결연해졌다.◆

제2차 세계대전을 서툰 요리 솜씨에 견주는 것을 보라. 심지어 전쟁보다 요리가 더 중요하다는 어투이다. 당시 학생과 교사 및 교수들이 얼마나 철저하게 사회보다 개인을 우선시했는지를 알 수 있다. 학생들은 개인의 문제와 결부되지 않으면 어떤 강의도 들으려 하지 않았다. 실제로 1958년 전체 미국 학생의 72퍼센트가 대학 교육의 주목적이 전인적인 인성 함양에 있다고 믿었다.[48] 대부분의 결혼교육자들은 이처럼 개인을 강조하는 것이 가져올 부정적 결과들을 회피했다. 결국 결혼교육의 궁극적 목표는 행동 변화이며, 행동이라는 것은 학생들이 배운 바를 실생활에 잘 적용할 때 비로소 변하는 것이므로.

학생들이 수업 교재를 개인화하여 활용할 수 있도록, 대학들은 개인 카운슬링 프로그램을 과목에 통합시켜 운영했다. 1946년에 개최된 '결혼교육 방법론' 심포지엄은 "수업 시간에 교수들이 던지는 질문들은 대개 학생들로 하여금 개인적인 문제를 담당교수 또는 카운슬러와 상의하고자 하는 마음이 들게끔 유도"하기 위해 만들어진다고 설명한다.[49] 물론 교수마다 그와 같은 욕망을 부추기는 방식은 달

◆ Louise Ramsey, "Education for Marriage and Family Life in the High School as a Means of Strengthening National Defense," *M&FL* 3 (Summer 1942): 52. 이 논문은 가족 관계에 관한 전국학술대회에서 발표되었다. 이 학술대회에서 램지는 대학의 결혼교육자들을 대상으로, 대학에 진학하지 않는 고등학생들이 대부분이기 때문에 고등학교에서 더 많은 결혼교육을 해야 한다는 주장을 펼친다.

랐다.

이때 활약한 결혼교육자 중 가장 탁월하고 진중한 인물인 E. E. 르매스터스는, 1957년 교재에서 상담이 필요한 경우에 그것을 교습자에게 알리는 것이 학생의 '의무'라는 점을 분명히 한다. 그러면서 기혼 여성의 성적 클라이맥스와 관련된 통계자료를 보면서 진땀을 흘린 한 남학생의 이야기를 들려준다. 남학생은 바로 그 문제로 인해 결혼 생활에 어려움을 겪고 있었던 것이다. 르매스터스는 그 학생이 어려움을 겪는지 몰랐고, 강의 내용을 학생들의 개인적 문제와 결부시킬 의도도 없었다. 그렇지만 남학생이 직접 찾아와서 결혼 생활의 고민을 털어놓는 성숙한 태도를 보여, 그 학생에게 문제를 조정할 방법을 알려 주었다.[50]

스티븐스대학의 결혼 과목 주임교수이자 이 분야에서 가장 왕성한 활동을 벌인 헨리 바우먼은, 학생과 교습자의 '관계'를 향상시키는 방식으로 과목을 운영했다. 그는 이를 위해 학생들이 사적인 문제를 상담하도록 유도하였다. 바우먼은 1941년 《결혼과 가정생활 저널》에 3년간 182명의 학생들과 313차례 개별 상담을 했다고 밝히면서, 자신의 계획이 성공적이었음을 알린다. 상담 내용은 월경불순부터 외모 문제, 두 남자 중 누구랑 결혼해야 하는지 등 남녀관계에 관한 거의 모든 문제였다. 바우먼은 아주 심각한 성격장애나 의학적 문제가 있는 학생들은 전문가에게 보내고, 외모 클리닉과 댄싱스쿨 같은 서비스도 제공했다고 밝힌다. 그는 그 많은 문제들이 시간이 지나면 저절로 해결되거나 스스로 해결할 수 있는 문제들이었다는 점을 인정하면서도, "그와 같은 문제들은 많은 학생들에게 정서적으로 적응하느냐 실패하느냐를 결정하는 중요한 기점"이 되며 "어떤 문제가 해결될지 어떤 문제가 개인적으로 또는 결혼 생활이 실패로 귀결되는 첫 단계인지 알 수 있는 방법은 없다"고 말한다.[51]

퍼듀대학의 교습자들은 분명 바우먼의 경고를 잘 새겨들은 듯 보인다. 상담을 학생들에게 맡겨 두지 않았기 때문이다. 퍼듀대학 학생들은 성과 결혼 그리고 그와 관련된 요소들에 대한 각자의 생각을 5천 자 이내의 '개인사 에세이'로 기술하는 과제를 받았다. 이외에도 두 번의 개별 상담을 의무적으로 받아야 했으며, 이를 통해 학생들은 일대일 방식으로 각자의 문제를 교습자와 상담했다. 다만, 학생들이 "전적으로 교습자가 전담해야 할 개인적 문제에 학생 코디네이터가 개입하는 것"을 싫어했기 때문에, 상담에서는 학생 코디네이터를 모두 배제시켰다.[52]

교습자들이 상담 과정을 설명하면서 사용하는 표현들, 가령 '관계' '부담' '개인적 문제' 등은 상담 관계의 모호성을 잘 보여 준다. 사적인 문제에 대한 상담이 치료자와 환자의 관계를 모델로 삼아야 하는가? 젊은 사람이 나이 든 사람에게 조언을 구하는 개인적 관계여야 하는가? 학생들이 성적인 문제를 포함해서 가장 내밀한 문제를 교수에게 고백하도록 의무화하는 것이 과연 합법적인가? 왜 전문 치료자가 아닌 결혼교육자가 카운슬러 역할까지 맡는가?

결혼은 과학이다

이 질문들에 대한 답은 결혼 과목의 정당성 문제와 긴밀하게 연관되어 있다. 결혼교육을 처음 시작한 교수들은 현대 교육의 새로운 모델, 즉 사적이고 개인적인 영역에 전문 지식과 과학의 권위를 적용하는 모델을 제시하려 했다. 그들은 개인적인 것을 거부한 것이 아니라 단지 그 위치와 의미를 옮기려고 했을 뿐이다.

결혼교육자들은 다양한 역할을 수행하고자 했다. 그들은 자신들이 근대화 과정에서 권위를 상실한 부모의 역할을 대신하고 있다고 믿었다. 과거 젊은이들이 문제가 생겼을 때 찾아가 조언을 구하는 부모 또는 연장자 역할을 떠맡으려 한 것이다. 그렇게 함으로써 교수들은 전문가, 과학자, 학점을 주는 교수의 역할을 넘어서는 권위를 획득했다. 교수가 학생의 삶에 '개인적' 권위를 행사하려 한 셈이다. 그들은 과학적 정보를 소유한 학자이면서 신뢰할 만한 연장자 역할을 수행함으로써 학생들에게 올바른 태도를 가르치는 이중의 영향력을 행사하고자 했다.

나아가 결혼교육자들은 스스로 학생들에게 결여된 롤모델이 되려 했다. 실제로 결혼 관련 '학술' 기관들은 학술적 역량이 출중하다고 해서 연애와 결혼을 가르칠 자격이 생기는 것이 아님을 반복적으로 강조했다. 교수의 저술 목록뿐 아니라 개인적 생활도 면밀한 검토 대상이었다. 1940년《리빙Living》은 결혼교육자들이 갖춰야 할 덕목을 이렇게 요약했다. 가능한 한 결혼을 통해, 훌륭한 인성과, 정서적 성숙 및 안정을 이루어야 한다.[53] 그래서 아이오와대학은 정서적으로 안정된 전문가들이 결혼 과목을 담당하고 있다고 홍보했다.[54] 1949년 보스턴대학의 해롤드 램슨 교수는 동료 교수들에게 다음과 같이 경고했다. "적응력이 부족한 사람, 결혼에 실패한 사람, 다른 사람을 구원함으로써 스스로를 구원하고자 하는 사람 등은 결혼교육 분야에 절대로 발을 디뎌서는 안 된다. 미친 사람, 괴짜 같은 사람들까지 받아 줄 수는 없다."[55]

결혼교육자들은 개인적 자격뿐만 아니라 전문성도 강하게 내세웠다. 교수와 학생의 개인적 관계는 물론 철저하게 비밀에 부쳤다.(유사 모델은 사제-신도 관계가 아니라 의사-환자 관계였다.)[56] 그러나 이들이 전문성을 내세워 강조하려 한 것은, 자신들은 전문가이고 과학을 다룬다는 것이었다. 학생들에게 얻는 정보는 그들의 과학적 연구를 돕는 훌륭한 데이터였다. 학생들의 이야기는 통계로 제시되거나 결혼 교과서의 일화로 소개되었는데, 어떤 방식이든 지식의 범위를 확장하고 연애와 결혼을 향상시키는 데 보탬이 되었다. 결혼교육자들은 개인적 권위와 과학적 전문 지식을 결합시켜 현대사회에 적합한 결혼교육 모델을 창출하고자 했다.

결혼교육의 핵심 요소는 분명 과학적 진리에 대한 주장이었다. 기능성에 대한 주장, 학생들의 실생활에 도움을 준다는 주장은 과학적 연구가 연애와 결혼을 향상시킬 해답을 제공한다는 강한 믿음에서 나왔다. 결혼교육의 또 다른 핵심 요소인 개인화 경향 또한 과학에 대한 믿음과 깊이 연관되어 있었다.

결혼교육운동 초기에 제시된 강령은 추상적 이론을 개별 학생들의 문제에 적용하는 접근 방식에 반대했다. 이상적인 상담은 비판단적·비규범적이며, "조언이 아니라 통찰을 제시하는 것"이었다.[57] 그러나 시간이 지나면서 전문가 집단은 과학적 연구로써 해답 또는 정답을 발견할 수 있을 것으로 확신했다. 학생들을 올바른 방향으로 이끄는 것이 무슨 잘못이란 말인가? 이러한 확신 아래 교수들이 학생들에게 제공한 상담은 규범적, 추상적으로 흘렀다. 강좌를 듣는 수많은 학생들의 개별적 상황을 다 알아내고, 진정한 의미의 개별화된 개인적 상담을 제공하기란 어려웠다. 상담에서나 교과서에서나 수업 시간에도, 교수들은 사회과학의 축적된 연구 결과에 의존할 수밖에 없었다. 1940년대 후반 시카고대학 어니스트 버제스의 강의 노트를 보자.

> 해밀턴. 결혼 조사-만족도 측정
>
> 터먼. 심리적 요인-성격 대 섹스-"커플을 얻는 방법"
>
> 버제스와 월린-개인사 자료[58]

확률에 근거한 통계 연구는 진리를 탐구하려는 열의가 넘치는 교수들과 무엇이든지 개인화하려는 학생들에 의해 일종의 실용적 입문서로 변용되는 경우가 많았다. 당시 결혼 과목에 가장 널리 사용된 저드슨 랜디스의 책《성공적 결혼 만들기Building a Successful Marriage》는 사회과학 용어로 풀이한 일종의 설명서였다. 가령, 결혼 적령기가 궁금한 학생들은 이와 관련한 다섯 개의 통계 연구를 요약한 표를 보면 된다. 이에 따르면, 교회에서 결혼식을 올린 커플이 다른 장소에서 결혼한 남녀보다 행복한 결혼 생활을 영위할 가능성이 높고, 혼전 관계는 결혼 생활의 성공 가능성을 현저하게 낮추었다.[59] 이처럼 확률과 통계자료가 행동 규범으로 제시된 것만 보아도, 당시 교육자들이 규범에 몰두했음을 알 수 있다.

처방과 금지의 근거가 되는 연구들은 미국 북동부와 중서부 지역 대학에서 실시한 연구 조사를 주로 사용했다. 즉, 규범적 행동 연구에는 불가피하게 백인 중산층의 편견이 반영될 수밖에 없었다. 그러나 1953년 서던일리노이 대학의 교수가 상당수 대학생들이 하층·중하층계급 출신인 최근 추세를 감안할 때 중산층의 가치를 행동 규범으로 제시하는 것에 문제가 있다고 지적하자, 동료 교수들은 즉각적으로 반발했다. 곧이어 나온 '논평'은 "중하층 출신 대학생들도 중산층의 생활을 선망하고 있으며, 그렇지 않다면 대학에 오지도 않았을 것"이라고 주장했다.[60]

몇몇 소수를 제외하고(변화가 너무나 빠르고 지역적이며, 종교에 따라 편차도 심하기 때문에 지배적인 관습이 무엇인지 정확한 판단이 어렵고, 그에 따라 독자들에게 따르라고 권장하기 힘들다는 1930년대 바사 폴섬의 견해 등), 전문가들은 규범의 권위와 연구 결과를 진리로 받아들였다.♦ 규범, 진리, 그리고 사회과학 설문조사 대상자들이 내놓은 응답의 진실성이 문화적으로 어떻게 결정되는지, 기존의 규범들이 좋은 것인지에

♦ Herman R. Lantz, "Problem Areas in Marriage Education," *M&FL* 15 (May 1953): 116-18: Earl Lomon Koos, "Comment," pp. 118-19. 같은 호에 게재된 논문 〈흑인 대학에서 결혼을 가르칠 때 부딪히는 몇 가지 지엽적 문제들〉에서 J. S. 하임즈 주니어는 자신의 연구를 통해 사회과학적 연구 결과가 "보편적으로 적용 가능한" 것은 아니라는 결론을 얻었다고 지적한다.(pp. 114-16)

대한 논의는 거의 없었다. 기능적 교육의 목적은 학생들이 사회에서 맡게 된 '실제적' 역할을 잘 수행할 수 있도록 준비시키고, 주어진 사회적 조건에 잘 적응하도록 돕는 것뿐이었다.[61]

예컨대 종교가 다른 남녀의 결혼이 인종 또는 국적이 다른 남녀의 결혼만큼이나 실패할 확률이 높다는 연구 결과가 나오자, 랜디스는 '교과서'의 한 장을 할애하여 이 문제를 다룬다. 랜디스는 이 주제를 엄밀하게 검토한 결과, 종교가 다른 결혼이 성공적 결혼 생활에 심각한 문제를 가져온다는 결론을 내린다.[62] 그리고 행복한 결혼 생활의 심리적 요인들에 대한 다른 연구 결과(가령, 종속적 역할에 만족하는 여성일수록 더 행복한 결혼 생활을 한다!)를 참고하여, 행복한 배우자와 불행한 배우자의 일반적인 특징을 제시한다.[63]

랜디스의 교과서를 비롯하여 많은 결혼 관련 교과서에 제시된 규범적 연구는 학생들에게 모범적 행동 지침을 제공하고자 했다. 더 많은 학생들의 행동을 변화시키려 한 어떤 교수는, 결혼 교과서를 읽고 더 협조적이 된 부인의 이야기를 긍정적인 사례로 제시한다.[64]

이때 나온 사회과학 연구 결과 중 가장 널리 알려지고 사용된 것은 '버제스-월린 결혼 예측표'이다. 미래의 결혼 적응 과정과 관련된 다양한 요소들을 면밀히 검토한 버제스의 연구 결과를 바탕으로 만들어진 이 예측표는, 대상 학생의 '결혼 적응 확률'을 산출할 수 있었다.

버제스는 높은 정확도를 보이는 이 예측표에서 "결혼 적응에 저해되는 요소들이 존재한다"는 결과가 나오는 경우, 카운슬러와 교육자들은 해당 학생에게 결혼하지 말라는 조언을 정확히 줄 수 있을 것이라고 밝힌다. 예를 들어, 한 커플이 약혼해야 할지 말아야 할지를 망설인다면 예측표를 참고하여 정확한 결정을 내릴 수 있으며, 관계를 정리해야겠다는 결론에 도달하더라도 그 결정이 '과학'에 근거한 것임을 알기 때문에 정서적 소모나 스트레스, 후회 같은 정신적 후유증이 없을 것이라고 주장한다.[65]

누가 도덕과 관습의 조정자가 될 것인가

그러나 당시의 많은 결혼교육자들에게 과학에 대한 신뢰보다 더 중요한 것은 그들 자신의 사명감이었다. 그들은 과거에 관습과 도덕의 조정자들이 맡았던 역할을 본인들이 대신 맡았다는 점을 강하게 의식했다. 젊은이들을 제대로 가르칠 수 있는 부모 · 교회 · 공동체 등 개인과 제도의 영향력이 쇠퇴하고, 그에 따라 그들의 권위도 함께 무너졌지만, 결혼교육자들은 과거의 해답들이 완전히 의미를 잃었다고 생각하지 않았다. 결혼교육의 시대를 맞아 사회과학자와 결혼교육자들의 작업은 상당 부분 그들이 자라면서 보고 듣고 믿었던 종교적 · 도덕적 관습에 새로운 과학적 토대를 마련하는 일이었다.《리빙》의 초창기 칼럼은 다음과 같이 밝히고 있다.

더불어 사는 현명한 방법에 대한 전문 지식들은 어떤 의미에서는 그렇게 새롭지 않다. 이전에는 전혀 볼 수 없었던 것으로서 도시화되고 산업화된 근대사회의 다양한 욕구와 조건에 맞게 만들어졌다는 점에서 전문 조언자들이 제시하는 지식은 새롭다고 할 수 있다. 그러나 이와 같은 지식은 그 분야의 능력 있는 과학자들이 진공 상태에서 홀로 만들어 낸, 전적으로 새로운 것은 아니다. 그것은 어떤 형태가 되었든 이전에 이미 존재했던 것이고, 아주 오래전부터 인간이 사용하던 것이다.[66]

불변의 지식은 당연히 성적 도덕과 관련이 있다. 성도덕이 해이해지고 와해된 위기 상황에서 결혼 전문가들은 그들의 계몽적 지식을 바탕으로 전통적 도덕을 수호하고자 노력했다. 전문가들에 따르면, 혼전 성관계는 미래의 결혼 생활에 방해가 된다. 이를 과학적 용어로 표현하자면, "비도덕의 결과들은 인성 발달을 저해하고 사회 구성원에게 해를 끼친다."[67]

학생들은 비슷한 이야기를 수도 없이 들었다. "지나친 애무는 혐오감을 일으킨다." "성적 자제력이 부족하면, 정상적인 결혼 생활에 심각한 문제를 초래할 수 있는 생물학적·심리적 반응이 나타난다." "성행위는 커플들로 하여금 데이트와 연애라는 주 기능을 수행하지 못하도록 방해한다." "결혼 전에 행복한 결혼 생활을 위해 자제심을 발휘하지 않으면 인생을 망칠 수 있다."……

결혼교육자들은 바람직한 남녀관계에서 "정상적인 성적 매력은 존재해도 성관계에 대한 욕망은 결혼 이후에 표출된다"거나 여성이 성관계에 굴복하고 나면 남성은 그 여성에게 매력을 느끼지 못하게 된다고 가르쳤다.[68]

결혼교육자들은 관습적·기능적인 성적 도덕을 수호하려고 '과학적인' 사회과학 연구에 반발하기도 했다. 저드슨 랜디스는 1958년 교과서에서 여성의 성적 행동에 관한 킨제이 보고서를 논의할 "필요가 있다"는 점은 인정한다. 그러나 킨제이가 내놓은 연구 결과, 즉 혼전 성 경험이 결혼 초기에 여성이 성관계를 즐길 가능성을 높인다는 연구 결과를 행동의 지침으로 삼아서는 안 된다고 못 박는다. 랜디스는 킨제이의 사례가 미국 대학생의 모습을 대변하지 않으며, 대다수의 여성들은 어떤 방식으로든 성공적인 성 반응을 하게 된다고 설명한다. 그러면서 15~20년 전에 수행된 연구를 행동 지침으로 제시한다.[69]

1961년 미국의 결혼 과목을 조사한 《마드모아젤》 기사에 따르면, 대부분의 과목에 부과된 읽기 과제는 "킨제이는 피하는 편이고, 중산층 도덕에 부합하는 통계를 주로 이용하는 경향이 있다."[70] 도덕의 조정자들은 자신들이 믿는 바를 배반하지 않으려 했고, 이를 위해선 과학조차 포기했다.

1961년 《마드모아젤》 기사 〈대학 결혼 과목 : 흥미인가 사기인가?〉는 그 사이에 결혼교육이 어떻게 쇠퇴했는지 그 일면을 보여 준다. 이 기사는 과거 몇 십 년간의 기사들과 달리 결혼운동을 비판한다. '불변의 과학적 진리'를 옹호하고, 전문 지식과 제도에 권위를 부여한 결혼교육운동은 1960년대에 들어서면서 수세적인 위치에 놓이게 된다. 젊은이들의 변화하는 관습과 성도덕, 그리고 규범과 권위에 대한 문화적 저항으로 말미암아 이 운동은 그 근본에서부터 무너지기 시작한다.

결혼교육운동의 종말을 설명하는 것은 '60년대'의 기원을 설명하는 것만큼이나 어렵고 복잡한 일이다. 그러나 전부는 아니어도 실패의 한 원인을 그 내부에서 찾아볼 수는 있다. 다시 말해, 결혼교육이 자기 모순에 빠진 것이 몰락의 한 원인이었다.

미국의 결혼교육운동은 복잡다단한 양상을 보였고, 무엇이 우선 순위인지도 분명하지 않았다. 또한, 한편으로는 분과학문의 발전에 수반되는 내적 요구에 따라 변화하기도 했고, 다른 한편으로 사회의 외적 요구에 따라 변화하기도 했다. 결혼교육자들은 자신들이 과학 자인지 카운슬러인지, 보수주의자인지 개척자인지, 전문가인지 롤 모델인지 갈피를 잡지 못했다. 그들에게는 당장 해결을 요하는 난제 들이 산적해 있었고, 결혼과 가족생활 연구는 학문적 정당성을 얻고 자 노력에 노력을 거듭했다.

그러나 과학이 결혼교육의 토대인 것은 분명했지만, 결혼교육은 그 기능적 특성으로 인해 학문적 권위를 얻기 힘들었다. 많은 교육 자들이 자처했던 도덕적 권위의 페르소나는 사실상 객관적인 사회 과학자의 모습과 배치되는 것이었다. 사회적·역사적 맥락을 거부하 는 것이나 학생들에게 주도권을 넘기는 모습, 그리고 과학적 연구가 조언 칼럼으로 은근슬쩍 변모하는 양상까지 그 모든 것에는 뭔가 어 색한 구석이 있었다. 이 모든 문제들은 권위를 획득하고 현대사회의 요구에 맞는 교육을 하기가 얼마나 어려운지를 잘 보여 준다.

결혼교육운동 내부에서 갈등과 모순의 드라마가 펼쳐지면서 누가 올바른 관습을 규정할 것인지, 누가 더 큰 권위를 차지할 것인지, 누 가 도덕과 관습의 조정자가 될 것인지를 놓고 권력투쟁이 벌어졌다. 이러한 모습은 어떤 면에서는 미국 연애사의 감추어진 단면을 조명 해 주었다.

결혼교육운동의 내부투쟁은 20세기에 일어난 새로운 형태의 연애에 남녀가 적응하는 과정과는 별 관계가 없을 수 있다. 그러나 다른 한편으로 전문가들의 성공과 실패는 이와 같은 사적·공적 투쟁과 적응 과정을 매개한 중요한 요소라고 할 수 있다.

마지막으로 덧붙일 말이 있다. 전문가들의 견해는 당연히 중요하다. 관습의 조정자들이 젊은이들의 연애 이해 방식에 깊은 영향을 끼쳤다는 점도 부인할 수 없다. 젊은이들이 종교나 관습이 아닌 '과학'의 이름이 붙은 조언을 받았다는 것도 분명 매우 중요한 사건이다. 그러나 우리 시대의 데이트 혹은 연애에는 관습, 과학, 전문 지식 이외의 요소들, 연애의 주도권 싸움 말고 다른 요소들도 있다는 점을 간과해서는 안 된다. 버제스가 결혼 예측 연구 제안서의 뒷면에 적은 메모는 결혼교육의 역사에서 가장 슬픈 순간으로 기록될 만하다.

한때 그들은 사랑에 빠졌다?[71]

우리 시대의 연애

경제 메타포 시대의 종언

데이트 시스템이 해체되고 지배력을 상실한 지 벌써 반세기가 넘었다. 오늘날 연애의 공적 언어는 전혀 다른 모습이다. 오늘날의 '관습적인' 연애는 20세기 중반의 복잡한 연애 의례와는 사뭇 다르다. 이전 세대들이 경험한 문제들이 아직도 남아 있고, 사랑의 행위와 드라마가 여전히 지속되고 있지만, 그 맥락은 전혀 다른 모습이다.

연애의 경제학 메타포를 대신한 것은 무엇인가? 오늘날 우리의 공적 언어와 행동을 뒷받침하는 것은 무엇인가? 대중잡지 판매대를 훑어본 적이 있는 사람이라면 누구나 "섹스"라고 대답할 것이다. 문제가 없지는 않지만, 섹스는 오늘날 지극히 정상적인 연애 방법으로 자리를 잡았다. 이 같은 변화는 성혁명 때문일 것이다.

돌이켜 보면 '혁명적'이었던 성 관습이 이제는 당연한 것으로 받아들여지기 때문에, 당시에 '사건'으로 받아들여진 변화, 즉 너무도 갑작스럽고 돌발적으로 느껴진 성혁명이 구체적으로 어떤 모습이었는지 가늠하기란 쉽지 않다. 물론 성혁명은 난데없이 불쑥 생겨나지 않았고, 갑작스럽지도 않았다. 킨제이 보고서와 같은 연구에서 알게 된 것처럼, 시간이 흐르면서 사람들의 성 경험은 점차 공적인 사회 관습과 일치하지 않게 되었다. 지지대가 무너졌고, 의미 구조가 마침내 붕괴했다. 어쩌면 진정한 혁명은 성보다 성에 의미를 부여한 메타포에서 발생했을지도 모른다.

전후 미국의 '풍요의 문화'에서 사회에 대한 경제적 메타포는 중요하지 않았고 의미가 없었다. 풍요의 시대에 희소성으로 가치를 판단하는 것이 무슨 의미가 있겠는가? 섹슈얼리티가 풍요롭다면 왜 보존해야 하는 것인가?

혁명이 가져다준 자유

성혁명을 의미의 혁명으로 이해한다고 해서 경험의 변화가 중요하지 않다는 것은 아니다. 연애 행위 자체는 분명 변화했다. '육체적 순결'은 더 이상 중요하지 않게 되었다. 혼전 섹스가 증가했고, 젊은이들의 관습은 애무에서 성교로 바뀌었다. 전후 시대에 성이 엄격하게 통제되었고, 여성의 가치가 성적 도덕과 결부되었다는 사실을 사람들은 쉽게 망각했다.

성혁명은 비단 술집에서 처음 본 사람과 섹스를 하고 다음 날 어떤 책임감이나 죄의식도 없이 헤어질 권리만을 의미하지 않는다. 성혁명은 결혼하지 않은 남녀가 성적으로 애정을 표현할 권리를 의미하며, 여성의 가치를 여성의 '정조'와 동일시하는 태도를 버리는 데서부터 출발한다.

오늘날 미국 사회에서 동거는 관습상 결혼의 출발점이면서 그 자체로도 충분한 하나의 관행으로 인정받고 있다. 이와 함께 성교는 오랜 이성 교제의 일부분(좋든 싫든 청소년까지 포함해서)이면서, 첫 번째 데이트에서도 충분히 가능한 일이다. 이와 같은 관습적 행위들은 결코 보편적인 것이 아니었고, 많은 미국인들도 이에 반대했다. 그러나 에이즈의 공포가 확산되고 이와 관련하여 단일 배우자 또는 성적 순결 요구가 높아지는 오늘날에도, 혁명의 성적 유산은 여전히 확고하다. 동시대의 연애 관습을 다룬 《뉴스위크》기사는 "우리는 전통적인 가치와 관습으로 되돌아가고 있다. 사람들은 같이 잠을 잔 사람이 어떤 사람인지 알고 싶어 한다"고 말한 페이스 팝콘^{Faith Popcorn}(미국의 유명한 사회 트렌드 분석가―옮긴이)의 견해를 인용했다.[1] 어떤 사람이 누구인지 아는 것이 '전통적인' 가치를 규정한다는 것 자체가 우리가 얼마나 멀리 와 있는지를 잘 보여 준다.

성혁명이 성^性에서 멈췄다면, 오늘날에는 '풍요' 개념이 공적인 연애 관습을 규정하게 되었다고 할 수 있을 것이다.(오늘날 순결에 대한 요구는 풍요의 시대에 절제에 대한 요구를 뜻한다.) 그러나 내가 주목하는 것은 성보다는 혁명이다. 20세기 초에 연애가 사적 영역에서 공적 영역으로 이동하면서 경제 메타포가 가정과 가족의 메타포를 대체했듯이, 1960년대에는 혁명(물론 '성'의 혁명)의 메타포가 경제를 대신했다. 1960년대 후반에 일어난 혁명은 침실에서나 거리에서 전면에 등장했다. 변화의 기운이 감돌았고 권력투쟁의 맨 얼굴이 드러났다.

권력을 향한 투쟁은 세대, 계급, 인종뿐만 아니라 남녀 사이에서도 두드러지게 되었다. 성혁명은 성에 대한 문제만은 아니다. 그것은 권력을 위한 투쟁, 자유·평등·자율에 대한 투쟁이면서 성이 중심 역할을 담당하는 투쟁이다. 남성과 여성의 투쟁, 성과 젠더의 의미에 대한 투쟁은 경제·가정·개인·정치 등 어디라고 할 것 없이, 경계의 구분 없이 수많은 영역에서 동시다발적으로 발생했다. 그 결과, 남성과 여성은 더 많은 자유를 획득하게 되었다. 자유의 축복이 마냥 좋기만 한 것은 아니다. 이 시스템에는 착취의 가능성이 적지 않으며, 혁명으로 모든 이가 '진정한' 자유를 얻었는지 질문할 필요가 있다. 그러나 어떤 형태로든 자유를 얻은 것은 확실하다. 물론 그에 따르는 위험, 책임, 쾌락 문제도 아울러 짊어져야 한다.

이제 미국 중부 지역 중산층 여자가 남자한테 전화하는 모습을 어떻게 해석해야 할 것인가? 서른다섯 살 남자 또는 여자가 사교 모임에서 상대방에게 명함을 주는 행위는 무슨 의미인가? 지난밤에 두 사람이 잠자리를 같이했다면 그들의 관계를 어떻게 규정해야 하는가? 이제 이 모든 것은 상당한 불확실성을 띠게 되었다. 이를 분석하는 사람은 물론이고, 당사자도 불확실하기는 매한가지다.

오늘날 연애의 불확실성은 엄청난 향수를 불러일으키고 있다. 미국의 대중문화는 이제 관습이 지배했던 전후 시대의 '전통적' 연애상을 동경의 눈으로 바라본다. 1986년 《마드모아젤》에 따르면, "데이트는 재미가 없다. 그것은 상어가 득시글거리는 바다를 건너는 것만큼 위험한 일도 아니다. 섹스를 원한다면 결혼을 하면 된다. 이는 선택 사항이 아니라 사회의 요구 사항이다. 남자는 여자를 열심히 공개적으로 쫓아다니고, 여자는 남자를 열정적이지만 눈에 띄지 않게 쫓아다닌다. 게임은 모든 이에게 명백해 보인다."[2]

규칙이 아무리 억압적일지라도 적어도 지금의 우리는 그것이 무엇인지는 알고, 규칙을 위반했을 때 어떤 결과가 나올지도 알고 있다.

이러한 향수는 분명 잘못된 것이다. 우리의 과거는 연애의 황금시대가 아니었고, 전후 시대의 안보는 많은 희생을 치르고 얻은 대가이다. 더욱이 우리는 옛날 사람이 아니다. 우리는 전혀 다른 세계에 전혀 다른 세계관을 가지고 살고 있다. 현대인의 남녀관계는 많은 문제를 안고 있지만, 자유와 평등의 측면에서 얻는 것도 있다. 불확실한 세계가 두렵고 공포스럽지만, 우리는 혁명까지 우리 것으로 만들었고 그 혁명은 여전히 현재 진행형이다.

주

0장 데이트라는 관습

[1] Christopher Lasch, "What's Wrong with the Right?" *Tikkun* 1.1, n.d., pp. 24-25.

[2] "The New Mating Games," *Newsweek*, 2 June 1986, p. 58 ; "Dating is Hell, *Mademoiselle*, November 1986, p. 177.

[3] Theodore Peterson, *Magazines in the Twentieth Century* (Urbana : Univ. of Illinois Press, 1964), pp. 4-5, 47-49.

[4] Ibid., pp. 62, 57, 45.

[5] Joseph F. Kett, *Rites of Passage : Adolescence in America : 1790 to the Present* (New York : Basic Books, 1977), p. 216. 청년기에 대한 논의는 케트의 책, 특히 1, 5, 6, 8장과 Paula Fass, *The Damned and the Beautiful* (New York : Oxford Univ. Press, 1977)을 참고했다. 이 책에서는 청년youth과 청소년 adolescence을 유사한 개념으로 간주한다.

[6] "Bobby-Sock Forum," *Newsweek*, 30 October 1944, p. 89.

[7] Thomas B. Morgan, "Teenage Heroes : Mirrors of Muddled Youth," *Esquire*, March 1960, p. 71.

1장 데이트의 탄생

[1] "Some Expert Opinions on Dating," *McCall's*, August 1961, p. 125. 인용구는 루스 숀리 캐번Ruth Shonle Cavan 교수의 주장이다.

[2] Ibid. Robert M. Eret, "Marriage Need Not Be a Gamble," *LHJ*, September

1956, p. 80 ; David R. Mace, "A Radical Proposal," *McCall's*, August 1961, p. 96.

3 Allyn Moss, "Whatever Happened to Courtship?" *Mademoiselle*, April 1963, p. 151에서 인용. Ernest W. Burgess and Paul Wallin, *Engagement and Marriage* (Chicago : J. B. Lippincott Co., 1953), p. 64 ; Evelyn Millis Duvall, Ph.D., *Facts of Life and Love for Teenagers* (New York : Association Press, 1956), p. 27(이 책은 다섯 달 만에 4쇄가 나왔다) ; Paul H. Landis, *Your Dating Days* (New York : Whittlesey House/McGraw-Hill Book Co., 1954), p. 10 참고.

4 '중산층' 개념에 대한 폭넓은 논의는 Blumin, "Middle-Class Formation," pp. 299-338을 볼 것.

5 버튼 킹즈랜드Burton Kingsland의 〈좋은 매너와 올바른 예법〉, 스티크니 파크스Stickney Parks의 〈젊은 여성들의 이모저모〉, 작자 미상의 〈필라델피아에서 온 부인〉, 앨리스 프레스톤Alice Preston이 쓴 근로 여성을 위한 칼럼 등 《레이디스 홈 저널》에 실린 여러 칼럼을 참고할 수 있다. 에티켓을 다룬 책으로는 Florence Howe Hall, *The Correct Thing in Good Society* (Boston : Dana Estes & Co., 1902), pp. 34-57 ; Professor Walter R. Houghton, A. M. et al., *American Etiquette* (Chicago : Rand, McNally & Co., 1882), pp. 127-40 ; C. L. Snyder, *Decorum* (New York : Union Publishing House, 1881), pp. 70-90을 들 수 있다.

6 Mrs. Burton Kingsland, "Good Manners," *LHJ*, February 1907, p. 54 ; "Lady from Philadelphia," *LHJ*, July 1905, p. 35 ; Eleanor H. Phillips, "What Girls Ask," *LHJ*, March 1912, p. 42. 다과에 관해서는 Helen L. Roberts, *Putnam's Handbook of Etiquette* (New York : G. P. Putnam's Sons, 1913), p. 71 ; Kingsland, *LHJ*, March 1907, p. 48. 보호자에 대해서는 Florence Howe Hall, "Etiquette for Men," *Harper's Bazaar*, November 1907, p. 1096 ; "The Lady from Philadelphia," *LHJ*, February 1904, p. 25 ; Roberts, *Putnam's Handbook*, p. 64. 대화와 방문 종료 시점에 관해서는 "The Lady from Philadelphia," *LHJ*, February 1904, p. 255.

7 Letter from "Country Girl" to Kingsland, *LHJ*, June 1907, p. 44 ; letter

from "Ignoramus" to "The Lady from Philadelphia," *LHJ*, February 1904, p. 25.

8   Letter from "I.D." to Kingsland, *LHJ*, January 1907, p. 46 ; Hall, "Etiquette," pp. 1095-97.

9   "How Many a Girl Know?" *LHJ*, January 1914, p. 9. 또는 Mrs. Stickney Parks, "Girls' 'Affairs,'" *LHJ*, May 1914, p. 58.

10 Sir William Craigie and James R. Hulbert, eds., *A Dictionary of American English*, vol. 2 (Chicago : University of Chicago Press, 1940), p. 726. 에 이드에 대해서는 Carl S. Smith, *Chicago and the American Literary Imagination* (Chicago : University of Chicago Press, 1984), p. 181 참조.

11 방문하러 왔다가 데이트를 하러 나간 알렉산더 블랙Alexander Black의 말이다. Black, "Is the Young Person Coming Back?," p. 340. Kathy Peiss, *Cheap Amusements: Working women and Leisure in Turn-of-the-Century New York* (Philadelphia : Temple University Press, 1986), p. 75 참조.

12 Alice Preston, "After Business Hours—What?," *LHJ*, February 1907, p. 31.

13 Hull House Oral History Project Tapes, Jane Addams-Hull House, University of Illinois Chicago Campus.

14 Peiss, *Cheap* Amusements, pp. 75, 51-52.

15 Ibid., p. 51.

16 Kathy Peiss, "'Charity Girls' and City Pleasures," in *Powers of Desire*, ed. Ann Snitow, Christine Stansell, and Sharon Thompson (New York : Monthly Review Press, 1983), pp. 81, 83 ; Lewis Erenberg, *Steppin' Out* (Westport, Conn. : Greenwood Press, 1981), especially 60-87, 139-42. 19세기 '보 호인chaperone'에 관해서는 Ellen Rothman, *Hands and Hearts* (New York : Basic Books, 1984), pp. 207-9 참조. 20세기 초 래드클리프대학의 규칙집 은 '보호인 규칙'으로 불렸고, 실제로 학생들의 데이트에는 보호인이 동반 하는 것이 일반적이었다.

17 Erenberg, *Steppin' Out*, p. 60-87, 139-42.

18 A Girl, "Believe Me," *LHJ*, July 1914, p. 7.

[19] Kingsland, *LHJ*, May 1907, p. 48.

[20] Helen Lefkowitz Horowitz, "Women and the City," talk at Chicago Historical Society, 17 May 1984.

[21] "The Lady from Philadelphia," *LHJ*, February 1904, p. 25 ; July 1905, p. 35 ; Kingsland, *LHJ*, August 1907, p. 39 ; November 1907, p. 60.

[22] *Red Book*, Radcliffe College, 1923, p. 47 ; 1930, pp. 57-58 ; 1937-38, p. 66. 1923년경 공식적으로 약혼한 여성에게는 보호인 규칙이 적용되지 않았다.

[23] Robert S. Lynd and Helen Merrall Lynd, *Middletown* (New York : Harcourt, Brace & World, 1929), pp. 114, 134-35, 137-8, 141. Burgess and Wallin, *Engagement and Marriage*, p. 13 참조. 이들은 다른 요소의 중요성도 인식하고 있지만 주로 자동차의 영향을 강조했고, 변화의 출발점을 농촌과 소도시문화에서 찾고 있다. 듀발은 다른 설명 없이 자동차가 연애를 변화시켰다고 말한다. Duvall, *Facts of Life and Love*, p. 276.

[24] Kingsland, *LHJ*, May 1909, p. 58.

[25] Kingsland, *LHJ*, January 1907, p. 46.

[26] "A Lady from Philadelphia," *LHJ*, January 1904, p. 31. 1938년 간행된 에티켓 서적 《올바른 예의범절》에 따르면, 방문 초대는 적어도 '이론상' 여성의 특권이다. Margaret Fishback, *Safe Conduct* (New York : Harcourt, Brace & Co., 1938), p. 79.

[27] Cecil-Jane Richmond, *Handbook for Dating* (Philadelphia : Westminster Press, 1958), p. 11.

[28] Marjorie Vetter and Laura Vitray, *The Questions Girls Ask* (New York : E. P. Dutton & Co., 1959), p. 79.

[29] Betty Cornell, *Betty Cornell's All about Boys* (Englewood Cliffs, N.J. : Prentice-Hall, 1958), p. 18 ; Richmond, Handbook, p. 24.

[30] Steven Hart and Lucy Brown, *How to Get Your Man and Hold Him* (New York : New Power Publications, 1944), p. 89.

[31] Kingsland, *LHJ*, October 1907, p. 60.

32 Ruth Rosen and Sue Davidson, eds., *The Maimie Papers* (Old Westbury, Conn. : Feminist Press, 1977), pp. 191-98. Peiss, *Cheap Amusements*, p. 54.

33 William Johnston, "Why Men Won't Marry," *Collier's*, 14 March 1925, p. 23.

34 Black, "Is the Young Person Coming Back?," p. 342.

35 "The Too-High Cost of Courting," *American Magazine*, September 1924, pp. 27, 145-150.

36 Ibid.

2장 데이트의 경제학

1 Margret Mead, *Male and Female* (New York : William Morrow, 1949 ; reprint. Ed., NewYork : Morrow Quill Paperbacks, 1967), p. 285. 미드의 책은 상당 부분 1946년 제이콥 김벨의 성심리학 강좌를 바탕으로 한다. 《레이디스 홈 저널》은 1949년 데이트를 "경쟁 게임"으로 규정한 미드의 견해를 포함하여 그녀의 책을 집중 조명했다. Margaret Mead, "Male and Female," *LHJ*, September 1949, p. 145.

2 Fass, *Damned and Beautiful*, p. 201.

3 Ibid., p. 226.

4 Michael Gordon, "Was Waller Ever Right?" *Journal of Marriage and the Family (JMF)* 43, February 1981 : 67-75. 고든은 비非전형성atypicality을 바탕으로 한 월러 모델의 타당성에 의문을 던진다. 나는 데이트 순위평가 시스템이 펜실베이니아 주립대학 학생들이나 다른 사람들의 개인적 행동과 선택에 실제로 영향을 끼쳤다고 주장하지는 않지만, 참가자나 관찰자가 데이트 시스템을 이해하는 데 도움을 주고 그에 필요한 어휘를 제공했다고 생각한다. 데이트 순위평가에 쓰이는 언어는 대학 내외적으로 광범위하게 확산되었다. 물론 대학과 일반인 사이에는 시간적 격차가 존재한다.

5 Mary Ellen Green, "Advice to Freshmen," *Mademoiselle*, August 1939, p. 38.

[6] Fass, *Damned and Beautiful*, p. 200. 노스웨스턴대학교의 협약에 관해 패스가 참조한 자료는 《UCLA 데일리》(13 November 1925)이다. 내가 찾은 또 다른 자료는 "If Your Daughter Goes to College," *Better Homes and Gardens (BH&G)*, May 1940이다.

[7] Norton Hughes Jonathon, *Guidebook for the Young Man about Town* (Philadelphia : John C. Winston Co., 1949), pp. 129-131.

[8] Betty Strickroot, "Damda Phi Data Sorority Rates BMOC's by Their Dating Value," *Michigan Daily*, 25 March 1936.

[9] Editorial, "Where Do You Make Your Date?" Massachusetts *Collegian*, 10 October 1935, p. 2.

[10] Elizabeth Eldridge, *Co-ediquette* (New York : E. P. Dutton & Co., 1936), p. 224. 이 책은 저자가 미국의 대학들을 돌아다니면서 수집한 자료와 경험을 바탕으로 씌어졌다. 1936년 6월부터 8월까지 단 두 달 만에 4쇄나 찍었다.

[11] Anna Streese Richardson, "Dates in Christmas Socks," *Woman's Home Companion (WHC)*, January 1940, p. 7.

[12] Gay Head, "Boy Dates Girl : The First Reel," *SS*, 19 September 1936, p. 18.

[13] "Blind as a Bat," *LHJ*, December 1944, p. 8. 《시니어 스콜래스틱》은 1941년 처음으로 합동 여론조사를 실시했다. 첫 번째 주제는 데이트 비용 분담이었다.

[14] Gay Head, "Boy Dates Girl Jam Session," *SS*, 22-27 February 1943, p. 29 ; "Should High School Students Go Steady?" *SS*, 20 October 1941, p. 38 ; "Jam Session," *SS*, 28 February-4 March 1944, p. 32.

[15] Dorothy Dayton, "Anxious Ladies," *Mademoiselle*, February 1938, p. 34.

[16] *Daily Northwestern*, 27 September 1940, p. 12.

[17] Paul Popenoe, "How Can Colleges Prepare Their Students for Marriage?" *Journal of Home Economics*, March 1930, p. 173.

[18] Millicent Fenwick, *Vogue's Book of Etiquette* (New York : Simon & Schuster,

1948), pp. 79-80.

19 Alice Leone Moats, *No Nice Girl Swears* (New York : Alfred A. Knopf, 1933), pp. 84-85.

20 Virginia Hanson, "Party-Girl – Princeton Style," *Mademoiselle*, May 1938, p. 46 ; Margaret Culkin Banning, "What a Young Girl Should Know," *Harper's*, December 1933, p. 50.

21 Jan Landon, "The Dateline : Every Dance with the Same Boy?" *Good Housekeeping (GH)*, March 1955, p. 100. 남부에서 끼어들기 전통은 꽤 오랫동안 지속되었다. 그러나 1958년《에스콰이어》에 따르면, "끼어들기는 미국의 어느 지역에서도 예의 없는 행동 중 가장 최악이다."(Nicholas David, "Courtship on the Campus," *Esquire*, February 1958, p. 49)

22 Cameron Shipp, "The Strange Custom of Going Steady," *WHC*, March 1956, pp. 44-45.

23 '원치 않는 처녀들'이라는 표현을 처음 사용한 사람은 J. B. 라이스였다. J. B. Rice, M.D., "The Unwilling Virgins," *Esquire*, May 1949, p. 127.

24 Ernest Rutherford Groves and William Fielding Ogburn, *American Marriage and Family Relationships* (New York : Henry Holt & Co., 1928), pp. 130, 193.

25 Gretta Palmer, "Marriage Is a Career," *Mademoiselle*, May 1938, p. 43.

26 Editorial, "Can Sacrifice Be Related to Comfortable College Life?" *Daily Northwestern*, 27 February 1945, p. 2.

27 "The Sound and the Fury" (letters to the editor), *Esquire*, November 1946, p. 10. 미국 여성 군인servicewomen에 대한 불만을 토로한 편지는 영국 해군 여군부대(WREN)에 복무하는 여성이 보낸 것이다.

28 *U. S. Selective Service and Victory* (Washington, D.C. : Government Printing Office, 1948), p. 91.

29 Naomi Riol, "Somebody's After Your Man," *GH*, November 1943, p. 25.

30 Florence Howitt, "A Place for the Extra Woman," *GH*, April 1945, p. 29.

31 Shirley Spring, "Ratio Favors Girls for Dance Dates," Masachusetts *Collegian*,

6 December 1945, p. 1. 매사추세츠대학교 앰허스트 캠퍼스는 1863년 '매사추세츠 농업대학'이라는 교명으로 설립되었다. 1931년에 매사추세츠 주립대학으로, 1948년에는 매사추세츠대학교로 교명이 변경되었다. 1911년 신입생(즉, 1915년 졸업생) 총 201명 가운데 여학생은 단 9명이었다.

[32] "Handbook, 1946-7," University of Massachusetts, pp. 53-60.

[33] Spring, "Ratio," p. 1.

[34] "Junior Prom Date Bureau to Open Today," *Daily Northwestern*, 19 January 1945, p. 1 ; "Want Car, Coed for Prom? Phone Scott Date Bureau," *Daily*, 24 January 1945, p. 1 ; Bill Brown, "Coeds Face Dateless Prom," *Daily* 31 January 1945, p. 1. 모두 한 페이지짜리 기사들이다.

[35] Editorial, "Sacrifice," *Daily Northwestern*, p. 2.

[36] Featuring NU," (cartoon page), reprint from *Esquire*, *Daily Northwestern*, 1 March 1945, p. 3.

[37] Herb Hart, "Men, Cokes Rationed for War" *Daily Northwestern*, 19 May 1949, p. 1. (노스웨스턴 대학 백주년 기념 시리즈) ; "Deering Becomes Date Bureau for Co-eds and Navy," *Daily*, 1 March 1945, p. 3. 군사시설 근처에 자리했던 워싱턴 대학교도 복무군인들을 여학생에게 소개시켜 주는 데이트 관리본부가 있었다. Rayanne D. Cupps and Norman S. Hayner, "Dating at the University of Washington," *Journal of Marriage and Family Living (M&FL)* 9 (Spring 1947) : 30-31. Tom Koch, "Poll Reflects Girls' Morale as Navy Boys Go on Leave," *Daily Northwestern*, 3 November 1944, p. 5.

[38] Bart R. Swopes, letter to the editor, "Use Pancake, He Says…" *Daily Northwestern*, 8 February 1945, p. 2.

[39] "Crimson Myth Refuted : Initiative Upheld at War-Time Radcliffe," *Radcliffe News*, 21 December 1944, pp. 1, 3.

[40] Ibid.

[41] "Marriage Total High Show Recent Radcliffe Vital Statistics," *Radcliffe News*, 8 December 1944, p. 4.

[42] 전쟁 초기에, 노스웨스턴 여학생 사교클럽은 남자 부족 현상에 대해 비슷

한 반응을 보였다. DeeDee Laughead, "NU Coeds Busily Engaged," *Daily Northwestern*, 1 May 1942, p. 3.

43 Lucy Greenbaum, "In Marriage It's a Man's Market," *New York Times Magazine*, 17 June 1945, p. 14.

44 Judith Chase Churchill, "Your Chances of Getting Married," *GH*, October 1946, pp. 38-39. 숫자는 일치하지 않지만, 주목을 끄는 문구였다.

45 Jean and Eugene Benge, *Win Your Man and Keep Him* (Chicago : Windsor Press, 1948), p. 3.

46 Ricc, "The Unwilling Virgins," p. 127.

47 "Counting 150,000,000 Noses," *SS*, 1 February 1950, p. 7.

48 Churchill, "Your Chances," pp. 38, 313 ; Merrill Panitt, "Those English Girls," *LHJ*, September 1945, p. 5.

49 Eleanor Perenyi, "Women of America, Now Is the Time to Arise : Girls," *LHJ*, p September 1945, p. 5.

50 Goulden, *Best Years*, p. 70.

51 Ibid., p. 73.

52 Ibid., p. 72.

53 "WSGA to Hear Noted Beauty Consultant," Massachusetts *Collegian*, 1 November 1945, p. 1.

54 McCann to Lead Forum on Co-ed Veteran Relations," *Daily Northwestern*, 21 February 1945, p. 1.

55 Sergeant Gene Philip Fortuna, "The Magnificent American Male," *Esquire*, July 1945, p. 147. Leland Stowe, "What's Wrong with American Women," *Esquire*, September 1948, p. 93.

56 Robert C. Ruark, "Cupid Has Two Heads," *Esquire*, January 1951, p. 123.

57 통계 기록에 관해서는 "U.S. Marriage Rate Zooms to All-Time High," *Science Digest* 22 (October 1947), p. 17 ; Susan Hartmann, *The Home Front and Beyond : American Women in the 1940s* (Boston : Twayne Publishers, 1982), pp. 164-80. 하트만의 통계는 1천 명의 미혼 여성(1946년 통계는

148/1000)을 대상으로 했고, 내가 인용한 수치는 1천 명을 대상으로 얻은 통계로서 매체와 결혼 연구서에 인용된 통계를 주로 참조했다.

58 "The Falling Off of the Marriage Market," *Literary Digest* 116 (22 July 1933), p. 7.

59 Margaret Mead, *Male and Female*, p. xvi.

60 평균 결혼연령의 감소세에 대해서는 쉽게 구할 수 있는 자료가 많다. 가령 Lowell S. Trowbridge, "No 'Right Age' for a Girl to Marry," *New York Times Magazine*, 19 October 1952, pp. 19-20 ; "U.S. Campus Kids of 1953 : Unkiddable and Unbeatable," *Newsweek*, 2 November 1953, p. 53 ; 그리고 결혼에 관한 책 Landis and Landis, *Building*, p. 38.

61 "Another Myth Blows Up," *Collier's*, 5 August 1939, p. 54.

62 Phyllis I. Rosenteur, *The Single Woman* (Indianapolis : Bobbs-Merrill Co., 1961), p. 58 ; James H. S. Bossard, "The Engagement Ring–A Changing Symbol," *New York Times Magazine*, 14 September 1958, p. 74 ; "The Family : Woman's World," *Time*, 14 June 1963, p. 66.

63 "The Married Student," *Newsweek*, 4 March 1957, p. 49. 퍼듀대학교는 1백만 달러를 들여서 908호 규모의 기혼 대학생용 아파트를 건축했지만, 추가로 수용해야 할 기혼자 숫자가 2천 명(총 학생 수 약 1만 3천 명)에 달했다. "More Marriages at Younger Ages," *M&FL* 19 (May 1957) : 141 ; "Couples Out in Cold," Michigan *Daily*, 2 March 1948.

64 "Life Goes to a Pansy Breakfast," *Life*, 23 July 1945, pp. 90-93.

65 "Profile on Youth : Subsidized Marriages," *LHJ*, December 1949, p. 58.

66 Hildegarde Dolson, "How Young America Lives," *LHJ*, January 1953, p. 131.

67 Abbot Mills, "Campus Romance," *LHJ*, July 1957, p. 112. 이 기사는 위스콘신대학교의 커플을 다루었다.

68 가령, 《라이프》의 특집 기사를 보도한 대학신문 기사로는 "To Love, Honor, Obey… and Study," Michigan *Daily*, 21 May 1955을 참조할 것.

69 Gay Stalder, "Men Named Motive of Women at College," *Daily Northwestern*,

19 April 1949, p. 5. 1953년《데일리》의 보도에 의하면, 신입생 640명 가운데 80명이 약혼한 상태였다. Gee Gee Geyer, "Honors, Pins Won by Freshmen Girls," *Daily Northwestern*, 22 May 1953, p. 3). 여기서 'won', 즉 승리했다는 단어가 눈길을 끈다.

70 "Chez E Phi," 21 January 1961. A E Phi Scrapbook, 1949-50, Northwestern University Archives.

71 Polly Weaver, "Pursuit of Learning… and the Undaily Male," *Mademoiselle*, January 1958, p. 80. "The Best College for Me," *Mademoiselle*, January 1954, pp. 116-17.

72 1917 class song, *Handbook of Radcliffe College*, 1915, p. 42. 매월 2회 수요일 오후 1시에 모든 학생이 필히 참석해야 하는 대학 노래 연습이 극장에서 진행되었다. 아가씨즈 하우스 계단에서 개최된 경연대회에서 각 학년 학생들은 두 곡의 노래를 불러야 했는데, 그중 한 곡은 새로운 작사 작곡이어야 했다.

73 "The Only Man," *Students' Handbook*, Radcliffe College, 1909, pp. 29-30. 이 노래는 "College Songs We Ought to Know," *Radcliffe News*, 26 November 1915, p. 5에 재수록되어 있다.

74 *Red Book, 1931*, p. 88.

75 *Red Book, 1951-52*, p. 96-97 ; *Red Book, 1957-58*, p. 90.

76 *Red Book, 1955-56*, p. 96.

77 *Red Book, 1956-57*, p. 82.

78 Howard Whitman, "Sex and Early Marriage," *BH&G*, August 1947, p. 147 ; "Profile on Youth : Subsidized Marriage," *LHJ*, December 1949, pp. 195-96.

79 Whitman, "Sex and Marriage," pp. 147, 40 ; David R. Mace, "Is Chastity Outmoded?" *WHC*, September 1949, p. 101. 메이스 박사는 드루대학교 인간관계학 교수이며,《여성의 친구》와《맥콜》에 자주 기고했다.

80 Tony Barlow, "Possible Ways to Provide More Eligible Husbands in the Marriage Market,"《콜리에Collier's》에서 인용. Landis and Landis, *Building*, p. 61에 재수록.

81 통계분석에 관해서는 Hilda Holland, comp., *Why Are You Single?* (New York : Farrar Straus & Co., 1949), 특히 pp. 67-68 ; Rosenteur, *Single Woman*, pp. 13, 88-89 ; Jean Van Evera, *How to Be Happy While Single* (New York : J. B. Lippincott Co., 1949), p. 11.

82 Frances Bruce Strain, *Love at the Threshold : A Book on Social Dating, Romance, and Marriage* (New York : Appleton-Century-Crofts, 1952), p. 20 ; Hart and Brown, *Get Your Man*, p. 35.

83 Dorothy Barclay, "Encouraging Teen-Age 'Dates,'" *New York Times Magazine*, 26 July 1953, p. 35.

84 Ruth Imler, "The Sub-Deb : The Late Dater," *LHJ*, September 1955, p. 54 ; Dorothy Barclay, "When Boy (Age Twelve) Meets Girl," *New York Times Magazine*, 23 January 1955, p. 39 ; "The Pre-Teens," *Time*, 20 April 1962, p. 68 ; "Going Steady at Twelve," *Newsweek*, 18 December 1961, p. 90. David R. Mace, "Let's Take a Sane Look at the Hysterical Quest for a Husband," *McCall's*, September 1962, p. 54.

85 Mead, *Male and Female*, p. xvi.

86 한 10대 신부는 말한다. "열다섯 살이 되면 외롭고 혼란한 느낌이 들어요. 결혼하면 혼자가 아니고 누군가가 있다고 느끼게 되죠."("Why So Many Early Marriages?" *LHJ*, March 1960, p. 155) 군 복무에 관해서는 LeMasters, *Modern Marriage* (New York : Macmillan, 1957), pp. 209-10. Sidonie M. Gruenberg, "Why They Are Marrying Younger," *New York Times Magazine*, 30 January 1955, p. 38.

87 Maureen Daly, ed., *Profile of Youth* (New York : J. B. Lippincott Co., 1949), p. 30.

88 Herman, "Going Steady Complex," p. 38.

89 "Going Steady," *LHJ*, p. 44.

90 Clark W. Blackburn, "True Love versus Sexual Curiosity," *Cosmopolitan*, October 1960, p. 60.

91 통계 수치는 고등학교 청소년에 관한 퍼듀대학 여론조사를 참조했다.

H. H. Remmers and Ben Shimberg, *Purdue Opinion Panel(POP)* (Lafayette, Ind. : Purdue University, November 1948), p. 26 ; R. D. Franklin, M. H. Maier, and H. H. Remmers, "Youth Looks at Education," *POP*, March 1959, p. 11 ; R. D. Franklin, *POP*, May 1959, pp. 21a-22a. 1966년 초등학생에 관한 조사에 따르면, 초등학교 여학생의 30퍼센트가 데이트를 한 적이 있거나 오래 사귄 경험이 있는 것으로 조사되었다.(Everett D. Dyer, *Courtship, Marriage, and Family : American Style* [Homewood, Ill. : Dorsey Press, 1983]. pp. 50-51에서 인용-)

92 "Boy Dates Girl," *SS*, 18 April 1951, p. 16.

93 LeMasters, *Modern Marraige*, pp. 97-98.

94 오래 사귀기의 행동 규범에 관해서는 "Going Steady," *LHJ*, p. 44 ; Betty Coe Spicer, "If You Don't Go Steady You're Different," *LHJ*, December 1959, pp. 68-69 ; Shipp, "Strange Custom," p. 44 ; "Profile on Youth : Iowa Teen-agers Step Out," *LHJ*, July 1949, p. 42 ; Jan Landon, "The Date Line" *GH*, October 1956, p. 21 ; Thomas B. Morgan, producer, "How American Teen-Agers Live," *Look*, 23 July 1957, pp. 21-32.

95 94번 각주의 참고문헌, 특히 《레이디스 홈 저널》 참조.

96 Daly, Profile, p. 30. LeMasters, *Modern Marriage*, p. 123에서도 인용됨.

97 Jan Landon, "The Date Line," *GH*, June 1957, p. 20 ; Landon, "The Date Line," *GH*, October 1954, p. 18 ; Beverly Brandow, *Date Data* (Dallas : Banks Upshaw & Co., 1954), p. 100.

98 Richard M. Gummere, Jr., "(1) Money (2) Books (3) Going Steady," *New York Times Magazine*, 3 June 1962, p. 30.

99 Landis and Landis, *Building*, pp. 64-65.

100 Morgan, "American Teenagers," pp. 28-29.

101 Helen Louise Crounse, *Joyce Jackson's Guide to Dating* (Englewood Cliffs, N.J. : Prentice-Hall, 1957), p. 101. 크라운스의 이름은 책의 어느 곳에도 보이지 않는다. 아마도 책의 저자는 J. J.라는 익명의 10대일 가능성이 높다.

102 예를 들어, Gay Head, "Boy Dates Girl : Fresh Date," *SS*, 18 February

1939, p. 31을 참고할 수 있다.

103 좀 더 본격적인 논의를 위해서는 이 책의 4장 〈데이트와 섹스〉를 참고할
수 있다.

104 John J. Morgenstern, Ph. D. (Chief Clinical Psychologist, Warren County
Mental Hygiene Association, Glens Falls, N.Y.), letter to the editor, *New
York Times Magazine*, 15 September 1957, p. 12.

105 Daly, Profile, p. 29 ; Rosenteur, *Single Woman*, pp. 57-58.

106 Herman, "Going Steady Complex," p. 40 ; John R. Crist, "High School
Dating as a Behavior System," *M&FL* 15 (February 1953) : 26.

107 "Going Steady," *LHJ*, p. 4.

108 Herman, "Going Steady Complex," p. 40.

109 Art Unger, ed., *Datebook's Complete Guide to Dating* (Englewood Cliffs, N.J. :
Prentice-Hall, 1960), p. 32.

110 Cecil Jane Richmond, *Handbook for Dating* (Philadelphia : Westminster
Press, 1958), p. 55.

111 가령, "What Parents Say about Teen-agers," *Look*, 2 September 1958, p. 65
와 Morgan, "Heroes," p. 65를 참고할 수 있다.

112 Strain, *Love*, p. 25.

113 Rosenteur, *Single Woman*, p. 58.

114 Crounse, *Joyce Jackson's Guide*, pp. 94-95.

115 Unger, *Datebook's Guide*, p. 34.

3장 데이트의 가치

1 Gay Head, "Boy Dates Girl Jam Session," *SS*, 11 April 1951, p. 24.

2 Ibid.

3 게이 헤드 그리고 일리노이대학교의 일리니 유니언의 학교생활센터 소장을
비롯한 여러 조언자들도 이와 비슷한 의견이다. 비슷한 시기에 《시니어 스

콜래스틱》에 보내 온 독자들의 편지도 이 방법을 선호한다. Irene Pierson, *Campus Cues* (Danville, Ill. : The Interstate, 1956), pp. 39-40, 86 참고.

4   Margaret Mead, "Male and Female," *LHJ*, September 1949, p. 145.

5   Gladys Denny Shultz, "Are Our High Schoolers Snobs?" *BH&G*, February 1941, p. 86 ; Enid Haupt, *The Seventeen Book of Etiquette and Entertaining* (New York : David McKay Co., 1963), p. 45.

6   Scott, "No Date," p. 158.

7   Everett Ryder, "In Defense of the Bird Dog," *Mademoiselle*, August 1957, pp. 367-68.

8   Gay Head, "Boy Dates Girl," *SS*, 19 November 1938, p. 36.

9   "Time on Their Hands," *Recreation*, September 1941, p. 361. 미국 전체 가정의 평균 여가 지출비는 152달러다.

10   Dan C. Fowler, producer, "Her First Date," *Look*, 13 December 1953, pp. 124-29.

11   "Blind Date," *McCall's*, April 1956, pp. 24, 26.

12   Allyn Moss, "Whatever Happened to Courtship?" *Mademoiselle*, April 1963, p. 151.

13   "Boy Dates Girl Jam Session : How Does the High Cost of Dating Affect You?" *SS*, 4 November 1953, p. 26.

14   Ship, *Strange Custom*, p. 107.

15   "Profile on Youth : The High Cost of Dating," *LHJ*, September 1949, p. 46.

16   Ibid.

17   "Boy Dates Girl Jam Session : Are High School Proms Getting Too Expensive?" *SS*, 10 May 1950, p. 24.

18   R. W. Heath, M. H. Maier, and H. H. Remmers, "Youth's Attitudes toward Various Aspects of Their Lives," *Purdue Opinion Panel*, April 1957, p. 32. 여론조사는 1956년 12월 1만 명의 학생을 대상으로 실시됐고, 이중 2천 명의 균형 표본을 뽑아 분석에 사용했다. 37퍼센트의 여학생이 무도회 비용

으로 30달러를 썼고, 5달러 미만의 비용을 지출한 여학생의 비율은 4퍼센트에 지나지 않았다.

19 Thomas Gutowski, "The High School as Adolescent-Raising Institution : An Inner History of Chicago Public Secondary Education, 1856-1940," (Ph. D. diss., University of Chicago, 1978), p. 256.

20 Richard L. Frey, "The High Cost of Dating," *GH*, August 1953, p. 225.

21 "Ten Ways to Spend a Quiet Evening," *Mademoiselle*, August 1954, p. 309.

22 Frey, "High Cost," p. 224. 1952년 대형 주립대학과 소형 전문대학 설문조사에 따르면, '통상적인' 데이트 비용은 2~3달러 정도였고, '특별한' 데이트는 20~30달러였다.(Ruth Connor and Edith Flinn Hall, "Dating Behavior of College Freshmen and Sophomores," *Journal of Home Economics* 44 [April 1952] : 279)

23 "Figures Show $8o,ooo Yearly Spent for Dances by Students," Michigan *Daily*, 19 December 1924.

24 "Coeds Refuse to Walk," *Daily Northwestern*, 25 January 1904, p. 4.

25 Elizabeth Eldridge, *Co-ediquette* (New York : E. P. Dutton & Co., 1936), p. 29.

26 "Prom Season Begins Tomorrow," Massachusetts *Collegian*, 14 April 1926, p. 1 ; "Junior Prom Is Big Social Event of the Season," 21 April 1926, pp. 1, 2.

27 Stan Frankel, "Mr. Average Student," *Daily Northwestern*, 17 October 1939, p. 4.

28 "I-F Ball Reduces Ticket Cost," *Daily Northwestern*, 18 October 1930, p. 1.

29 M. S., "Public Be Damned," *Daily Northwestern*, 3 November 1939, p. 4.

30 Lois Jean McElroy, "She Wants Corsages," *Daily Northwestern*, 31 October 1939, p. 4.

31 Bob Salveson and Dick Rhein, "Students Oppose Attempted Corsage Ban at Formals," *Daily Northwestern*, 15 February 1940, p. 2.

32 "Corsages Banned at Interhouse Spring Formal," *Daily Northwestern*, 9 May 1941, p. 1 ; "I-H Ball Will Feature Gardenias," *Daily Northwestern*, 3 May 1940, p. 1.

33 "No Corsages, Chairmen Ask," *Daily Northwestern*, 4 February 1949, p. 1.

34 William B. Powell, "If You Say It with Flowers," *Esquire*, January 1936, p. 84.

35 Moss, "Courtship," p. 151.

36 Frank Richardson, M. D., "When a Girl Marries," *WHC*, May 1941, p. 15 ; Henry A. Bowman, *Marriage for Moderns* (New York : Whittlesey House, 1942). p. 155.

37 Gay Head, "Boy Dates Girl," *SS*, 23 February 1948, p. 27 ; 22 September 1948, p. 36.

38 Frey, "High Cost," p. 225.

39 Brandow, *Date Data*, p. 177.

40 "A Tale of Not-So-Flaming Youth," *Literary Digest* 105 (10 May 1930) : 70.

41 "Profile on Youth : How Perfect Can You Get?" *LHJ*, October 1949, pp. 52-53 ; Franklin, "Teen Culture," *POP*, May 1959 ; Elaine Landau, "The Teen Guide to Dating" (New York : Julian Messner, 1980), p. 51.

42 Gay Head, "Boy Dates Girl," *SS*, 25 October 1950, p. 21.

43 "Views and Reviews : LaConga, Drake Form Fanciest New Clubs," *Daily Northwestern*, 27 September 1940, p. 5.

44 Gay Head, "Boy Dates Girl Jam Session," 55, 15-20 December 1941, p. 35.

45 Jonathon, *Guidebook for the Young Man*, p. 13.

46 Robert Benton and Gloria Steinem, "The Student Prince ; or How To Seize POWER though an UNDERGRADUATE," *Esquire*, September 1962, p. 83.

47 Ryder, "Bird Dog," p. 368.

48 Peterson, *Magazines*, p. 274. 《에스콰이어》의 역사에 관해서는 pp. 273-81 을 볼 것.

49 "Crossing the Dateline," *Esquire*, February 1948, pp. 54-55.

50 "Man, Mode, and Manners," *Esquire,* February 1945, p. 108 ; R. T. Nimmons, "Orchids for the Lady," *Esquire*, January 1951, p. 50.

51 Peterson, *Magazines*, p. 317.

52 Torre, "Girly-Girly Magazines," p. 46.

53 Margaret Mead, *Male and Female*, pp. 286-87. 미드는 *LHJ* 기사에도 같은 이미지를 사용한다.

54 "The Younger Generation," *Time*, 5 November 1951, p. 48.

55 Herb Graffis, "The Esquire Girl, 1951 Model," *Esquire*, January 1951, p. 54.

56 Ibid.

57 Lois W. Banner, *American Beauty* (New York : Alfred A. Knopf, 1983), p. 283. 획일적인 외모에 관해서는 George Ade, "Today's Amazing Crop of Eighteen-Year-Old Roues and Nineteen-Year-Old Vamps," *American Magazine*, March 1922, p. 5를 볼 것.

58 Cora Carlyle, *How to Get a Husband* (n.p. : Hedgehog Press, 1950), p. 82.

59 "Billions of Dollars for Prettiness," *Life*, 24 December 1956, p. 121. 이 기사는 미국 여성에 관한 특집기사의 일부이다.

60 Louise Paine Benjamin, "What Is Your Dream Girl Like?" *LHJ*, March 1942, p. 114 ; Curt Riess, "Beauty Is a Bore," *Esquire*, March 1940, p. 27 ; Banner, *American Beauty*, pp. 271-73.

61 Abigail Wood, "How to Hold a Boy without Hanging On," *Seventeen*, August 1963, p. 216.

62 Gay Head, "Boy Dates Girl," *SS*, 27 November 1944, p. 34.

63 Elizabeth Woodward, "The Sub-Deb : Extra! Extra!" *LHJ*, May 1942, p. 6.

64 Juliet Farnham, *How to Meet Men and Marry* (New York : Simon Publications, 1943), p. 15.

65 Gay Head, "Boy Dates Girl : The Dickens," *SS*, 4 February 1939, p. 29.

66 Robert F. Winch, *The Modern Family* (New York : Henry Holt & Co., 1952), p. 383 ; Carlyle, *Get a Husband*, p. 3.

67 Norman W. Hamilton, *How to Woo, Win, and Keep Your Man* (New York : William-Frederick Press, 1955), p. 13.

68 James, "Falling in Love," p. 30.

[69] "The Bosom in Hollywood," *Playboy*, August 1959, p. 72.

[70] "Dear Playboy," *Playboy*, May 1958, p. 5.

[71] Victor Warren Quale, "Beauty and the Bust," *Esquire*, June 1954, p. 85.

[72] Amram Schienfeld, "Our Ideal Physiques," *Cosmopolitan*, April 1960, p. 31 ; "Do Americans Commercialize Sex?" *LHJ*, October 1956, p. 69.

[73] Quale, "Beauty and The Bust," p. 109.

[74] Vina Delmar, "Midnight of a Bridesmaid," *LHJ*, March 1955, p. 62-63. 인용한 단락은 스토리 자체와는 크게 관련이 없는 내용이지만, 일종의 티저 인용의 형태로 스토리 앞부분에 나온다.

[75] "Double Wedding ⋯ Double Glamour," *Look*, 17 September 1957, pp. 124-27.

4장 데이트와 섹스

[1] See Rothman, *Hands and Hearts : Peter Gay, Education of the Senses* (New York : Oxford University Press, 1984) ; Carl Degler, "What Ought to Be and What Was : Women's Sexuality in the Nineteenth Century," *AHR* (December 1974) : 1467-90 ; Daniel Scott Smith, "The Dating of the American Sexual Revolution," in Michael Gordon, ed., *The American Family in Social Historical Perspective* (New York : St. Martin's Press, 1978), pp. 426-38 ; Peter Filene, Him/Her/Self : *Sex Roles in Modern America* (Baltimore : Johns Hopkins University Press, 1986), pp. 131-32.

[2] 이와 같은 경향에 대한 논의로는 Kett, *Rites of Passage*와 Fass, *The Damned and the Beautiful* 참조

[3] Polly Weaver, "College and Career One Hundred Years Ago," *Mademoiselle*, January 1956, p. 63.

[4] Lois Kimball Matthews, *The Dean of Women* (Boston : Houghton-Mifflin Co., 1915), pp. 3-9, 151-52.

5 "Alas, That Co-eds Should Spoon," *The Northwestern*, 25 March 1904, p. 1.

6 "Puppy Love," *LHJ*, September 1907, p. 44 ; Mrs. Burton Kingsland, "Good Manners and Good Form," *LHJ*, April 1907, p. 54.

7 Fass, *Damned and Beautiful*, p. 25.

8 19세기 말 20세기 초 미혼의 젊은 남녀들의 경우, 보호인 동반 규칙이 다른 시기보다 더욱 엄격했다(Rothman, Hands, p. 208).

9 "Snuggle-Pupping," *Ann Arbor Times-News*, 24 March 1922.

10 Ernest R. Groves (as told to Jerome Beatty), "Too Much Kissing?" *American Magazine*, December 1939, p. 23 ; Gladys D. Shultz, "Down with Chaperones," *BH&G*, July 1939, p. 46 ; LeMasters, *Modern Marriage*, p. 200.

11 이에 관해서는 Henry Seidel Canby, "Sex and Marriage in the Nineties," *Harper's*, September 1934, pp. 427-36를 볼 것.

12 Floyd Dell, "Why They Pet," *Parents*, October 1931, p. 18.

13 LeMasters, *Modern Marriage*, p. 191. 저자는 페팅을 립스틱을 바르는 것에 비유한다. 이 둘은 여성에게 "기대할 수 있는" 일이다. 또한 Strain, *Love at the Threshold*, p. 176 참조.

14 Claudia Hatch, "First Big Romance… First Kiss," *Seventeen*, September 1957, p. 131.

15 Gay Head, "Boy Dates Girl Jam Session," *SS*, December 1943, p. 45.

16 LeMasters, *Modern Marriage*, p. 192.

17 Jack Shepherd, "The Look Youth Survey," *Look*, 20 September 1966, p. 48.

18 Robert O. Blood, Jr., *Anticipating Your Marriage* (Glencoe, N.Y. : Free Press, 1955), p. 126. 블러드의 텍스트는 독자층이 두터웠고, 1955년부터 1957년까지 3판이 인쇄되었다. LeMasters, *Modern Marriage*, p. 183.

19 "Fashions for Romantics Only," *Mademoiselle*, February 1954, p. 78.

20 "Fifty-nine Hundred Forty Women," *Time*, 24 August 1953, p. 51 ; Barbara Benson, "What *Women* Want to Know about the *Kinsey Book*," *LHJ*, September 1953, pp. 52-53 ; Letters to the Editor, *Look*, 20 October 1953, p. 12.

[21] Eugenie A. Leonard and Margaret Bond Brockway, "Must a Girl Pet to Be Popular?" *Parents*, June 1932, p. 20.

[22] Gutowski, "High School," pp. 118-20.

[23] 제2차 세계대전 기간에 발행된 《시니어 스콜래스틱》을 참고.

[24] Roy Dickerson, "Prepare Them for Marriage," *Parents*, December 1937, p. 73.

[25] Gutowski, "High School," p. 239.

[26] Maureen Daly, "The Sub-deb : Pick a Problem," *LHJ*, January 1950, p. 28.

[27] Matthews, *Dean of Women*, p. 248.

[28] Kernel, "Serenading Season Has Finally Opened," Michigan *Daily* 26 May 1927 ; "University Regulations Concerning Student Conduct," 1962, p. 12.

[29] "Student Handbook," Northwestern University, 1951-52, p. 59.

[30] "U-M Radio Listeners Must Have Chaperones," *Detroit Free Press*, 18 October 1947 ; Joan Katz and Naomi Stan, "Cloister or College?" Michigan *Daily*, 15 October 1947.

[31] "Stockwell Residents Polled to Solve Lounge Problems," Michigan *Daily*, 26 February 1952.

[32] *Red Book, 1951-52*, p. 99.

[33] Stephen O. Saxe, "The Coming of Age in Radcliffe : Joint Education Turns the Tide," Harvard *Crimson* (preregistration issue), September 1956, p. 14.

[34] Sallie Bingham, "Winter Term," *Mademoiselle*, July 1958, p. 94. 이 책에서는 소설을 사료로 이용하지 않지만, 이 소설은 래드클리프 4학년 학생의 작품으로, 모호한 설명만을 제시하는 다른 자료들에 비해 학생들의 실상을 상세히 소개하고 있다는 점에서 사료적 가치가 높다.

[35] Grace Hechinger and Fred M. Hechinger, "College Morals Mirror Our Society," *New York Times Magazine*, 14 April 1963, p. 22.

[36] "In Defense of Courting," *Recreation*, January 1940, p. 588 ; "Love in Atlanta," *Newsweek*, 16 November 1953, pp. 32-33. 자동차 안에서 키스하는 커플의 사진을 보려면, *LHJ*, June 1944, p. 42 ; Abigail Wood, "How

Much Kissing Is Too Much Kissing?" *Seventeen*, July 1963, p. 86 ; Margaret Widdemer, "Cad's Paradise," *GH*, October 1950, p. 55을 참고할 수 있다.

37 Strain, *Love*, p. 169.

38 "The Lady from Philadelphia," *LHJ*, July 1905, p. 35.

39 Mrs. Stickney Parks, "Girls' 'Affairs,'" *LHJ*, May 1914, p. 58.

40 Anne Bryan McCall, "The Tower Room : Love and the Girl Who Blundered," *WHC*, June 1919, p. 37.

41 Joseph Kirk Folsom, ed., *Plan for Marriage* (New York : Harper & Bros., 1938), p. 109.

42 Kiowa Costonie, *How to Win and Hold a Husband* (New York : Kiowa Publishing Co., 1945), p. 45.

43 Gay Head, "Boy Dates Girl," *SS*, 4 February 1946, p. 28.

44 Unger, Datebook's Guide, p. 93. Crounse, *Joyce Jackson's Guide* (1952), pp. 88-89 참조.

45 "If a Man Takes Liberties—Is It Always the Girl's Fault?" *WHC*, March 1916, p. 10.

46 Irene Pierson, *Campus Cues* (Danville, III. : The Interstate, 1956), p. 101.

47 Landis and Landis, *Building*, pp. 20-21.

48 "Hearing in Student's Case Continued," *Ann Arbor News*, 25 January 1947.

49 J. P. Edwards, "Do Women Provoke Sex Attack?" *Cosmopolitan*, March 1960, p. 38.

50 Ibid. 《코스모폴리탄》은 이 기사에 관한 독자들의 편지를 싣지 않았다.

51 Elizabeth Woodward, "The Sub-deb : Alone Together," *LHJ*, July 1942, p. 8에서 재인용.

52 Albert Ellis, *Sex and the Single Man* (New York : Lyle Stuart, 1963), p. 12.

53 Ibid., 마지막 페이지에 수록.

54 Ibid., p. 15.

55 Ibid., p. 75.

56 Abigail Van Buren, "Things My Mother Never Told Me—Blue Jean

Biology," *McCall's*, September 1959, p. 132. Brandow, *Date Data*, p. 188 참조.

57 Evelyn Millis Duvall, Ph. D., *Why Wait Till Marriage?* (New York : Association Press, 1965), pp. 208-9.

58 Paul Popenoe, *Preparing for Marriage* (Los Angeles : Institute of Family Relations, 1939), p. 6.

59 Ferdinand Lundberg and Marynia F. Farnham, Ph. D., *Modern Woman : The Lost Sex* (New York : Harper & Bros., 1947), p. 286.

60 Landis and Landis, *Building* (1953), pp. 67-68.

61 Unger, *Datebook's Guide*, pp. 14-15.

62 Landis and Landis, *Building*, p. 22 ; Brandow, *Date Data*, p. 165 ; Gay Head, *SS*, 6 April 1949, p. 32 ; Anne Hirst, *Get Your Man - and Hold Him* (New York : Kinsey & Co., 1937), p. 25 ; Carlyle, *Get a Husband*, p. 92 ; Gay Head, *SS*, 1945, p. 28 ; Emily Post, *Etiquette* (New York : Funk & Wagnalls, 1937), p. 355 ; Duvall, *Why Wait?* p. 20 ; Elizabeth Woodward, "Sub-deb : Bargain Buys," *LHJ*, May 1942, p. 8.

63 April Taylor, *Love Is a Four Letter Word* (New York : Beechhurst Press, 1948), p. 17.

64 Costonie, *Hold a Husband*, pp. 71, 46.

65 Farewell, *Unfair Sex*, p. 88.

66 Leonard and Brockway, "Must a Girl Pet," pp. 20, 61.

67 Bettye Butler, *If It's a Husband You Want* (n.p. : Jupiter Books, 1956), p. 13.

68 Juliet Farnham, *How to Meet Men and Marry* (New York : Simon Publications, 1943), p. 13.

69 Duvall, *Why Wait?* p. 69.

5장 데이트와 에티켓

1 Peg Bracken, *I Try to Behave Myself* : *Peg Bracken's Etiquette Book* (New York :

Curtis Publishing Co., 1959 ; reprint ed., New York : Harcourt, Brace & World, 1964), pp. 111-12. 가벼운 만남flirting에 관한 비슷한 논의로는 "How Good a Flirt Are You?" *Seventeen*, February 1963, p. 24 참조.

2 인용문은 1967년《미국의학협회지》에서 나온 것으로, Vance Packard, *The Sexual Wilderness* (New York : David McKay Co., 1968), p. 14에서 재인용했다. 1940년대부터 60년대에 이르기까지 비슷한 방식의 용어들이 다양하게 사용되었다. Filene, *Him / Her / Self*, pp. 144 초판 참조.

3 Judson T. Landis and Mary G. Landis, "The U.S. Male… Is He First Class?" *Collier's*, 19 July 1952, p. 22.

4 제임스 B. 해리슨은 생물학과 성 역할의 관계에 관한 논의에서 '인과관계'라는 용어를 사용한다. James B. Harrison, "Men's Roles and Men's Lives," *Signs* 4 (Winter 1978) : 326 참조.

5 Elizabeth Hardwick, "The Feminine Principle," *Mademoiselle*, February 1958, p. 133. 인용문은 기사의 광고용 문구에서 따온 것이다.

6 Clyde W. Franklin, II, *The Changing Definition of Masculinity* (New York : Plenum Press, 1984), pp. 2-3. Janet Saltzman Chafetz, *Masculine/Feminine or Human? An Overview of the Sociology of Gender Roles* (Itasca, Ill. : F. E. Peacock Publishers, 1978), p. 12. 사회학자들 사이에 무엇이 문화이고 무엇이 자연인지 견해가 분분하지만, 이 책에서는 주로 프랭클린과 차페츠의 개념을 이용하기로 한다. Harrison, "Men's Roles," pp. 324-25 참조.

7 Peter Stearns, *Be a Man! Males in Modern Society* (New York : Holmes & Meier Publishers, 1979), p. 37.

8 용어들은 E. Anthony Rotundo, "Manhood in America : Middle Class Masculinity in the Northern United States, 1770-1910" (Ph. D. diss., Brandeis University, 1981), p. 445에서 빌려 온 것이다. H. Carleton Marlow and Harrison M. Davis, *The American Search for Woman* (Santa Barbara, Ca. : Clio Books, 1976), p. 27 ; and Ruth H. Bloch, "Untangling the Roots of Modern Sex Roles : A Survey of Four Centuries of Change," *Signs* 4 (Winter 1978) : 239-46.

[9] Marlow and Davis, *Search for Woman*, 1977, p. 17.

[10] Ibid., p. 70.

[11] Ibid., pp. 35-41. See also John S. Haller, Jr., and Robin M. Haller, *The Physician and Sexuality in Victorian America* (Urbana, Ill. : University of Illinois Press, 1974), pp. 70-71.

[12] Joe L. Dubbert, *A Man's Place : Masculinity in Transition* (Englewood Cliffs, N.J. : Prentice-Hall, 1979), pp. 11, 29-33, 96. Jeffrey Hantover, "Sex Role, Sexuality, and Social Status : The Early Years of the Boy Scouts of America" (Ph.D. diss., University of Chicago, 1976).

[13] Dubbert, *Man's Place*, p. 19 ; Rotundo, "Manhood in America," pp. 181, 189.

[14] Dubbert, *Man's Place*, p. 125. 1903년 노스웨스턴대학교의 영어 과목에서 남학생들은 여학생들의 '비가정성non-domesticity'과 '남성성'을 공격하는 에세이를 쓴다. "Co-eds Score the Men," *The Northwestern*, 16 November 1903, p. 1.

[15] Haller and Haller, *Physician and Sexuality*, pp. 78-79.

[16] Sigmund Freud, "The Psychogenesis of a Case of Homosexuality in a Woman," *The Standard Edition of the Complete Works of Sigmund Freud*, trans. James Strachey (London : Hogarth Press, 1957), 18 : 171.

[17] Marlow and Davis, *Search for Woman*, p. 81.

[18] Lawrence Frank, "Preparation for Marriage in the High School Program," *Living* 1 (January 1939) : 9.

[19] Mary Pinchot, "Credits for Love," *Mademoiselle*, August 1944, p. 253.

[20] Bowman, *Marriage for Moderns*, pp. 1-26.

[21] LeMasters, *Modern Marriage*, p. 493. Landis and Landis, Building, chap. 2.

[22] Mead, *Male and Female*, p. 318.

[23] Arthur Schlesinger, Jr., "The Crisis of American Masculinity," *Esquire*, November 1958, p. 62.

[24] "Playboy Panel : The Womanization of America," *Playboy*, June 1962, p.

142.

[25] Lawrence K. Frank, "How Much Do We Know about Men?" *Look*, 17 May 1955, p. 56.

[26] Amram Scheinfeld, "How 'Equal' Are Women?" *Collier's*, 18 September 1943, p. 74.

[27] Louis Lyndon, "Uncertain Hero : The Paradox of the American Male," *WHC*, November 1956, pp. 41, 107.

[28] Amaury DeRiencourt, "Will Success Spoil American Women?" *New York Times Magazine*, 10 November 1957, p. 32.

[29] 남성적 '사업가' 개념의 탄생에 관해서는 Stearns, *Be a Man!* pp. 83-86과 Joe Dubbert, *A Man's Place*, pp. 242-59를 참조.

[30] Carl N. Degler, *At Odds* (New York : Oxford University Press, 1980), p. 418-19.

[31] Ibid.

[32] LeMasters, *Modern Marriage*, pp. 484-513.

[33] "Playboy Panel," pp. 43-44. See also Edith G . Nesser, "Is Marriage the Trap?" *Mademoiselle*, December 1955, p. 131. 네서는 "결혼과 가족 관계 분야의 전문가"이다.

[34] J. B. Rice, M.D., "She Gets Away With Murder," *Esquire*, April 1949, pp. 140-41.

[35] George Frazier, "The Entrenchment of the American Witch," *Esquire*, February 1962, p. 100.

[36] Phyllis Battelle, "The Non-Woman : A Manhattan Enigma," *Cosmopolitan*, March 1962, p. 63. 인용문은 필리스 로젠토어의 베스트셀러《싱글 여성 The Single Woman》에서 따온 것이다.

[37] Moss, "Courtship," p. 151.

[38] David Boroff, "The Graduate Limbo," *Mademoiselle*, October 1960, p. 111.

[39] Clifford R. Adams, "How Feminine Are You to Men?" *WHC*, May 1946, p. 34.

40 Jack Harrison Pollack, "How Masculine Are You?" *Nation's Business*, June 1950, pp. 53-55.

41 Oscar Homolka, letter to the editor, *Cosmopolitan*, August 1959, p. 6.

42 "What's Your Biggest Problem?" *SS*, 10-15 January 1944, p. 32.

43 "Housewifely Husbands," *WHC*, June 1919, p. 54.

44 Richard Gehman, "Man's Private World," *Cosmopolitan*, May 1961, p. 39. 게만은 또한 《플레이보이》 잡지와 지금은 사라졌지만 플레이보이 클럽 (1960년 시카고에 설립, 첫해 100만 달러 매출 달성)의 대중적 인기를 중심으로 남성의 은밀한 성적 판타지를 탐구한다.

45 Vance Packard, "The Manipulators," *Playboy*, December 1957, p. 62.

46 Dubbert, *Man's Place*, p. 9.

47 Myron Brenton, *The American Male* (New York : Coward-McCann, 1966), p. 30.

48 Hugh Hefner, "The Playboy Philosophy," *Playboy*, December 1964, p. 218. 이 꼭지는 뉴욕의 라디오 방송국 WINS의 난상토론 〈트라이어로그 Trialogue〉에도 소개된 바 있다.

49 Barbara Ehrenreich, *The Hearts of Men* (Garden City, N.Y. : Anchor Press/ Doubleday, 1983), pp. 42-51.

50 Hugh Hefner, "The Playboy Philosophy," p. 217.

51 Arthur Schlesinger, Jr., "The Crisis of American Masculinity," pp. 64-65.

52 Betty Freidan, "I Say : Women Are People Too," *GH*, September 1960, p. 162.

53 "Senior Scholastic Student Opinion Poll," *SS*, 11 February 1939, p. 30.

54 Marie Watters, "The Evolution of Flint's Co-ed Night," *Recreation*, October 1939, pp. 396-97.

55 *Daily Northwestern*, 7 February 1945, p. 1 ; 노스웨스턴 가이드북의 에티켓 꼭지 수정을 위한 신입생 모임 공지문.

56 '혐오스럽다'는 Norman W. Hamilton, *How to Woo, Win, and Keep Your Man— How Not to Drive Him into Other Women's Arms* (New York : William-Frederick

Press, 1955), p. 9에 쓰인 용어다. 저자는 뉴욕 주 화이트 플래인의 해밀
턴 카운슬링 센터 소장이다.

57 Eldridge, *Co-ediquette*, p. 216.

58 Jonathon, *Guidebook for the Young Man*, p. 49 ; Lawrence Frank and Mary
Frank, *How to Be a Woman* (New York : Bobbs-Merrill Co., 1954), p. 30.

59 Philip Morris advertisement, *Massachusetts Collegian*, 18 March 1955, p. 3.

60 "This Can't Be Love…" *SS*, 11 February 1939, p. 30.

61 Evelyn Ruth Millis Duvall, Ph. D., *The Art of Dating* (New York : Association
Press, 1958), pp. 138-39.

62 *Esquire Etiquette* (New York : J. B. Lippincott Co., 1953), p. 261.

63 Brandow, *Date Data*, p. 45.

64 Fishback, *Safe Conduct*, p. 47.

65 William Moulton Marston, Ph. D., "The Reaction of a Man to a Woman,"
GH, February 1941, p. 27.

66 Lois Mattox Miller, "Dining Out," *Mademoiselle*, February 1938, pp. 28-29.

67 Bettye K. Butler, *If It's a Husband You Want* (n.p. : Jupiter Books, 1956), p.
117.

68 Pierson, *Campus Cues*, p. 40.

69 Hart and Brown, *Get Your Man*, p. 89.

70 "Maryland Coeds Demonstrate Do's and Don'ts of Campus Etiquette,"
Life, 17 February 1941, p. 41. 메릴랜드대학교 에티켓 책자 《그것이 문제
다That is the Question》에서 인용.

71 "How Loveable Are You?" *LHJ*, June 1959, p. 51.

72 Kay Corinth and Mary Sargent, *Male Manners* : *The Young Man's Guide* (New
York : David McKay Co., 1969), p. 91.

73 Landis and Landis, *Building*, p. 24.

74 Hart and Brown, *Get Your Man*, p. 26.

75 Farnham, *How to Meet Men*, p. 81.

76 Paul Popenoe, "What Do You Know about Marriage?" *LHJ*, February 1944,

p. 133.

[77] "Profile on Youth : Jim Brown, Class of '50," *LHJ*, December 1949, p. 55.

[78] Judson T. Landis and Mary G. Landis, "What You Should Know about Women Even If You're a Woman," *Collier's*, 24 November 1951, p. 19. George Lawton, Ph. D., "Are Women as Intelligent as Men?" *SS*, 5 February 1945, p. 30.

[79] Susan Ware, *Holding Their Own : American Women in the 1930s* (Boston : Twane Publishers, 1982), pp. 6-8.

[80] Elizabeth Hawes, *Why Women Cry, or Wenches with Wrenches* (New York : Reynat Hitchcock, 1943), cited in Pamela Neal Warford, "The Social Origins of Female Iconography : Selected Images of Women in American Popular Culture : 1890-1945" (Ph.D. diss., St. Louis University, 1979), pp. 107-8.

[81] 좀 더 심도 깊은 논의는 2장을 볼 것. 통계는 Churchill, *GH*, pp. 38, 313 ; Panitt, "English Girls," p. 5을 볼 것.

[82] Brandow, *Date Data*, p. 66.

[83] Ibid., p. 185. 공격성에 대한 비판에 대해서는 "How Good a Flirt Are You?" p. 24 ; Dayton, "Anxious Ladies," p. 34.

[84] Nell Giles, *Susan Tells Stephen* (Boston : Hale, Cushman & Flint, 1942), p. 65.

[85] Corinth and Sargent, *Male Manners*, pp. 91-92.

[86] Helen Lawrenson, "Old Fashioned Men," *Esquire*, February 1951, pp. 114-15 ; Elizabeth Honor, "The Fight for Love," *Cosmopolitan*, July 1960, p. 46.

6장 과학적 진실, 그리고 사랑

[1] Russell M. Cooper, "Marriage Courses in General Education," *M&FL* 8 (Spring 1946) : 32.

[2] Ernest W. Burgess and Emily H. Mudd, "Changes in Attitudes to the

Family and in Sex Mores," paper presented to the ACLS conference, 25-26 April 1952, p. 22. Burgess Papers, Box 1.

[3] Ernest W. Burgess, "Research," *M&FL* 8 (Summer 1946) : 64.

[4] James R. McGovern, "The American Woman's Pre-World War Freedom in Manners and Morals," *JAH* 55 (September 1968) : 3 15-33.

[5] 좀 더 자세한 논의는 2장 참조.

[6] Burgess and Mudd, "Changes in Attitudes," p. 22.

[7] LeMasters, *Modern Marriage*, p. 9. 이것은 결혼교육운동 초기부터 지속된 주장 가운데 가장 일관된 진술이다. 초기 진술에 관해서는 《리빙》의 창간호 "Editorial Comment : Work of the Conference," *Living* 1 (January 1939) : 25 참조.

[8] Ernest R. Groves, "Report of Committee on Education for Marriage and Family Living," *Living* 2 (Spring 1940) : 47-48.

[9] Ernest W. Burgess, lecture for Sociology 351, n. d., p. 29. Burgess Papers, Box 28.

[10] Howard Odum, "Editor's Introductory Note," in Ernest Rutherford Groves and William Fielding Ogburn, *American Marriage and Family Relationships* (New York : Henry Holt & Co., 1928), p. vi.

[11] LeMasters, *Modern Marriage*, pp. 9, 13.

[12] Ibid.

[13] Burgess and Mudd, "Changes in Attitudes," p. 20.

[14] 20세기 조직적 계획의 역할에 관해서는 Barry D. Karl, *The Uneasy State* (Chicago : University of Chicago Press, 1983) 참조.

[15] Jerome Beatty, "Taking the Blinders off Love," *American Magazine*, December 1937, p. 22.

[16] Henry Bowman, "Education for Marriage and Family Life," *M&FL* 8 (Summer 1946) : 63.

[17] Cooper, "Marriage Courses," p. 32.

[18] Ibid.

19 Groves, "Report," p. 47.

20 "College May Aid Cupid," *The Northwestern*, 2 March 1904, p. 3 ; Rev. Samuel McComb, D.O., "Who Should Marry?" *GH*, March 1912, p. 344.

21 오덤의 견해에 관해서는 1930년대 발행된 사회학 학술지 《사회흐름Social Forces》 각 호를 참조.

22 Groves, "Get Married?" *American Magazine*, April 1938, p. 155.

23 Beatty, "Blinders," p. 22 ; Abraham Stone, M. D., "Marriage Education and Marriage Counseling in the United States," *M&FL* 11 (Spring 1949) : 38 ; James H. S . Bossard, "The Engagement Ring-A Changing Symbol," *New York Times Magazine*, 14 September 1958, p. 32 ; Mary Anne Guitar, "College Marriage Courses-Fun or Fraud?" *Mademoiselle*, February 1961, p. 126.

24 출처는 《결혼과 가정생활 저널》로, 특히 개인 정보 칼럼과 다음 논문을 참조. "Teaching Marriage Courses," *M&FL* 8 (Spring 1946) : 32-41 ; Howard E. Wilkening, "The Purdue University Marriage Course," *M&FL* 7 (Spring 1945) : 35-38 ; "Marriage Education Courses and Interdepartmental Relationships at Four Universities," *M&FL* 11 (Winter 1949) : 9-13 ; and Beatty, "Blinders," p. 22. 고등학교 과목에 관해서는 Donald S . Longworth, "Certification of Teachers of Family Living," *M&FL* 14 (May 1952) : 103-4.

25 Henry Bowman, "A Critical Evaluation of College Marriage Courses," *M&FL* 15 (November 1953) : 304-8.

26 Beatty, "Blinders," p. 22.

27 "College Courses on Marriage Relations," *GH*, September 1937, pp. 28-29 ; "How to Be Marriageable," *LHJ*, March 1954, pp. 46-47 ; April 1954, pp. 48-49.

28 "Bringing Up Mother," *Newsweek*, 15 June 1953, p. 58.

29 Dean Jennings, "Sex in the Classroom," *Collier's*, 15 September 1945, p. 22 (a profile on Berkeley) ; Jane Whitbread and Vivien Cadden, "Dating and Marriage," *Mademoiselle*, August 1954, p. 332 ; Bossard, "Engagement

Rings," p. 32.

30 Abigail Wood, "Must Dating Always be a Game?" *Seventeen,* September 1963, p. 154.

31 Henry Bowman, "Report of Committee on College Courses in Preparation for Marriage," *M&FL* 3 (Spring 1941) : 37.

32 John S. Brubacher and Willis Rudy, *Higher Education in Transition : An American History, 1636-1956* (New York : Harper & Bros., 1958), p. 255.

33 Robert Lincoln Kelly, *The American College and the Social Order* (New York : Macmillan Co., 1940), p. 187. 켈리는 1917년부터 1937년까지 미국대학 연합회 회장을 역임했다.

34 Brubacher and Rudy, *Higher Education,* p. 269.

35 Ibid., pp. 269-70.

36 Groves, "Get Married?" pp. 15-16.

37 Wilkening, "Purdue Marriage Course," pp. 35-38.

38 Paul Popenoe, "Trends in Teaching Family Relations," *M&FL* 8 (Spring 1946) : 35-36.

39 Laura Winslow Drummond, *Youth and Instruction in Marriage and Family Living* (New York : Bureau of Publications, Teachers' College, Columbia University, 1942).

40 Judson T. Landis, "An Evaluation of Marriage Education," *M&FL* 10 (Fall 1948) : 81.

41 Ibid., pp. 81-82.

42 Ibid., p. 82.

43 "Marriage Relations Course Comments," Marriage Relations Course file, Michigan Historical Collection, Bentley Library, University of Michigan ; J. Stewart Burgess, "The College and the Preparation for Marriage and Family Relations," *Living* 1 (Spring / Summer 1939) : 39.

44 Mary Pinchot, "Credits for Love," *Mademoiselle,* August 1944, pp. 253, 162.

45 "News and Notes," *M&FL* 9 (Winter 1947) : 19 ; Henry Bowman, "The

Marriage Course at Stephens College," *M&FL* 3 (Winter 1941) : 9.

[46] Samuel Harman Lowrie, "Dating, a Neglected Field of Study," *M&FL* 10 (Fall 1948) : 90-91.

[47] Henry Bowman and Florence Schroeder, "College Courses in Preparation for Marriage," *M&FL* 4 (Spring 1942) : 31.

[48] "I Am a Student," *Look*, 14 October 1958, p. 35.

[49] Cooper, "Marriage Courses," p. 34.

[50] LeMasters, *Modern Marriage*, pp. 10-11.

[51] Henry Bowman, "The Marriage Course at Stephens College," pp. 8-11.

[52] Wilkening, "Purdue Marriage Course," pp. 35-37.

[53] Groves, "Get Married?" p. 15.

[54] Groves, "Report," p. 46.

[55] Moses Jung, "The Course in Modern Marriage at the State University of Iowa," *Living* 1 (Spring/Summer 1939) : 50.

[56] Herbert D . Lamson, "Next Steps in College Education for Marriage," *M&FL* 11 (Spring 1949) : 46.

[57] Groves, "Report," p. 48.

[58] Ibid.

[59] "Lecture on Prediction in Marriage." Burgess Papers, Box 28. No date. 1940 년대 후반 자료 포함.

[60] Judson T. Landis and Mary G. Landis, *Building a Successful Marriage* (New York : Prentice Hall, 1948), pp. 110, 167, 212-19. 이 책은 1948년부터 1977년까지 7쇄를 인쇄한다.

[61] Joseph Kirk Folsom, ed., *Plan for Marriage* (New York : Harper & Bros., 1938), p. 107.

[62] Landis and Landis, *Building*, 1948, p. 162. 1958년판에서 이와 같은 결론의 어조는 다소 약화되었다.(p. 266)

[63] Lewis M. Terman, *Psychological Factors in Marital Happiness* (New York : McGraw-Hill Book Co., 1938), pp. 142-66, quoted in Landis and

Landis, *Building*, 1948, pp. 90-91. 이와 같은 주장은 부분적으로 《여성의 친구Woman's Home Companion》에서 '대중이 잘못 아는 것들'(사회학자, 통계학자, 교육자, 심리학자들의 연구 결과를 토대로 한)에 관한 퀴즈 형식으로 소개되었다. Judith Chase Churchill, "What Do You Know about Marriage?" *WHC*, September 1950, p. 42.

[64] Herbert D. Lamson, "Quiz on a Marriage Course," *Journal of Home Economics* 40 (December 1948) : 584.

[65] Ernest W. Burgess, Proposal for Marriage Study, handwritten draft, n. d., pp. 11b-12. Burgess Papers, Box 31.

[66] "The Future Adventure," *Living* 2 (January 1939) : 17.

[67] Examination for Sociology 8 course, "The Family : Courtship and Marriage," Burgess Papers. 인용문은 버제스가 연애와 결혼 과목 학생들에게 낸 정오 테스트에서 사용된 것으로, 원 출처는 Evelyn Millis Duvall and Reuben Hill, *When You Marry* (New York : Association Press, 1948)이다.

[68] Groves, "Get Married?" pp. 152, 154 ; Guitar, "College Marriage Courses," p. 144 ; Groves, "Get Married?" p. 153, Ralph G. Eckert, "Highlights of a Marriage Course," *M&FL* 8 (Spring 1946) : 39, 40.

[69] Landis and Landis, *Building*, 1958, pp. 133, 274.

[70] Guitar, "College Marriage Courses," p. 144.

[71] Burgess, Proposal for Marriage Study, p. 16.

에필로그

[1] "The New Mating Games," *Newsweek*, 2 June 1986, p. 58.

[2] "Dating Is Hell," *Mademoiselle*, November 1986, p. 177.

데이트의 탄생

2015년 8월 31일 초판 1쇄 발행

지은이 | 베스 L. 베일리
옮긴이 | 백준걸
펴낸이 | 노경인 · 김주영

펴낸곳 | 도서출판 앨피
출판등록 | 2004년 11월 23일 제2011-000087호
주소 | 우)120-842 서울시 영등포구 영등포로 5길 19(37-1 동아프라임밸리) 1202-1호
전화 | 02-336-2776   팩스 | 0505-115-0525
전자우편 | lpbook12@naver.com
홈페이지 | www.lpbook.co.kr

ISBN 978-89-92151-89-4